neue akzente religion 2

Wegweisungen

Auf der Suche nach gelingendem Leben

Arbeitsbuch Religion – Sekundarstufe II

herausgegeben von Georg Bubolz und Klaus Otto

bsv patmos

Inhalt

Was Sie in diesem Buch erwartet ...

Liebe Schülerinnen und Schüler,
den eigenen, persönlichen Lebensweg zu finden, ist zweifellos nicht einfach. Wer für sein Handeln persönlich geradestehen will, wird über sein Leben selbst entscheiden wollen. Er wird Kriterien dafür bedenken und Entscheidungen im Gespräch mit anderen erörtern, denn eine humane Lebensgestaltung wird immer auch durch die Situation des anderen, seine Sicht der Dinge, seine Rechte und Gefühle mitbestimmt.
Bei einem jüdischen Weisheitslehrer, dem »Seher« von Lublin, heißt es:

**Es geht nicht an dem Menschen zu sagen,
welchen Weg im Leben er gehen soll.
Es gibt viele Wege Gott zu dienen:
durch Lernen und Lehren,
durch das Gebet,
durch Fasten und Speisen.
Achte nun jeder auf die Stimme seines
Herzens und wähle
um sich seinem Weg mit ganzer Kraft
anzuvertrauen.**

Das an Kompetenzerwerb (→ S. 162 ff.) orientierte Buch »Wegweisungen – Auf der Suche nach gelingendem Leben« verfolgt das Ziel, heutige anthropologisch-ethische Probleme in ihrer Beziehung zu Bibel und Glaube wahrzunehmen und zu reflektieren. Nach einem Problemaufriss, der Ihnen hilft, sich zunächst darüber klar zu werden, welche Fragen Sie persönlich besonders interessieren, werden exemplarisch grundsätzliche Probleme angesprochen, z. B.:

- Wie frei bin ich? Wie frei sind Menschen ihr eigenes Leben in die Hand zu nehmen? Oder ist menschliches Handeln weitestgehend determiniert?
- Wie kann ich die richtigen Argumente finden, wenn ich richtungslos bin und mich im Dickicht der Meinungen zurechtfinden will?
- Welche Impulse für das eigene Handeln resultieren aus der Sicht des Menschen als Person und Individuum im Unterschied zu anderen Vorstellungen vom Menschen?
- Was ist sinnvollerweise zu tun bzw. welche Haltung ist einzunehmen, um den dringlichen Menschheitsproblemen wie »Gerechtigkeit, Frieden, Bewahrung der Schöpfung« zu begegnen?
- Zu welchem Beitrag sind die großen Weltreligionen aufgerufen?

Mit dem Herzen den eigenen Weg finden

Soll ethische Lebensgestaltung im Unterricht thematisiert werden, ist es unerlässlich, sich mit Argumentationsformen auseinanderzusetzen, die der Wahrheitsfindung in anthropologisch-ethischem Kontext dienen. Wahrhaftige von falschen Argumenten kompetent unterscheiden zu können, ist in verschiedensten Lebenssituationen hilfreich (Kap. I).
Das folgende Kapitel setzt mit der Erörterung der anthropologisch-ethischen Grundfrage ein, inwiefern der Mensch in seinem Tun frei bzw. determiniert ist (Kap. II).
Sodann werden Beispiele aus den Problemfeldern Sexualität und Euthanasie zur Diskussion gestellt. In ihrer Diskussion können die ethischen Konsequenzen deutlich werden, die daraus resultieren, ob Menschen entsprechend christlichem Verständnis in ihrer Personalität und Individualität ernst genommen werden oder nicht (Kap. III).
Die folgenden drei Kapitel zu »Gerechtigkeit«, »Frieden«, »Bewahrung der Schöpfung« gehören inhaltlich eng zusammen:
Der Einsatz für Gerechtigkeit wird anhand des Kampfes von Erzbischof Romero für die Armen in den Blick genommen (Kap. IV). Kann er ein moralisches Vorbild darstellen?

Wegstrecke

Die Friedensfrage wird auf die Gewissensfrage zugespitzt, wie unter ethischer Perspektive ein Kriegseinsatz beurteilt werden kann. Dabei kommt der Auseinandersetzung mit dem Anspruch der Bergpredigt eine besondere Bedeutung zu (Kap. V).
Die Thematisierung der Verantwortung für die Schöpfung führt Sie über die Grenzen unseres Kulturkreises nach Indien, wo bei den Jaina das Ahimsa-Gebot dazu anregt, jedes Lebewesen zu schützen und zu achten: ein Anstoß zum Nachdenken, was wir von den großen Religionen des Ostens angesichts der ökologischen Krise lernen können (Kap. VI).
Das Buch erhält thematisch eine Abrundung durch Gedanken zu »Umkehr« als zentraler ethischer Forderung (Kap. VII).
Wichtig sind im Buch der Dialog und die Auseinandersetzung des Christentums mit anderen Religionen und Weltanschauungen.

Die Elemente jedes Kapitels sind nach folgenden Gesichtspunkten geordnet. Unter dem Stichwort »Wie Sie einsteigen können …« finden Sie die Möglichkeit eines anregenden Zugangs zur Thematik. *(Kompetenz: Wahrnehmungs- und Darstellungsfähigkeit – religiös bedeutsame Phänomene wahrnehmen und beschreiben.)* Im Weiteren erlauben Ihnen Texte und Bildwerke sich ein eigenes Urteil in der Vielfalt unterschiedlicher Meinungen und Glaubensauffassungen zu bilden. *(Kompetenz: Urteilsfähigkeit – in religiösen und ethischen Fragen begründet urteilen.)* Schließlich wird am Ende jedes Kapitels unter der Überschrift »Was Sie wissen sollten …« ein Überblick in komprimierter Form zur Ergebnissicherung angeboten. Der unmittelbar anschließende Abschnitt »Kompetenzen: Was Sie können sollten« dient der Überprüfung des Lernfortschritts.
Unter den Texten sind zumeist Leitfragen zu finden, die Sie auf Möglichkeiten des eigenen Nachdenkens und Gestaltens aufmerksam machen. (*Kompetenz: Gestaltungsfähigkeit – religiös bedeutsame Ausdrucks- und Gestaltungsformen verwenden.*) Zusätzlich können Sie die heute übliche Form der Aufgabenstellung in Klausuren und Abschlussprüfungen kennenlernen und sich entsprechend vorbereiten. Damit Sie selber sehen können, wann es eher um Reproduktionsleistungen, wann um Reorganisations- und Transferleistungen und wann um Problemlösung und eigene Urteilsleistung geht, sind die Aufgaben jeweils farblich gekennzeichnet. Die genaue Definition der jeweils geforderten Leistungen auf den drei Niveaus kann im Abschluss des Buches unter dem Stichwort »Operatoren« nachgeschlagen werden.

Der Erleichterung der eigenständigen Texterarbeitung dient ein Glossar am Ende des Buches. Durch die Erläuterung von Fremdwörtern und Fachbegriffen können die Texte zum großen Teil auch ohne die Hilfe der Religionslehrerin/des Religionslehrers verstanden werden. Am Ende des Bandes sind Methoden der Bilderschließung in einem Modell skizziert. Die »Kleine Sehschule« kann beim Erwerb methodischer Kompetenz weiterhelfen.
In Hinblick auf eine effektive Prüfungsvorbereitung ist der Abschnitt »Kompetenzorientiertes Lernen und operatorengesteuerte Arbeit« hilfreich.

Dem skizzierten thematischen Aufriss des Buches entspricht *leitmotivisch* der Dekalog, das Zehnwort, das auch unter dem Begriff »Zehn Gebote« geläufig ist, obwohl es sowohl Gebote als auch Verbote enthält. Der Dekalog liegt uns in der Bibel in zwei Fassungen vor: in Dtn 5,6–21 wahrscheinlich aus älterer Zeit und in Ex 20,2–17 in einer Fassung, die wohl erst in der Zeit des Exils in das Buch Exodus aufgenommen wurde. Die Beschäftigung mit dem Dekalog ermöglicht es biblische Erfahrungen in eine – auch kritische – Beziehung zu Erfahrungen von Zeitgenossen zu bringen. Manche modernen Fragen können in einem ungewohnten, neuen Licht erscheinen:

Der Dekalog ist gewissermaßen das »Grundgesetz« Israels und bestimmt das Verhältnis Gottes zu seinem Volk. In erster Linie besteht dieses nicht in Geboten, sondern in der befreienden Zusage Gottes, die sich schon in der Vergangenheit bewährt hat. Wie wichtig die Erfahrung der Befreiung und das Bewusstsein eigener Freiheit ist, wird dann deutlich, wenn es darum geht, wie Menschen zu einer ethischen Lebenseinstellung in Verantwortlichkeit finden können (Kap. III).

Viele heutige Weltprobleme scheinen schon im Dekalog angesprochen, manche sind allerdings noch nicht weiter entfaltet. Die Frage nach der universalen Geltung des Dekalogs stellt sich, wenn von einem »Projekt Weltethos« die Rede ist, das aus dem Dialog der Religionen miteinander resultieren könnte. Heute gehört die Frage der Menschenrechte zweifellos zum Kernbestand eines solchen Dialogs.

Das Grundanliegen der **Menschenrechtsdeklarationen** – so etwa bei der Erklärung der Menschen- und Bürgerrechte vom 26. August 1789 während der Französischen Revolution – ist es, die Freiheit und das Lebensrecht des Menschen als politische und rechtlich abgesicherte Wirklichkeit innerstaatlich zu garantieren. Im Sinne der Naturrechtstradition der Aufklärung wurde der Staat verpflichtet, die vorgegebenen unveräußerlichen Rechte der Menschen zu beachten und Platz für bisher Unterdrückte zu schaffen. Der Kampf um die Menschenrechte wurde zeitweilig auch als Kampf gegen Kirche und Religion geführt. Die institutionelle Kirche stimmte größtenteils mit den politischen und sozialen Verhältnissen des Ancien Regime überein. Daneben gab es im niederen Klerus nicht wenige Vertreter der Kirche, die der Ansicht waren politische Freiheit, Demokratie und Menschenrechte als Konsequenz des Evangeliums zu verstehen.

Als im Zuge der politischen Neuordnung Frankreichs auch die Ordnung der Kirche an die neuen Realitäten angepasst werden sollte, trat der Papst gegen diese Tendenzen auf. Zugleich sprach er sich jetzt (1791)

Tafel mit dem Zehnwort in der Synagoge von Mannheim

auch öffentlich gegen die Deklaration der Menschenrechte aus. In der Folge kam es zur anti-christlichen Wende der Revolution. Im ganzen 19. Jahrhundert standen die Großkirchen bis auf Ausnahmen den Menschenrechten und sie einklagenden Bewegungen distanziert bis ablehnend gegenüber. Die Anerkennung der Menschenrechte durch das Papsttum geschah schließlich im 20. Jahrhundert.

Im Blick auf die abendländische Geschichte insgesamt ist zu sagen, dass sich die Menschenrechte weithin nicht von den Kirchen her, sondern gegen die Kirchen als Institutionen herausgebildet haben. Die Rolle der Kirchen in der Geschichte der Menschenrechte ist aber nicht im Sinn einer eindeutigen Versagensgeschichte zu fassen. Zumeist waren die Kirchen gespalten und sie stellten sich auch oft in Teilen auf die Seite der Unterdrückten. Es wäre nun problematisch, wollte man dem Prozess der Herausbildung der Menschenrechte nun eine biblische Begründung derselben voranstellen. Gleichwohl ist ein Vergleich biblischer Grundaussagen mit den Menschenrechten sinnvoll. Im Übrigen ist zu beachten, dass über Jahrhunderte prägendes christliches Denken die Herausbildung bestimmter abendländischer Grundrechte – etwa der Wert und die Würde der menschlichen Person und die Achtung ihres Gewissenentscheids – mitbestimmt hat.

[1]Dann gab Gott dem Volk seine Gebote. Er sagte:
(I) [2]Ich bin der Herr, dein Gott! Ich habe dich aus
Ägypten herausgeführt, ich habe dich aus der Sklave-
rei befreit. [3]Neben mir gibt es für dich keine anderen
Götter.
(II) [4] Fertige dir kein Gottesbild an. Mach dir auch kein
Abbild von irgendetwas im Himmel, auf der Erde oder
im Meer.
[5]Wirf dich nicht vor fremden Göttern nieder und die-
ne ihnen nicht. Denn ich, der Herr, dein Gott, verlange
von dir ungeteilte Liebe. Wenn sich jemand von mir
abwendet, dann bestrafe ich dafür auch seine Kinder,
sogar noch seine Enkel und Urenkel. [6]Wenn mich
aber jemand liebt und meine Gebote befolgt, dann
werde ich ihm und seinen Nachkommen Liebe und
Treue erweisen über Tausende von Generationen hin.
(III) [7]Missbrauche nicht den Namen des Herrn, deines
Gottes, denn der Herr wird jeden bestrafen, der das
tut.
(IV) [8]Vergiss nicht den Tag der Ruhe; er ist ein beson-
derer Tag, der dem Herrn gehört. [9]Sechs Tage in der
Woche hast du Zeit, um deine Arbeit zu tun. [10]Der
siebte Tag aber soll ein Ruhetag sein. An diesem Tag
sollst du nicht arbeiten, auch nicht deine Kinder, dei-
ne Sklaven, dein Vieh oder der Fremde, der bei dir
lebt. [11]In sechs Tagen hat der Herr Himmel, Erde und
Meer mit allem, was lebt, geschaffen. Am siebten Tag
aber ruhte er. Deshalb hat er den siebten Tag der Wo-
che gesegnet und zu seinem Tag erklärt.
(V) [12]Ehre Vater und Mutter! Dann wirst du lange in
dem Land leben, das dir der Herr, dein Gott, gibt.
(VI) [13]Morde nicht!
(VII) [14]Zerstöre keine Ehe!
(VIII) [15]Beraube niemand seiner Freiheit und seines
Eigentums!
(IX) [16]Sage nichts Unwahres über deinen Mitmen-
schen!
(X) [17]Suche nichts an dich zu bringen, was einem an-
deren gehört, weder seine Frau noch seine Sklaven,
Rinder oder Esel, noch irgendetwas anderes, das ihm
gehört.

Ex 20,1–17

Links: Maerten de Vos, Moses mit den Tafeln des Dekalogs inmitten der Israeliten als »Portraits historiés«, 1574–1575
Familie Panhuys aus Antwerpen bringt zum Ausdruck, dass sie sich mit den Moses gegebenen Ver- und Geboten verbunden weiß und sich an ihnen orientieren will.

Rechts Die in Stein gemeißelte aktualisierte Fassung des Zehnworts in Wiedenbrück lässt erkennen, welche Implikationen der Dekalog in sich tragen kann: er ist nicht nur eine Aufzählung von Normen der Beziehung zu Gott und zum Nächsten, sondern zugleich ein Gebet. Einzelne Buchstaben sind golden ausgemalt und ergeben in der

[1]Mose rief alle Israeliten zusammen und sagte zu ihnen: Ihr Leute von Israel, hört die Gebote und Weisungen des Herrn, die ich euch jetzt verkünde! Lernt sie auswendig und befolgt sie genau. [2]Der Herr, unser Gott, hat am Berg Horeb mit uns einen Bund geschlossen. [3]Dieser Bund galt nicht nur unseren Vorfahren, die gestorben sind; er gilt uns allen, die wir heute lebendig hier stehen. [4]Auge in Auge hat er dort auf dem Berg aus dem Feuer zu euch gesprochen. [5]Ihr seid allerdings nicht auf den Berg gestiegen, weil ihr euch vor dem Feuer gefürchtet habt. Deshalb stellte ich mich zwischen den Herrn und euch und gab euch weiter, was der Herr mir sagte. Und das hat er gesagt:
(I) [6]Ich bin der Herr, dein Gott! Ich habe dich aus Ägypten herausgeführt, ich habe dich aus der Sklaverei befreit. [7]Neben mir gibt es für dich keine anderen Götter. [8]Fertige dir keine Götterbilder an, kein Abbild von irgendetwas im Himmel, auf der Erde oder im Meer. [9]Wirf dich nicht vor ihnen nieder und bete sie nicht an. Denn ich, der Herr, dein Gott, verlange von dir ungeteilte Liebe. Wenn sich jemand von mir abwendet, dann bestrafe ich dafür auch seine Kinder, sogar noch seine Enkel und Urenkel. [10]Wenn mich aber jemand liebt und meine Gebote befolgt, dann werde ich ihm und seinen Nachkommen Liebe und Treue erweisen über Tausende von Generationen hin.
(II) [11]Missbrauche nicht den Namen des Herrn, deines Gottes: denn der Herr wird jeden bestrafen, der das tut.
(III) [12]Beachte den Tag der Ruhe! Halte ihn frei von Arbeit, wie es dir der Herr, dein Gott befohlen hat. [13]Sechs Tage in der Woche hast du Zeit, um deine Arbeit zu tun. [14]Der siebte Tag aber soll ein Ruhetag sein, der dem Herrn, deinem Gott, gehört. An diesem Tag sollst du nicht arbeiten, auch nicht deine Kinder, deine Sklaven, deine Rinder und Esel oder sonst eines deiner Tiere, und auch nicht der Fremde, der bei dir lebt. An diesem Tag sollen deine Sklaven und Sklavinnen genauso ausruhen können wie du. [15]Denke daran, dass du selbst in Ägypten ein Sklave warst und der Herr, dein Gott, dich mit starker Hand und erhobenem Arm von dort in die Freiheit geführt hat. Deshalb befiehlt er dir den Tag der Ruhe einzuhalten.
(IV) [16]Ehre Vater und Mutter! So hat der Herr, dein Gott, es dir befohlen; und wenn du das tust, wirst du lange leben und es wird dir gut gehen in dem Land, das dir der Herr, dein Gott, gibt.
(V) [17]Morde nicht!
(VI) [18]Zerstöre keine Ehe!
(VII) [19]Beraube niemand seiner Freiheit und seines Eigentums!
(VIII) [20]Sage nichts Unwahres über deinen Mitmenschen!
(IX) [21]Suche nicht die Frau eines anderen an dich zu bringen!
(X) Blicke nicht begehrlich auf das, was einem anderen gehört, sein Haus und seinen Grundbesitz, seine Sklaven, Rinder und Esel oder sonst irgendetwas, das ihm gehört!

Dtn 5,1–21

Reihenfolge gelesen die Bitte: GOTT, MACHE UNS HEIL. Das ist demnach der Sinn hinter dem an dem Zehnwort ausgerichteten Handeln von Menschen: heil, ganz, gesund, vollkommen zu werden, und zwar in dem Bewusstsein, nur von Gott das Heil erwarten zu können.

1. Skizzieren Sie die Gliederung der vorliegenden Texte und erläutern Sie, wie die Zehn Worte jeweils begründet sind. Vergleichen Sie die beiden Fassungen und arbeiten Sie Unterschiede und Gemeinsamkeiten heraus.
2. Arbeiten Sie anhand einzelner Gebote oder Verbote heraus, wie durch diese Gebote bzw. Verbote Freiheitsspielräume in einer Gesellschaft garantiert werden.
3. Beziehen Sie Stellung zu der Äußerung von Erich Zenger: »Der kurze Vergleich der beiden Fassungen zeigt …, dass diese Texte keine auf geheimnisvolle Weise dem Mose übergebene Steintafeln sind, sondern dass auch von den Zehn Geboten gilt, was wir von allen Bibeltexten sagen: Sie sind Gotteswort in Menschenwort …«
4. »Wie jedes Bibelwort ist auch der Dekalog zeitgeschichtlich zu verstehen und zu jeder Zeit neu zu interpretieren. In der Geschichte wirkten in säkularisierter Form einzelne seiner Grundideen u.a. in den Menschenrechten fort« (Rudolf Hoppe). Überprüfen Sie diese Aussage, indem Sie Parallelen und Unterschiede von Dekalog und Menschen- und Bürgerrechten (1789; S. 10–12) herausarbeiten.

DÉCLARATION
DES DROITS DE L'HOMME
ET DU CITOYEN,
Décretés par l'Assemblée Nationale dans les séances des 20. 21
23, 24 et 26 aoust 1789, acceptés par le Roi
PRÉAMBULE
LES représantans du peuple Francois, constitués
en assemblée nationale, considérant que l'ignorance,
l'oubli ou le mépris des droits de lhomme sont les seules
causes des malheurs publics et de la corruption des gouvernemens
ont résolu d'exposer dans une déclaration solemnelle, les droits
naturels inaliénables et sacrés de lhomme: afin que cette décla
ration constamment présente a tous les membres du corps
social, leur rappelle sans cesse leurs droits et leurs devoirs;
afin que les actes du pouvoir legislatif et ceux du pouvoir exé
cutif, pouvant être a chaque instant comparés avec le but
de toute institution politique, en soient plus respectés; afin que
les reclamations des citoyens, fondées désormais sur des princi
pes simples et incontestables, tournent toujours au maintien
de la constitution et du bonheur de tous.
EN conséquence, l'assemblée nationale reconnoit et déclare,
en presence et sous les auspices de l'Etre suprême les droits
suivans de l'homme et du citoyen.
ARTICLE PREMIER.
LES hommes naissent et demeurent libres et égaux en
droits; les distinctions sociales ne peuvent être fondées que sur
l'utilité commune.
II.
LE but de toute association politique est la conservation des droits
naturels et imprescriptibles de l'homme; ces droits sont la liberté,
la propriété, la sureté, et la résistance à l'oppression.
III.
LE principe de toute souveraineté réside essentiellement dans
la nation, nul corps, nul individu ne peut exercer d'autorité
qui n'en émane expressement.
IV.
LA liberté consiste a pouvoir faire tout ce qui ne nuit pas à autrui
Ainsi, l'exercice des droits naturels de chaque homme, n'a de bor-
nes que celles qui assurent aux autres membres de la société
la jouissance de ces mêmes droits; ces bornes ne peuvent
être déterminées que par la loi
V.
LA loi n'a le droit de défendre que les actions nuisibles a la
société, Tout ce qui n'est pas défendu par la loi ne peut être
empêché, et nul ne peut être contraint à faire ce qu'elle n'or-
donne pas.
VI.
LA loi est l'expression de la volonté générale; tous les
citoyens ont droit de concourir personnellement, ou par
leurs représentans, à sa formation; elle doit être la même
pour tous, soit qu'elle protege, soit qu'elle punisse, Tous les cito-
yens étant égaux a ses yeux, sont également admissibles a
toutes dignités, places et emplois publics, selon leur ca-
pacité, et sans autres distinction que celles de leurs
vertus et de leurs talens
VII.
NUL homme ne peut être accusé, arreté ni
détenu que dans les cas déterminés par la loi, et
selon les formes qu'elle a prescrites, ceux qui sollici-
tent, expédient, exécutent ou font exécuter des ordres ar-
bitraires, doivent être punis; mais tout citoyen appelé ou saisi
en vertu de la loi, doit obéir a l'instant, il se rend coupable
par la résistance.
VIII.
LA loi ne doit établir que des peines strictement et évidem-
ment nécessaire, et nul ne peut être puni qu'en vertu d'une
loi établie et promulguée antérierement au délit, et légale-
ment appliquée.
IX.
TOUT homme étant présumé innocent jusqu'à ce qu'il ait
été déclaré coupable, s'il est jugé indispensable de l'arrêter,
toute rigueur qui ne serait pas nécessaire pour s'assurer de
sa personne doit être sévérement réprimée par la loi.
X.
NUL ne doit être inquiété pour ses opinions, mêmes religi-
euses pourvu que leur manifestation ne trouble pas l'ordre
public établi par la loi.
XI.
LA libre communication des pensées et des opinions
est un des droits les plus precieux de l'homme; tout citoyen
peut dont parler écrire, imprimer librement sauf à ré-
pondre de l'abus de cette liberté dans les cas déterminés
par la loi.
XII.
LA garantie des droits de l'homme et du citoyen nécessite
une force publique; cette force est donc instituée pour l'avan-
tage de tous, et non pour l'utilité particuliere de ceux a qui
elle est confiée.
XIII.
POUR l'entretien de la force publique, et pour les dépenses
d'administration, une contribution commune est indispen-
sable; elle doit être également repartie entre les citoyens en
raison de leurs facultées
XIV.
LES citoyens ont le droit de constater par eux même ou
par leurs représentans, la nécessité de la contribution pub-
lique, de la consentir librement, d'en suivre l'emploi, et d'en
déterminer la quotité, l'assiette, le recouvrement et la durée.
XV.
LA société a le droit de demander compte a tout agent
public de son administration.
XVI.
TOUTE société, dans laquelle la garantie des droits n'est
pas assurée, ni les séparation des pouvoirs déterminée,
n'a point de constitution
XVII.
LES propriétés étant un droit inviolable et sacré, nul ne
peut en être privé, si ce n'est lorsque la nécessité publique,
légalement constatée, l'exige evidemment, et sous la condi-
tion d'une juste et préalable indemnité.
AUX REPRESENTANS DU PEUPLE FRANCOIS

Die Erklärung der Menschen- und Bürgerrechte (1791)

Präambel. Die als Nationalversammlung vereinigten Vertreter des Französischen Volkes betrachten die Unkenntnis der Menschenrechte, die Vergessenheit oder Missachtung, in die sie geraten sind, als die einzigen Ursachen der öffentlichen Missstände und der Verderbtheit der Regierungen. Daher haben sie beschlossen, in einer feierlichen Erklärung die angestammten, unveränderlichen und heiligen Rechte des Menschen darzulegen, damit diese Erklärung allen Gliedern der menschlichen Gesellschaft ständig vor Augen sei und ihre Rechte und Pflichten immer wieder ins Gedächtnis rufe; damit die Handlungen der gesetzgebenden und die der ausübenden Gewalt jederzeit am Endzweck jeder politischen Einrichtung gemessen werden können und umso mehr Achtung finden mögen; damit die Forderungen der Bürger, nunmehr auf klare und unerschütterliche Prinzipien gegründet, stets der Aufrechterhaltung der Verfassung und dem Wohle aller dienen.

So erkennt und verkündigt die Nationalversammlung, angesichts des Höchsten Wesens und unter seinen Auspizien, die Rechte des Menschen und des Bürgers wie folgt:

1. Artikel. Frei und gleich an Rechten werden die Menschen geboren und bleiben es. Die sozialen Unterschiede können sich nur auf das gemeine Wohl gründen.

2. Artikel. Der Zweck jeden politischen Zusammenschlusses ist die Bewahrung der natürlichen und unverlierbaren Menschenrechte. Diese Rechte sind Freiheit, Eigentum, Sicherheit und Widerstand gegen Bedrückung.

3. Artikel. Jegliche Souveränität liegt im Prinzip und ihrem Wesen nach in der Nation; keine Körperschaft und kein Einzelner kann eine Autorität ausüben, die sich nicht ausdrücklich von ihr herleitet.

4. Artikel. Die Freiheit besteht darin, alles tun zu können, was anderen nicht schadet. Also hat die Ausübung natürlicher Rechte bei jedem Menschen keine anderen Grenzen als die, den anderen Mitgliedern der Gesellschaft den Genuss der gleichen Rechte zu sichern. Diese Grenzen können nur durch das Gesetz bestimmt werden.

5. Artikel. Das Gesetz hat nur das Recht Handlungen zu verbieten, die der Gesellschaft schädlich sind. Was nicht durch Gesetz verboten ist, darf nicht verhindert werden, und niemand kann gezwungen werden, etwas zu tun, was das Gesetz nicht befiehlt.

6. Artikel. Das Gesetz ist der Ausdruck des allgemeinen Willens; alle Bürger haben das Recht, persönlich oder durch ihre Vertreter an seiner Schaffung mitzuwirken. Es muss für alle das gleiche sein, mag es nun beschützen oder bestrafen. Alle Bürger sind vor seinen Augen gleich. Sie sind in der gleichen Weise zu allen Würden, Stellungen und öffentlichen Ämtern zugelassen, je nach ihrer Fähigkeit und ohne andere Unterschiede als ihre Tüchtigkeit und Begabung.

7. Artikel. Niemand kann angeklagt, verhaftet oder gefangen gehalten werden in anderen als den vom Gesetz festgelegten Fällen und in den Formen, die es vorschreibt. Wer Willkürakte anstrebt, befördert, ausführt oder ausführen lässt, ist zu bestrafen; aber jeder Bürger, der durch ein Gesetz gerufen und erfasst wird, muss augenblicklich gehorchen; durch Widerstand macht er sich schuldig.

Rechts: Ein schwarzer Sklave aus den französischen Kolonien fordert die Einlösung der feierlich erklärten Menschenrechte, dass alle Menschen von Geburt an frei und rechtsgleich seien.

Links: Die Erklärung der Menschen- und Bürgerrechte in einem Gemälde, das dem Schriftsteller, Illustrator und Historienmaler Jean Jacques François Le Barbier (1738–1826) zugeschrieben wird.

8. Artikel. Das Gesetz darf nur unbedingt und offensichtlich notwendige Strafen festsetzen und niemand darf bestraft werden, es sei denn kraft eines bereits vor seinem Delikt erlassenen, veröffentlichten und legal angewandten Gesetzes.

9. Artikel. Jeder wird so lange als unschuldig angesehen, bis er als schuldig erklärt worden ist; daher ist, wenn seine Verhaftung als unerlässlich gilt, jede Härte, die nicht dazu dient, sich seiner Person zu versichern, auf dem Gesetzeswege streng zu unterdrücken.

10. Artikel. Niemand darf wegen seiner Überzeugungen, auch nicht der religiösen, behelligt werden, vorausgesetzt, dass ihre Betätigung die durch das Gesetz gewährleistete öffentliche Ordnung nicht stört.

11. Artikel. Die freie Mitteilung seiner Gedanken und Meinungen ist eines der kostbarsten Rechte des Menschen. Jeder Bürger darf sich also durch Wort, Schrift und Druck frei äußern; für den Missbrauch dieser Freiheit hat er sich in allen durch das Gesetz bestimmten Fällen zu verantworten.

12. Artikel. Die Sicherung der Menschen- und Bürgerrechte macht eine öffentliche Gewalt notwendig; diese Gewalt wird demnach zum Nutzen aller eingesetzt, nicht aber zum Sondervorteil derjenigen, denen sie anvertraut ist.

13. Artikel. Für den Unterhalt der öffentlichen Gewalt und für die Aufgaben der Verwaltung ist eine allgemeine Steuer vonnöten; sie ist gleichmäßig auf alle Bürger zu verteilen nach Maßgabe ihres Vermögens.

14. Artikel. Die Bürger haben das Recht selbst oder durch ihre Vertreter die Notwendigkeit einer öffentlichen Auflage zu prüfen, sie zu bewilligen, ihren Gebrauch zu überwachen und ihre Teilbeträge, Anlage, Eintreibung und Dauer zu bestimmen.

15. Artikel. Die Gesellschaft hat das Recht, von jedem öffentlichen Beauftragten ihrer Verwaltung Rechenschaft zu fordern.

16. Artikel. Eine Gesellschaft, deren Rechte nicht sicher verbürgt sind und bei der die Teilung der Gewalten nicht durchgeführt ist, hat keine Verfassung.

17. Artikel. Da das Eigentum ein unverletzliches und heiliges Recht ist, darf es niemandem genommen werden, es sei denn, dass die gesetzlich festgestellte öffentliche Notwendigkeit es augenscheinlich verlangt, und nur unter der Bedingung einer gerechten und im Voraus zu entrichtenden Entschädigung.

Youval Yariv, Tora, 2008

Chihiro Shimotani, Gebotstafeln, 1980
Diese Tafeln hängen neben sechs weiteren entsprechend gestalteten Tafeln in der Pax-Christi-Kirche in Krefeld. Auf jeder der Tafeln ist jeweilsein Gebot gestrichen. Was könnte der Künstler damit ausgedrückt haben?

Eine Menschenrechtserklärung aus der Welt des Islam

Der Westen hatte schon immer die Tendenz den Islam von der kulturellen Sphäre, in der die Menschenrechte begründet, verkündet und in einem ganz bestimmten Sinne erhalten wurden, auszuschließen. Als Reaktion auf diese Anschauung wurde im Rahmen einer feierlichen Sitzung in der UNESCO am 19. September 1981 auf Initiative des »Islamischen Rats« und seines Generalsekretärs Salem Azzam die »Universelle islamische Erklärung der Menschenrechte« verabschiedet. Der Text dieser Erklärung war von »hervorragenden islamischen Gelehrten und Juristen« sowie von Vertretern »islamischer Bewegungen und Strömungen« vorbereitet worden. [...]
Ich möchte nur die in der Einleitung formulierten Prinzipien in Erinnerung rufen: »Vor vierzehn Jahrhunderten hat der Islam der Menschheit einen idealen Menschenrechtskodex vermacht. Zweck dieser Rechtsordnung ist es, der Menschheit Ehrerbietung und Würde zu verleihen und Ausbeutung, Unterdrückung und Ungerechtigkeit zu eliminieren. Im Islam wurzeln die Menschenrechte in der tiefen Überzeugung, dass Gott – und zwar nur Gott allein – der Schöpfer des Gesetzes und die Quelle der Menschenrechte ist. Wegen dieses göttlichen Ursprungs dürfen weder die Staatsmänner noch die Regierung, weder die Parlamente noch die Behörden in irgendeiner Form die von Gott geschaffenen Menschenrechte beschneiden, abschaffen oder verletzen ...«

Mohammed Arkoun

Zur buddhistischen Auffassung

Die buddhistische Auffassung der »Menschenrechte« ist grundverschieden von derjenigen der westlichen Tradition. Genauer gesagt, gibt es in der Literatur des Buddhismus kein Äquivalent für den Terminus »Menschenrechte« im Sinne des Westens. Dem westlichen Begriff der »Menschenrechte« ist die Auffassung immanent, dass »Rechte« einzig dem Menschen zustehen. Die nicht-menschlichen Kreaturen sind davon ausgeschlossen [...]. D.h. die »Menschenrechte« werden nicht vom nicht-menschlichen bzw. einem über das Menschliche hinausgehenden Standpunkt aus definiert, sondern ausschließlich vom menschlichen Standpunkt aus, was einer anthropozentrischen Sicht der Menschenrechte gleichkommt.
In klarem Gegensatz dazu wird im Buddhismus das menschliche Sein nicht ausschließlich vom menschlichen Standpunkt her, d.h. auf einer anthropologischen Grundlage definiert, sondern auf einer breiteren trans-homo-zentrischen und kosmologischen Basis. Oder anders ausgedrückt: Im Buddhismus wird der Mensch als Teil der Gesamtheit des sensiblen Seienden aufgefasst bzw. als Teil alles sensiblen und nicht-sensiblen Seienden [...]. Sowohl die buddhistische Auffassung vom menschlichen Leiden wie diejenigen vom Weg der Erlösung haben ihre Wurzel in dieser trans-anthropozentrischen, kosmologischen Dimension. Sie befindet sich damit in scharfem Gegensatz zum jüdischen Glauben, zum Christentum und zum Islam, wo die Auffassung vom menschlichen Leiden und seiner Erlösung primär in der persönlichen Beziehung zwischen dem Menschen und Gott verankert ist, die Martin Buber völlig zu Recht in den Begriffen der »Ich-Du-Beziehung« analysiert hat.
Die Tatsache, dass die buddhistische Auffassung des menschlichen Leidens und seine Erlösung auf einer trans-anthropologisch-kosmologischen Sicht der Dinge beruht, bedeutet nicht, dass der Buddhismus vor der besonderen Bedeutung des Menschen in der Welt die Augen verschließt.

Masao Abe

Erläutern Sie, wie nach den beiden Zitaten die »Menschenrechte« in anderen Kulturkreisen eingeschätzt werden.

Anthropologische und ethische Fragen und Probleme – Annäherungen zur Standortbestimmung

Warum muss das Verhalten in einem Schwimmbad eigentlich so genau reglementiert werden? Bei einem Kopfsprung vom Beckenrand »landet« ein Jugendlicher versehentlich auf einer älteren Dame und zerbricht deren Sonnenbrille. Der materielle Schaden ist zwar überschaubar, der Schrecken ist jedoch nicht gering. Die herzkranke Frau erleidet eine Attacke und muss ärztlich behandelt werden. Der Jugendliche fühlt sich moralisch schuldig und bittet später mit einem Strauß Blumen um Entschuldigung.

Bei den Begriffen »Moral«, »moralisch« und »Sitte«, »sittlich« kommen viele Menschen »ins Schwimmen«, da diese in unserer Alltagssprache einen eher negativen Beigeschmack haben. Gewöhnlich wird sogleich ein sexuelles Verhalten assoziiert. Das Wort »unsittlich« schrumpft in seiner Bedeutung auf verbotenes sexuelles Verhalten – dass es wesentlich das Gegenteil von »sittlich« besagt, gerät aus dem Blick. Wenn in diesem Buch von »Sittlichkeit« und »Moral« die Rede ist, wird darunter alles verstanden, was Menschen zu tun oder zu lassen haben, sofern es unter der Differenz von »gut« und »böse« steht. Mit »Ethik« haben wir es dann zu tun, wenn über moralisches Handeln und seine Begründung nachgedacht wird, sei es philosophisch oder sei es theologisch, z. B.: Was qualifiziert eine Handlung als gut oder böse? Wie wird eine Tat motiviert, wie wird sie begründet? Welche Rolle spielt das Gewissen bei moralischen Konflikten? Reicht es, Gutes zu wollen, oder müssen auch die Folgen einer Handlung zu verantworten sein? Gibt es Leitsätze moralischen Handelns, die für alle Menschen unbedingt verbindlich sind? Es liegt auf der Hand, dass diesen Fragen nur sachgerecht nachgegangen werden kann, wenn auch Erkenntnisse der Anthropologie bzw. der Humanwissenschaften berücksichtigt werden, z. B.: Sind Menschen überhaupt zu selbstverantwortetem Handeln fähig? Wie frei ist der Mensch in seinem Handeln?

Diese allgemeinen Fragen werden brisant, wenn sie an konkrete Lebensbereiche angebunden werden: Wie soll ich mich bzgl. meiner Sexualität verhalten? Welche Rolle spielt dabei die Achtung vor der Person des anderen? Wie sieht ein menschenwürdiger Umgang mit Sterbenden aus? Was ist moralisches Verhalten angesichts von globalen Problemen wie »Gerechtigkeit, Frieden und Bewahrung der Schöpfung«? Können wir ethische Anregungen aus anderen Kulturkreisen praktisch aufnehmen? Und damit zusammenhängend: Welche Bedeutung könnte dabei den Weltreligionen als moralischen Instanzen zukommen?

Das Kapitel führt zur ethischen Fragestellung über einzelne Problembereiche hin, in denen moralisches Handeln auf den Prüfstand gerät. Nach einer literarischen Annäherung (1) wird erwogen, ob es möglich ist, einen moralischen Beurteilungsstandpunkt zu finden, der die Voraussetzung für eine ernsthafte Erörterung moralischer Probleme darstellt (2) . Es schließt sich die erste Diskussion der anthropologisch-ethischen Grundfrage an, inwiefern Menschen frei und somit verantwortlich für ihr Handeln sind (3). Wer sich mit ethischen Fragen konfrontiert sieht, merkt schnell, wie wichtig es ist, angemessen im ethischen Diskurs argumentieren und falsche Argumente durchschauen zu können (4). Die Frage nach dem Zusammenhang von Menschenbild und moralischem Handeln wird an Beispielen aus unterschiedlichen Lebensbereichen gestellt. Es geht um das christliche Verständnis vom Menschen als Person und daraus resultierenden Konsequenzen für das Handeln (5 und 6). Die Stichworte »Gerechtigkeit«, »Frieden« und »Bewahrung der Schöpfung« werden im Weiteren aufgegriffen (7 und 8). Die Kluft zwischen östlichem und westlichem Denken und Fühlen wird abschließend (9) thematisiert, wenn von der Bedrohung der Schöpfung durch den Menschen die Rede ist.

Normen und Regeln in einem Schwimmbad – Beruhen diese lediglich auf Konventionen? Oder haben einzelne von ihnen bereits einen »moralischen« Anspruch?

HOTEL FARIONES
PISCINA - SWIMMING POOL - SCHWIMMBECKEN
NORMAS - RULES - REGELN
HORARIO - TIMETABLE - ÖFFNUNGSZEITEN
ABIERTO
OPEN
GEOFFNET
09:00H
CERRADO
CLOSED
GESCHLOSSEN
19:00H
PISCINA ADULTOS - ADULT'S POOL
SCHWIMMBAD FUR ERWACHSENE
NO
PISCINA INFANTIL
CHILDREN`S POOL
NO
NO
NO
RESERVAR
RESERVE
RESERVIEREN
NO
NO BUCEAR
NO DIVING
1,30 m
2,75 m
928 812 222
112
928 51 31 71
THANK YOU FOR YOUR KIND COOPERATION.

1.»Nichts. Was im Leben wichtig ist« – Aus einem Roman

Das Buch »Nichts« der 1964 in Kopenhagen geborenen Schriftstellerin Janne Teller wurde zunächst an dänischen Schulen verboten, erst später erhielt es verschiedene Preise. Janne Teller nimmt die Leserinnen und Leser auf eine außergewöhnliche Gedankenreise mit.

Pierre Anthon verließ an dem Tag die Schule, als er herausfand, dass nichts etwas bedeutete und es sich deshalb nicht lohnte, irgendetwas zu tun.

Wir anderen blieben.

Und auch wenn die Lehrer sich bemühten, rasch hinter ihm aufzuräumen – sowohl im Klassenzimmer als auch in unseren Köpfen –, so blieb doch ein bisschen von Pierre Anthon in uns hängen. Vielleicht kam deshalb alles so, wie es kam.

Es war in der zweiten Augustwoche. Die Sonne brannte und machte uns faul und leicht reizbar, der Asphalt klebte an den Sohlen unserer Turnschuhe, und die Äpfel und Birnen waren gerade eben so reif, dass sie perfekt als Wurfgeschoss in der Hand lagen. Wir schauten weder links noch rechts. Der erste Schultag nach den Sommerferien. Das Klassenzimmer roch nach Reinigungsmitteln und langem Leerstehen, die Fensterscheiben warfen gestochen scharfe Spiegelbilder, und an der Tafel hing kein Kreidestaub. Die Tische standen in Zweierreihen so gerade wie Krankenhausflure und wie sie es nur an ebendiesem einen Tag im Jahr tun. Klasse 7A.

Wir gingen zu unseren Plätzen, ohne uns über die vorgegebene Ordnung aufzuregen.

Kommt Zeit, kommt Rat, kommt Unordnung. Aber nicht heute!

Eskildsen begrüßte uns mit demselben Witz wie in jedem Jahr. »Kinder, freut euch über den heutigen Tag«, sagte er. »Ohne Schule gäbe es auch keine Ferien.«

Wir lachten. Nicht, weil wir das witzig fanden, sondern weil er es sagte.

Genau da stand Pierre Anthon auf.

»Nichts bedeutet irgendetwas«, sagte er. »Das weiß ich schon lange. Deshalb lohnt es sich nicht, irgendetwas zu tun. Das habe ich gerade herausgefunden.«

Ganz ruhig bückte er sich und packte die Sachen, die er gerade herausgenommen hatte, wieder in seine Tasche. Mit gleichgültiger Miene nickte er uns zum Abschied zu und ging hinaus, ohne die Tür hinter sich zu schließen. […]

Pierre Anthon wohnte mit seinem Vater und der Kommune im Taeringvej Nr. 25, einem ehemaligen Bauernhof. Pierre Anthons Vater und die Kommune waren Hippies, die in den Achtundsechzigern stecken geblieben waren. Das sagten unsere Eltern, und auch wenn wir nicht richtig wussten, was das bedeutete, sagten wir das auch. Im Vorgarten dicht an der Straße stand ein Pflaumenbaum. Der Baum war groß und alt und krumm und neigte sich über die Hecke und lockte mit gereiftstaubigen Victoria-Pflaumen, die für uns unerreichbar waren. In vergangenen Jahren waren wir hochgesprungen, um sie zu erwischen. Damit hörten wir auf. Pierre Anthon war von der Schule abgegangen, um im Pflaumenbaum zu sitzen und mit unreifen Pflaumen zu werfen. Manche trafen uns. Nicht, weil Pierre Anthon auf uns zielte, das sei die Mühe nicht wert, beteuerte er. Der Zufall wolle es halt so.

Und er rief hinter uns her.

»Alles ist egal«, schrie er eines Tages. »Denn alles fängt nur an, um aufzuhören. In demselben Moment, in dem ihr geboren werdet, fangt ihr an zu sterben. Und so ist es mit allem.«

»Die Erde ist vier Milliarden sechshundert Millionen Jahre alt, aber ihr werdet höchstens hundert!«, rief er an einem anderen Tag. »Das Leben ist die Mühe überhaupt nicht wert.«

Und er fuhr fort:

»Das Ganze ist nichts weiter als ein Spiel, das nur darauf hinausläuft, so zu tun als ob – und eben genau dabei der Beste zu sein.«

[…] Pierre Anthon lachte und rief so laut, dass es bis zur Schule zu hören war:

»Wenn es etwas gibt, über das es sich lohnt sauer zu werden, gibt es auch etwas, worüber es sich lohnt sich zu freuen. Wenn es etwas gibt, über das es sich lohnt sich zu freuen, gibt es auch etwas, was etwas bedeutet. Aber das gibt es nicht!« Er hob die Stimme noch mehr und brüllte: »In wenigen Jahren seid ihr alle tot und vergessen und nichts, also könnt ihr genauso gut sofort damit anfangen, euch darin zu üben.«

Da wurde uns klar, dass wir Pierre Anthon wieder vom Pflaumenbaum herunterholen mussten. Ein Pflaumenbaum hat viele Äste. Viele lange Äste. Viel zu viele, viel zu lange Äste.

Janne Teller

1. Geben Sie das Grundproblem des Textauszugs wieder.
2. Erörtern Sie die Berechtigung dieses Grundproblems. Beurteilen Sie die vertretene Position von Pierre unter der Fragestellung, ob sie moralisch haltbar ist.
3. Entwerfen Sie Möglichkeiten, welche Entwicklung die Geschichte nehmen könnte.

2. »Selbstlosigkeit oder Selbstsucht« – Was ist ethisch besser?

Es war einmal ein Weib, eine sehr, sehr böse Frau, und die starb. Und sie hatte in ihrem Leben keine einzige gute Tat vollbracht. Da packten sie die Teufel und warfen sie in den Feuersee. Ihr Schutzengel aber stand dabei und dachte: Welcher guten Tat von ihr könnte ich mich wohl erinnern, um sie Gott zu erzählen? Da fiel ihm etwas ein und er sprach zu Gott: »Sie hat einmal in ihrem Gemüsegarten ein Zwiebelchen aus der Erde gezogen und es einer Bettlerin gegeben.« Und Gott antwortete ihm: »Nimm dieses Zwiebelchen und halte es ihr in den See, damit sie sich daran klammere, und wenn es dir gelingt, sie aus dem See herauszuziehen, so möge sie ins Paradies eingehen. Wenn aber das Zwiebelchen abreißt, so soll das Weib bleiben, wo es jetzt ist.«
Der Engel lief zu dem Weibe und hielt ihm das Zwiebelchen hin: »Hier, Weib«, sprach er, »fass an und lass dich daran herausziehen.« Und er begann vorsichtig zu ziehen und hätte sie beinahe herausgezogen; als aber die anderen Sünder im See das sahen, klammerten sie sich alle an sie, damit man auch sie mit ihr zusammen herauszöge. Doch das Weib war ein böses, sehr böses Frauenzimmer, es stieß sie mit den Füßen von sich: »Mich zieht man heraus, nicht euch, es ist mein Zwiebelchen und nicht eures.« Kaum hatte sie das gesagt, riss das Zwiebelchen ab. Und das Weib fiel in den See zurück und brennt dort noch bis auf den heutigen Tag. Der Engel aber weinte und ging von dannen.

Fjodor M. Dostojewskij

1. Versuchen Sie, sich in die Frau aus der Geschichte von Dostojewskij hineinzuversetzen. Beschreiben Sie, aus welchem Grund sie so handelt, wie sie es tut.
2. Nach welchen Kriterien sollte sie ihr Handeln ausrichten? Erläutern Sie die Antwort Dostojewskijs auf diese Frage.
3. Erörtern Sie, warum sich Dostojewskij wohl der Form einer Geschichte bedient.
4. »Liebe deinen Nächsten wie dich selbst!« oder in anderer Übersetzung »Liebe deinen Nächsten, er ist wie du.« (Mt 22,39) Was wird hier über die Selbstliebe gesagt? Was über die Nächstenliebe?
   Nehmen Sie Stellung, ob Sie das »Gebot der Nächstenliebe« für begründet halten.

Leben im Liegestuhl – das richtige Lebenskonzept?
Was verleiht dem eigenen Leben Gewicht?
Spielt Moral dabei eine Rolle?

3. »Darf man eine kranke alte Dame anschwindeln, damit sie in Frieden sterben kann?« – In moralischen Fragen argumentieren

Dr. Dr. Rainer Erlinger beantwortet im SZ Magazin heikle Gewissensfragen. Hier das Problem von Stefan M. aus Nürnberg:

»Meine Großtante, bei der mein Bruder und ich einen Teil unserer Kindheit verbracht haben, und die uns sehr geliebt hat, liegt im Sterben. Sie möchte ausdrücklich keinen Besuch mehr, aber wir telefonieren fast täglich. Oft fragt sie nach meinem Bruder, sie leidet darunter, dass er vor vielen Jahren den Kontakt zu ihr abgebrochen hat – ohne konkreten Anlass. Nun erwäge ich, meiner Großtante ein paar liebevolle Worte ›auszurichten‹, die aus dem Munde meines Bruders sicher nicht kommen würden. Ich glaube, es würde sie sehr glücklich machen, und sie könnte friedlicher Abschied nehmen. Wie sehen Sie das?«

Stefan M., Nürnberg

1. Entwerfen Sie eine Antwort. Nennen Sie zuvor Argumente pro und contra.

2. Vergleichen Sie Ihre Argumente mit denen von Rainer Erlinger.

Im Englischen kennt man den Begriff der white lies. Damit bezeichnet man Lügen, die nicht negativ, schlecht oder böse sind, sondern im Gegenteil dazu dienen, Konflikte zu vermeiden oder sogar anderen zu helfen. Das hier scheint fast ein Paradefall zu sein: Man erfüllt einer alten, sehr netten Dame einen Wunsch und lässt sie so glücklich in Frieden sterben. Ohne dass es jemandem schadet, zumal es Ihrem Bruder ja ziemlich egal zu sein scheint, was Ihre Großtante über ihn denkt.

Allerdings hält das einer näheren Betrachtung nicht stand. Die liebevollen Worte, die Sie Ihrer Tante vermeintlich ausrichten, in Wirklichkeit aber auftischen wollen, mögen sie tatsächlich glücklich machen, aber irgendwie bekommt das Glück Ihrer Tante durch die Lüge etwas Schales, ja mehr noch, es bekommt selbst etwas – wenn auch ungewollt – Falsches. Es ist zwar mehr als ein Schein von Glück, aber scheint doch weniger als richtiges Glück.

Damit landet man bei der Frage, worin denn eigentlich das Glück besteht, das Sie für Ihre liebe Tante anstreben. Das wiederum beinhaltet die Überlegung, ob es verschiedene Arten oder Abstufungen von Glück gibt und ob sie unterschiedlich viel wert sind. Eine Frage, mit der sich die Utilitaristen auseinandersetzen müssen, die ja das größte Glück für die größte Zahl von Menschen als Ziel ihrer Ethik anstreben. Von John Stuart Mill, einem der Begründer des Utilitarismus, gibt es dazu einen berühmten Satz: »Es ist besser, ein unzufriedener Mensch zu sein als ein zufriedenes Schwein; besser ein unzufriedener Sokrates als ein zufriedener Narr.« Ohne dass wir hier die Frage nach dem Glück abschließend lösen müssten, scheint mir im zweiten Halbsatz die Lösung Ihrer Frage zu liegen: Es mag sein, dass Ihre Großtante oberflächlich betrachtet glücklicher wird, wenn man ihr etwas vorgaukelt, aber im Endeffekt nur, weil man sie mit der Lüge nicht nur sprichwörtlich zum Narren hält, sondern – ich formuliere das in Anlehnung an Mills Bild mit Bedacht hart – zum Narren degradiert, der nur glücklich ist, weil er die Realität verkennt.

Vielleicht lebt es sich als Narr leichter. Dass es sich leichter stirbt, wage ich schon zu bezweifeln. Aber auf jeden Fall halte ich es für falsch, eine Sterbende zu einem solchen zu machen. Noch dazu ohne Not.

Rainer Erlinger

3. Setzen Sie sich mit der Antwort auseinander. Berücksichtigen Sie dabei auch die Argumente, die Kommentatoren aus dem Internet sinngemäß zu bedenken geben.

- »Ich selber hoffe, dass andere Leute in einer solchen Situation mir die Wahrheit sagen. Deshalb meine ich, man sollte nicht lügen. Wenn der Tante die Lüge auffällt, dann fragt sie sich, ob der Fragesteller seine Fürsorge wirklich ernst gemeint hat oder ob das auch gelogen war. Ich finde, das wäre schließlich dann noch schlimmer.« (1)
- »Ich meine, man sollte die praktischen Auswirkungen berücksichtigen. Wenn der Großneffe, beim Schwindeln rote Ohren bekommen, wenn die Tante überglücklich oder ungläubig nachhakt, wäre das fürchterlich. Sie müsste dann erkennen, dass er sie beschwindelt hat und also auch nicht respektiert. Es gibt auch Geschichten über beschwindelte Sterbende, die sich durch die »guten Nachrichten« wieder erholt haben. Was wäre dann los?« (2)
- »Ich überlege, ob man einer alten, kranken Frau den Seelenfrieden verweigern darf, nur weil man einer abstrakten Philosophie folgt, statt den Impulsen des eigenen Mitgefühls?« (3)
- »Es zählt doch erstmal die Tante. Wenn der eigene Bauch ja sagt, sollte man es doch einfach machen!« (4)

- »Es klingt vielleicht etwas sentimental. Ich finde, es wäre ein Akt der Barmherzigkeit.« (5)
- »Ist die Frage eigentlich richtig gestellt? Müsste sie nicht eher heißen: Was darf ich tun, um eine sterbende alte Dame in Frieden sterben zu lassen? (6)
- »Es geht doch um die Sterbende, nicht um eine abstrakte Ethik. Man sollte das tun, was sie friedlich und glücklicher macht.« (7)
- Vielleicht könnte Herr M. ja mit seinem Bruder sprechen, ob er nicht Lust hat selbst mit der Großtante zu sprechen. Dann müsste niemand die Unwahrheit sagen.« (8)

Zur Weiterarbeit finden Sie u. a. Materialien in **Kapitel I.**

4. Zum Problem der Freiheit: »Gewiss, sie waren straffällig geworden, doch lag es nicht an ihnen …!« – Aus einer Rede

Der Strafverteidiger Clarence Darrow (1857–1938) an die Gefangenen von Cook Jail/U.S.A.:

Meine Herren!

Ich spreche zu Ihnen als Ihr Mitbürger, als einer, der das Glück hatte, außerhalb der Gefängnismauern leben zu dürfen. Sie dagegen sind vom Schicksal geschlagen und befinden sich aufgrund der Verkettung unglücklicher Umstände in der Ihnen nur allzu vertrauten Lage. Was könnte ich Ihnen zum Trost sagen? Mir bleibt wenig genug; denn an Ihrem Los vermag ich nichts zu ändern. Vielleicht aber finden Sie eine neue Einstellung zu Ihrem Schicksal, wenn Sie mich angehört haben.

Verbrechen im üblichen Sinn des Wortes gibt es nicht. Sie sind daher keine Verbrecher; Sie sind es genauso wenig und genauso viel wie ich. Meines Erachtens besteht keinerlei moralischer Unterschied zwischen den Menschen innerhalb und denjenigen außerhalb des Gefängnisses. Jeder ist gleich gut und gleich schlecht. Sie können nichts dazu, dass Sie hier sind; wir, die wir nicht mit den Gesetzen in Konflikt geraten sind, können nichts dazu, dass wir außerhalb des Gefängnisses leben. Ich habe in meinem Anwaltsleben Hunderte von sogenannten Verbrechern kennen gelernt und verteidigt; ich kann Ihnen bestätigen, von keinem von ihnen glaube ich, er habe sein Los verdient: Gewiss, sie waren straffällig geworden; doch lag es nicht an ihnen – es ging zu Lasten von Umständen, die völlig außerhalb ihres Einflusses lagen, für die sie in keiner Weise verantwortlich sind.

Viele von Ihnen sind wegen Mordes, Totschlag, Raub, Unterschlagung, Vergewaltigung usw. verurteilt worden. Doch bin ich mir sicher, die meisten von Ihnen könnten noch nicht einmal angeben, weshalb sie solches taten. Vielleicht hatten Sie damals tatsächlich den Eindruck, Sie hätten auch anders handeln können. Dennoch – es war eine Täuschung. Wenn Sie sorgfältig alle damaligen Umstände noch einmal erwögen, wenn ein Psychologe Ihnen auch Ihre geheimsten Motive aufdecken könnte, dann sähen Sie, dass Sie damals keine Wahl hatten. Unvermeidlich wurden Sie zu dem gedrängt, was Sie getan haben. Sie hatten nicht die geringste Chance, es zu verhindern, genauso wenig wie es uns außerhalb dieser Mauern hätte anders ergehen können.

Dies mag Ihnen kein großer Trost sein. Dennoch: Sie besitzen dieselbe Würde wie jeder andere auch. Sie gehören nicht zu dem, was man draußen den Abschaum der Menschheit nennt, sondern Sie gehören zur großen Zahl der unglücklichen Brüder derer, die mehr Glück gehabt haben.

Gerald Dworkin

1. Welche Schlussfolgerungen legt die Rede von Clarence Darrow hinsichtlich der Schuldfähigkeit von Menschen nahe? Fassen Sie zusammen.
2. Vergleichen Sie die Auffassung von Clarence Darrow mit der von Erich Kästner aus dem folgenden Zitat: »Der Mensch ist nicht nur das Produkt der Um- und Zustände. Das wäre wenig mehr als eine bequeme Ausrede für Faulpelze und Lumpen.«
3. Kommen Sie zu einer ersten, vorläufigen eigenen Stellungnahme.

Zur Weiterarbeit finden Sie u. a. Materialien in **Kapitel II.**

5. Zum Stichwort »Sexualität«: Feste Bindung oder Beliebigkeit?

Stefan hatte nun schon die vierte Zigarette hintereinander ausgedrückt. Immer wieder las er die letzten Zeilen des Briefes. Dort stand schwarz auf weiß, womit er von vornherein hatte rechnen müssen: »Erinnere dich an unsere Abmachung. Als wir vor fast drei Jahren zusammenzogen, stand für uns beide fest, dass wir uns nicht sklavisch aneinander binden wollten. Jeder sollte seine volle Freiheit bewahren. Ich jedenfalls habe sie mir bewahrt – und ich meine, einiges habe ich auch dazu beigetragen, dass du sie nicht ganz verloren hast. Ich schreibe dir das, weil ich auch jetzt noch nicht davon überzeugt bin, dass wir in Ruhe über unsere ›Beziehung‹, wie du dich immer ausdrückst, miteinander sprechen können. Du hast immer viel zu viel in sie hineingedichtet, hast dir ein Bild von uns zurechtgemacht, das der Wirklichkeit nicht entsprach und auch nicht entsprechen sollte. Deine Gefühle haben dir immer einen Streich gespielt. Auch nach diesen drei Monaten halte ich es noch für richtig, dass ich nach meinem Examen sofort ausgezogen bin. Ich lebe hier in meiner neuen Umgebung glücklich und zufrieden; ich habe neue Menschen kennen gelernt und – auch wenn ich dir damit weh tue – sehne mich nicht nach dir zurück. Was mich betrifft, ist eine Wiederaufnahme der alten ›Beziehung‹ undenkbar. Ich wäre froh, wenn wir gute Freunde bleiben könnten; doch sollten dir weitere Kontakte zu schwer fallen, so würde ich darauf – allerdings mit Bedauern – verzichten …« Ja, Karin hatte schon recht, seine Gefühle hatten ihm immer einen Streich gespielt. Im Kopf hatte er sich alles so schön zurechtgelegt: Wie froh war er gewesen, als er nach seinem Abitur seinem muffigen Dorf – auch mit seiner verstaubten Moral – den Rücken zukehren konnte. Bald hatte er Karin kennen gelernt, und da sie ähnlich dachte, hatten sie sich zusammengetan – mit der erklärten Absicht nach dem Examen wieder getrennte Wege zu gehen. Allerdings war die Hilfe, auf die Karin in ihrem Brief anspielte, seinem Geschmack nach doch ziemlich drastisch ausgefallen; mehrmals war sie über Nacht bei irgendeinem Freund geblieben. Nicht, dass das gegen ihre Abmachung verstoßen hätte – auch in dieser Hinsicht hatten sie sich keinen Zwang auferlegt, sondern sich volle Freiheit gelassen; – aber seine Gefühle hatten dagegen opponiert; er hatte seine allzu enge Erziehung doch nicht mit einem Mal abstreifen können. Und auch jetzt, drei Monate nachdem sie ausgezogen war, spürte er noch, dass bei ihm Verstand und Gefühl keine Einheit bildeten. Er würde noch einiges an sich zu arbeiten haben, damit ihm solche »Beziehungen« wenigstens in Zukunft nicht mehr so nahegingen.

Rudolf Ginters

1. Stefan spürte noch, »dass bei ihm Verstand und Gefühl keine Einheit bildeten«. Sollte er sich stärker an Verstandesüberlegungen oder an seinen opponierenden Gefühlen ausrichten? Beschreiben Sie die Probleme, die aus der Spannung zwischen Emotion und Verstand entstehen können.
2. Beschreiben Sie Karins Einstellung Stefan gegenüber. Nennen Sie auch die Kriterien, an denen sie sich orientiert.
3. Vergleichen Sie Karins und Stefans seelischen Zustand.
4. Welche Vorstellungen haben Sie selbst von einer gelungenen Partnerschaft? Erörtern Sie, an welchen Kriterien Sie sich bei der Antwort auf diese Frage orientieren.

Zur Weiterarbeit finden Sie u. a. Materialien in
Kapitel III und hier vor allem im Abschnitt 2.

Sigmar Polke, Ohne Titel (Kuss, Kuss), 1965
Gibt es im Bild Hinweise für ein emotionales Ungleichgewicht, dass eine Seite die andere ungleich mehr begehrt?

6. Zum Stichwort »Euthanasie«: Vom Wunsch, würdig zu sterben

In einer deutschen Universitätsstadt ereignete sich vor einer Reihe von Jahren Folgendes: Ein Professor der Medizin war an einer akuten Magenblutung erkrankt und wurde operiert. Aber zu seinen Lebzeiten hatte er seinen Kindern, zum Teil auch Ärzten, gesagt, dass er auf keinen Fall auf einer Intensiv-Station sterben wolle, wenn nichts mehr zu machen sei. Wenn es je dazu kommen sollte, dann müssten sie ihn von dort wegholen. Nun, nach der Operation kam der kranke Professor auf die Intensiv-Station und hing, wie es eben so ist, an einer Bluttransfusion und allen möglichen anderen Schläuchen. Nach einer ersten Krise hatte er sich wieder etwas erholt. Aber um die Mittagszeit, als der Chef der Klinik und verantwortliche Ärzte vielleicht gerade nicht in nächster Nähe waren, erschienen die Kinder mit der schriftlichen Erklärung des Vaters, entfernten alle Schläuche und brachten ihren Vater nach Hause. Dort ist er dann nach wenigen Tagen gestorben. Der Chef der Klinik hatte ihn noch zu Hause aufgesucht, sich aber vergeblich bemüht, ihn zur Rückkehr zu bewegen. Man meinte, er wäre in der Klinik zu retten gewesen.

In diesem Vorfall äußert sich die Angst vieler Menschen und nicht zuletzt auch von Ärzten, die um manche Dinge wissen. Es ist vor allem die Angst, dass es der modernen Medizin in erster Linie um die Behandlung von Krankheiten, aber nicht primär um das eigentliche Interesse des kranken Menschen ginge; es ist die Sorge, dass Leiden unnötig in die Länge gezogen und ein würdiges Sterben verhindert werde. Schließlich hat man es immer wieder erlebt, wie im inhumanen Großbetrieb der Krankenhäuser die Arbeitsroutine geradezu professionelle Formen für den Umgang mit Sterbenden entwickeln kann. Sind Vorwürfe über die inhumane Atmosphäre mancher Großstadtkrankenhäuser ganz aus der Luft gegriffen? Ehrlicherweise wird man zugeben müssen, dass sie nicht selten berechtigt sind. Während beim chronischen und vielleicht alten Kranken, der sich unweigerlich seinem Ende nähert, die Gefahr besteht, dass man sich zu wenig um ihn kümmert, scheint bei anderen Kranken, wie z.B. bei Operierten, bei Patienten auf Intensiv-Stationen, oft das Gegenteil der Fall zu sein. Gewiss, menschlich kann man sich kaum zu viel um einen Kranken kümmern, aber die Angst geht gerade dahin, dass man sich technisch zu viel und ausschließlich kümmern würde und das Menschliche dabei zu kurz komme.

Markus von Lutterotti

1. Versetzen Sie sich in die Situation der beteiligten Personen: der Angehörigen, der Ärzte, des Betroffenen selbst! Welche Argumente nennen sie für ihr jeweiliges Handeln? Wie beurteilen Sie diese Argumente?
2. Welche Möglichkeiten sehen Sie, Sterben menschlich zu gestalten? Erörtern Sie.

Zur Weiterarbeit finden Sie u. a. Materialien in **Kapitel III und hier vor allem im Abschnitt 4.**

7. Zum Stichwort »Gerechtigkeit«: »Gebet für die Reichen«

Hélder Câmara, Erzbischof in Lateinamerika:

Hilf allen, die sich bereichert haben, und sei es auch durch harte Arbeit: überzeuge sie, dass die beste Erbschaft für ihre Kinder das lebendige Beispiel der Gerechtigkeit ist, des offenen Herzens und der offenen Hände, der Freiheit vom Geld, das zum Dienen gebraucht und nicht zum Götzen erhoben wird.

Ein Scheckbuch lässt sich in den Tod nicht mitnehmen. Angesichts der Ewigkeit gilt eine einzige Währung: getane, gelebte Liebe …

Du weißt, Herr, heute gibt es nicht nur den Unterschied zwischen reichen und armen Einzelnen. Es gibt reiche, ja überreiche Länder und es gibt arme Länder. Du weißt: Dieser Unterschied wird nicht kleiner, sondern immer größer.

Hilf den Menschen guten Willens – aus allen Ländern, Rassen, Sprachen und Religionen –, durch befreienden moralischen Druck das Bewusstsein der Verantwortlichen zu wecken, damit sie der Menschheit helfen, frei zu werden vom Makel der Untermenschen, die das Elend erzeugt; vom Makel der Übermenschen, geboren aus Überwohlstand und Luxus.

Hilf jenen, die das Glück hatten, in reichen Ländern geboren zu werden; verhilf ihnen zur Einsicht, dass die Privilegien, die sie genießen, mit Unrecht gegen die armen Länder erkauft sind. Oft werden sie zu Komplizen dieses Unrechts, ohne es zu merken. Hast du schon bemerkt, Herr, wie sehr – in den entwickelten und in den armen Ländern – Minderheiten zahlreicher werden, die wie Abraham gegen alle Hoffnung hoffen. Sie sind entschlossen, eine menschlichere und gerechtere Welt zu bauen. Tröstlich ist es zu sehen, wie sie friedliche, aber kühne Taten in Angriff nehmen, die mehr und mehr die Strukturen der Unterdrückung erschüttern werden. *Hélder Câmara*

1. Arbeiten Sie den Inhalt und die Intention des »Gebets für die Reichen« heraus.
2. Erläutern Sie, warum der Autor sich wohl der Form eines Gebetes bedient.
3. Das »lebendige Beispiel der Gerechtigkeit« als die »beste Erbschaft für die Kinder« – Beurteilen Sie diesen Gedanken.

Zur Weiterarbeit finden Sie u. a. Materialien in **Kapitel IV.**

Reichtum und Armut nur einen Steinwurf voneinander entfernt, in Brasilien keine Seltenheit. Hier der Blick von Santa Teresa auf die Favela Morro da Coroa, Rio de Janeiro.

8. Zum Stichwort »Frieden«: »Wozu sind Kriege da?« – Ein Song von Udo Lindenberg

Keiner will sterben, das ist doch klar
wozu sind denn dann Kriege da?
Herr Präsident, du bist doch einer von diesen Herren
du musst das doch wissen
kannst du mir das 'mal erklären?
Keine Mutter will ihre Kinder verlieren
und keine Frau ihren Mann
also, warum müssen Soldaten losmarschieren?
Um Menschen zu ermorden – mach mir das mal klar
wozu sind Kriege da?

Herr Präsident, ich bin jetzt zehn Jahre alt
und ich fürchte mich in diesem Atomraketenwald
sag mir die Wahrheit, sag mir das jetzt
wofür wird mein Leben aufs Spiel gesetzt?
Und das Leben all der anderen – sag mir mal warum!
Sie laden die Gewehre und bring'n sich gegenseitig um
sie steh'n sich gegenüber und könnten Freunde sein
doch bevor sie sich kennen lernen, schießen sie sich tot
ich find' das so bekloppt, warum muss das so sein?

Habt Ihr alle Milliarden Menschen überall auf der Welt
gefragt, ob sie das so wollen
oder geht's da auch um Geld?
Viel Geld für die wenigen Bonzen
die Panzer und Raketen bau'n
und dann Gold und Brillanten kaufen
für ihre eleganten Frau'n
oder geht's da nebenbei auch um so religiösen Zwist
dass man sich nicht einig wird
welcher Gott nun der wahre ist?
Oder was gibt's da noch für Gründe
die ich genauso bescheuert find'
naja, vielleicht kann ich's noch nicht verstehen
wozu Kriege nötig sind,
ich bin wohl noch zu klein,
ich bin ja noch ein Kind

Udo Lindenberg

1. Skizzieren Sie die Gliederung des Song-Textes »Wozu sind Kriege da?« und nennen Sie mögliche Antworten auf diese Frage.
2. Erläutern Sie die Antwort des Songs Beziehen Sie Stellung.
3. Erörtern Sie, welche Gründe es gibt sich – im gegebenen Fall – an einem militärischen Einsatz zu beteiligen oder sich zu verweigern. Beurteilen Sie, welche Rolle dabei das Gewissen spielen kann.

Zur Weiterarbeit finden Sie u.a. Materialien in **Kapitel V.**

Graffito an einer Schule in Mönchengladbach

9. Zum Stichwort »Bewahrung der Schöpfung«: Ost und West vor dem Anspruch des Naturschutzes

Ein Jaina-Heiliger – Vorläufer von Mahavira

Die Ursachen der Gewalt, so lehrten Mahavira und Buddha, liegen in uns selbst. Daher ist die Arbeit an sich selbst die erste und wichtigste Voraussetzung für eine gewaltlosere, bessere Welt. Krieg, Umweltzerstörung und andere lebensbedrohende Entwicklungen unserer Zeit können nur dann aufgehalten werden, wenn sich die innere Einstellung des Menschen zu seinen Mitmenschen, zu den Tieren, zur ganzen Natur grundlegend wandelt. Hierzu zeigen Buddhismus und Jainismus einen gangbaren Weg. Wer diesen Weg beschreitet, sieht in der Natur nicht ein Ausbeutungsobjekt, welches lediglich zu seinem Nutzen geschaffen wurde, sondern er fühlt sich mehr und mehr als Teil seiner Umwelt, als Teil eines organischen Ganzen, der Natur. […]

Dort, wo buddhistische und jainistische Könige und Fürsten regierten, kam es mehr als einmal vor, dass Jagd- und Schlachtverbote und andere Tierschutzgesetze erlassen wurden. Das wohl bekannteste Beispiel dafür sind die berühmten Felsenedikte des Kaisers Ashoka, der um 250 v. Chr. über den größten Teil Indiens herrschte. Dieser Tierschutz ist nur bedingt mit dem zu vergleichen, was man heute als Artenschutz bezeichnet. Zwar ist Tierschutz im Ergebnis auch Artenschutz, jedoch steht in der buddhistischen und jainistischen Ethik nicht die Erhaltung der Art im Vordergrund, sondern es geht um das einzelne Wesen, das Individuum, dessen Leben unabhängig davon, ob es in seiner Art selten ist oder häufig vorkommt, zu achten und zu schützen ist.

Schon vor Jahrhunderten hatten europäische Reisende mit Verwunderung und Unverständnis Tierheime und -hospitäler (Panjrapols) kennen gelernt. Solche Stätten des Tierschutzes werden auch heute noch vor allem von den Jainas unterhalten und durch Spenden finanziert. Ein charakteristisches Beispiel ist die Vogel-Klinik in Delhi. Sie verfügt über 1000 »Betten«-Käfige und einen winzigen Operationssaal mit zwei Ärzten und zwei Pflegern. In anderen Tierasylen werden Ziegen, Rinder, Pferde und andere Tiere versorgt. Zuweilen werden auf Märkten von Jainas Tiere gekauft, um sie vor dem Tod zu retten. Auch diese Tiere werden dann in die Heime gebracht und dort verpflegt. […]

Besonders bei den Jaina-Mönchen wird der Alltag von zahlreichen Verhaltensregeln bestimmt, die dazu dienen, alles Leben soweit wie möglich zu schützen und selbst kleinste Lebewesen nicht zu töten oder zu verletzen. So fegen sie beispielsweise vor sich den Boden, um keine Insekten zu zertreten und tragen Mundtücher, um nicht irgendwelche Kleinstlebewesen einzuatmen. Solche Vorsicht mag vielleicht übertrieben erscheinen, sie zeigt aber deutlich, welche Achtung dem Leben entgegengebracht wird.

Jedoch kann es auch die größte Vorsicht nicht verhindern, dass mit jedem Atemzug, mit jedem Schritt Leben getötet oder verletzt wird, und zu ihrer Ernährung müssen auch die Jainas Pflanzen töten oder töten lassen. Denn es ist ein Naturgesetz, dass höhere Lebensformen sich nur auf Kosten anderen Lebens erhalten und weiterentwickeln können. Leben nährt sich von Leben. Ob man es wahrhaben will oder nicht, so ist die Wirklichkeit. Deshalb ist es unmöglich, alles Leben jederzeit zu schützen und niemals ein Lebewesen zu töten oder zu verletzen. Aber man kann sich wenigstens ernsthaft bemühen, soweit wie möglich dieses Ideal im Alltag zu verwirklichen, und dafür sind die Jainas durchaus ein Vorbild. Nach der buddhistischen Lehre ist ein solches Bemühen selbst dann, wenn es aufgrund ungünstiger Umstände zu keinem äußeren Erfolg führt, dennoch von größtem Wert, weil es den Willen in Richtung eines mehr und mehr selbstloseren Denkens und Handelns lenkt.

Herbert Becker

1. Skizzieren Sie die Sicht der Schöpfung in Jainismus und Buddhismus – nach den Andeutungen des Textes von Herbert Becker.

2. Ahimsa, d.h. Gewaltlosigkeit – ein lebbares Modell für Menschen unseres Kulturkreises? Erörtern Sie Schwierigkeiten, dieses Gebot in die Praxis umzusetzen, erwägen Sie aber auch Chancen, die mit der Ahimsa-Ethik verbunden sind.

3. Interpretieren Sie die folgende aus dem Umfeld der Jaina-Religion stammende Geschichte und erörtern Sie die moralisch-ethischen Implikationen.

In der Stadt Rohidaka gab es ein Vergnügungslokal. Rohini […], die keinen anderen Lebensunterhalt fand, diente dort als Köchin. So verging einige Zeit. Einmal hatte Rohini eine bittere Gurke mit vielen Gewürzen zubereitet. Als sie jedoch einen Bissen probierte, bemerkte sie, dass sie ihn gar nicht im Munde behalten konnte, und um nicht von den Herren gescholten zu werden, bereitete sie eine andere Gurke zu. »Diese mag den Almosenempfängern gegeben werden, damit die Zutaten nicht umkommen!«, dachte sie. Als nun ein Mönch namens Dhammarui dorthin kam, der gerade ein einmonatiges Fasten beenden wollte, gab man ihm das bittere Gurkengericht. In seine Herberge zurückgekehrt, zeigte der es seinem Vorgesetzten. Der nahm die Schüssel, erkannte einen ätzenden Geruch und stellte die Speise beiseite. In der Sorge, wer das äße, werde sterben, sagte er: »Trag das nach draußen!« Dhammarui ging also mit der Speise in die Wildnis hinaus, um sie an einsamer Stelle zu beseitigen. Als er aber das über den Topf gebundene Tuch löste, bespritzte er seine Hand und wischte die irgendwo ab. Durch den Geruch angelockt, kamen Insekten herbei. Jedes, das fraß, das starb sofort. »Mir allein ist es jetzt überlassen, den Mord an vielen Seelenwesen zu verhindern.« So dachte Dhammarui, und an einem einsamen, abgelegenen Platz sprach er die Bekenntnis- und Reueformeln, suchte sorgfältig die ganze Oberfläche nach lebendigen Wesen ab und aß, ohne sich zu beklagen. Auch als die Schmerzen heftig wurden, ertrug er sie. Er erlangte die Erlösung.

Zur Weiterarbeit finden Sie u. a. Materialien in **Kapitel VI.**

Pablo Picasso, Studie zu »Mann mit Lamm«, 1943

I. Ethisch argumentieren – Zur eigenen Urteilsbildung in moralischen Problemfeldern des Alltags

Schon die alten Griechen wussten darum: Menschen sind soziale Wesen. Soll Kommunikation zwischen Menschen gelingen, ist Vertrauen vorausgesetzt. Wie zerbrechlich dies ist, wie leicht dieses Vertrauen abhanden kommen kann, wird deutlich, wenn Missverständnisse oder gar Unaufrichtigkeit die Beziehung belasten. Dann wird bewusst, dass »Wahrhaftigkeit« ein hoher sozialer Wert ist, der nicht leichtfertig aufs Spiel gesetzt werden sollte, damit das Zusammenleben nicht gefährdet ist. Im Alltag konkretisiert sich dies bei der Frage, ob es gerechtfertigt ist zu lügen.

Im motivierenden Auftakt von Jürgen Schmieder (1) wird die Problemsicht eröffnet. Er berichtet von seiner Erfahrung, ein Jahr lang ohne Lügen zu leben, einem gescheiterten Experiment. Vertieft wird der Gedankengang, sich im moralischen Argumentieren zu üben, durch Überlegungen, »Wie Sie Ihren eigenen ethischen Standpunkt verdeutlichen und begründen können … – Anregungen zum moralischen Argumentieren« (2) Dabei werden Argumente bedacht, die mit dem Achten Gebot: »Du sollst nicht lügen« zu tun haben. Ist Lügen grundsätzlich abzulehnen? Oder darf man in bestimmten Situationen doch lügen? Gibt es situationsethische Argumente, die tragen können? Bei der Kommunikation mit anderen ist es allerdings nicht nur erforderlich, selbst einen verantwortlichen Standpunkt und eine moralisch gerechtfertige Haltung einzunehmen, sondern auch den »Standpunkt anderer Menschen erfassen und Täuschungsmanövern begegnen zu können« (3). Das liegt im Interesse einer wahrhaftigen Beziehung. Dass dies Kompetenzen erforderlich macht, die eingeübt werden müssen, liegt auf der Hand. »Zehn Regeln für den ethischen Diskurs bei der Suche nach Normen des rechten Handelns« (4) bilden ein Resümee dieses Versuches, sich für die Kommunikation mit anderen Gesprächsteilnehmern zu qualifizieren.

Ich lüge … und hinter meinem Rücken gebe ich es zu. Kindliche Bewältigungsstrategie – Ist Lügen grundsätzlich verboten? Oder ist es zur Erreichung eines guten Zweckes legitim?

1. »Ja, ich lüge wieder ...« – Von einem gescheiterten Experiment

Der Ich-Erzähler des folgenden Textauszuges aus dem Buch von Jürgen Schmieder »Du sollst nicht lügen« hatte radikal beschlossen, sein Leben ehrlich zu gestalten. Nach einem Jahr allerdings hat sein Wahrheits-Experiment ein Ende.

Ja, ich lüge wieder.
Aber nicht mehr so oft wie früher.
Ich sage Freunden, Kollegen und Verwandten meine ehrliche Meinung und habe keine Angst vor Konsequenzen. Was soll mir denn passieren? Dass ein Langweiler, dem ich mitteile, dass er langweilig ist, nichts mehr mit mir zu tun haben möchte? Ich finde ohnehin, dass es zu den größten Sünden gehört, langweilig zu sein – also wäre ich froh darüber, wenn dieser Mensch aus meinem Leben verschwinden würde.
Ich habe auch gelernt, dass Ehrlichkeit und Zivilcourage zwar verschiedene Dinge sind, dass sie oft jedoch einander bedingen. Wie viele Feiglinge gibt es, die sich leise sagen: »Dem müsste einer die Meinung geigen!« Und es gibt noch mehr Feiglinge, die sich denken: »Dem müsste jetzt einer helfen, sonst passiert etwas Schlimmes!« Aber kaum jemand tut etwas. Wer ehrlich zu sich selbst ist, der muss sagen: »Ich bin der, der jetzt was sagen oder dem anderen helfen muss!« Schweigen ist Lügen, und in den meisten Fällen ist es eine ziemlich feige Lüge. Es braucht einen, der den Mut hat, ehrlich auszusprechen, was er denkt – oder das tut, was getan werden muss. Nur so wird die Welt ein besserer Ort. Einen Drängler an der Garderobe nach der Aufführung von »Schwanensee« etwa habe ich kürzlich darauf hingewiesen, wo sich das Ende der Schlange befindet. Auf seinen Hinweis, er könne sich ja auch von der anderen Seite vordrängeln, sagte ich: »Dann sind Sie eben da drüben ein Arsch!« Nach meinen Worten echauffierten sich auch die anderen Gäste über den Lackaffen und sorgten dafür, dass er sich mit rotem Kopf subtrahierte. Ein schönes Gefühl.
Vor der Fastenzeit war ich ein verdammter Lügner, der das jedoch nie zugegeben hätte – nicht einmal gegenüber mir selbst. Nun habe ich erkannt, wie oft ich andere Menschen und wie oft ich mich selbst belogen habe – und wie armselig das war.
Wenn ich jetzt jemanden nicht leiden kann, dann teile ich ihm das auch mit. Einfach so. Auch wenn es in diesem Moment unglaublich schwer ist, ehrlich zu sein – langfristig wird es sich auszahlen, weil alle wissen, woran sie sind. Der nervige Kollege wird einen in Ruhe lassen – und in Ruhe gelassen zu werden gehört in der heutigen Zeit zu den schönsten Dingen, die es gibt. Wenn ich die Arbeit eines Kollegen fantastisch finde, dann sage ich ihm das auch ohne schleimige Übertreibungen. Und wenn ich keinen Bock habe, mich mit meiner Mutter zu unterhalten, dann suche ich keine Ausrede mehr, sondern spreche es einfach aus. Meiner Mama ist ein »Ich habe überhaupt keine Lust« lieber als ein »Gerade klingelt es an der Tür«. Ich versuche, so wie es Brad Blanton mir geraten hat, die Gegenwart zu beurteilen – und mich weder von der

»Lügen haben kurze Beine.« – Tatsächlich? Oder ist auch dieser metaphorische Spruch eine »Lüge«?

Vergangenheit beeinflussen zu lassen noch die Konsequenzen in der Zukunft zu fürchten.
Ich habe auch Menschen die Freundschaft bei Facebook gekündigt. Ja, ich habe mit dir Abi gemacht. Ja, ich kannte dich mal, als ich zehn Jahre alt war. Aber heute interessiert es mich wirklich nicht, ob du heute Abend in den Biergarten gehst oder ob du eine neue CD gekauft hast – und es hat dich auch nicht zu interessieren, was ich heute mache. Nein, wir sind keine Freunde, sondern entfernte Bekannte – und ich will auf Facebook nur Freunde haben. Ich will auch – und das gehört zu den wichtigsten Erfahrungen – ehrlich zu mir selbst sein. Nein, ich bin gewiss nicht perfekt. Ich bin, um ehrlich zu sein, sogar weit entfernt von Perfektion – außer vielleicht in der Disziplin »Computerfußball im Amateur-Modus«. Es gibt Aufgaben, die ich nicht schaffen kann. Es gibt viele Menschen, die hübscher und schlauer und netter sind als ich. Das muss ich akzeptieren, aber ich kann daran arbeiten, hübscher und schlauer und netter zu werden, als ich es jetzt bin.
Es gibt auch jetzt noch Tage, an denen mich die Welt ganz ehrlich am Arsch lecken kann. Warum soll ich dann hinausgehen und so tun, als wäre alles in Ordnung? Was ist so schlimm daran, ab und zu das Haus zu verlassen und der Welt den Mittelfinger hinzuhalten? Und einfach das zu tun, worauf man Lust hat? Ja, ich bin hin und wieder ungehobelt, unwirsch und schroff. Na und?
Eine Lüge verwende ich nur noch dann, wenn sie mir und dem Belogenen hilft – oder wenigstens keinen Schaden anrichtet. Und ich achte darauf, welche Menschen wie viel Ehrlichkeit vertragen. Der Fußballtrainer Jürgen Klopp sagte einmal, dass sich in einem Fußballkader 22 Sensibelchen befinden und er jeden Einzelnen anders behandeln muss. Wenn man das auf seine eigene kleine Welt anwendet, dann wird sich die Zahl der Sensibelchen deutlich erhöhen, aber die Kernaussage bleibt. Nicht jeder Mensch ist bereit für die volle Ladung Ehrlichkeit.

Jürgen Schmieder

1.	Geben Sie wieder, wie sich Jürgen Schmieder zum Lügen positioniert.
2.	Setzen Sie sich mit seiner »Ehrlichkeit« auseinander.

2. Wie Sie Ihren ethischen Standpunkt argumentativ begründen können …

a// »Du sollst nicht lügen!« – Deontologische Argumente

»Darf ich etwas, das ich mit meiner besten Freundin schon lange ausgemacht habe, absagen, weil ich jetzt etwas anderes viel lieber tun würde?« So das moralische Problem, das dem Buch von Rainer Erlinger »Lügen haben rote Ohren« entnommen ist.

Ferdinands Schwester Pia war seit einigen Tagen völlig verändert. Das hängt bestimmt mit ihrem Urlaub zusammen, dachte Ferdinand. Sie hatte sich schon so lange darauf gefreut, und es war auch nicht leicht gewesen, die Erlaubnis der Eltern zu bekommen: Sie durfte mit ihrer besten Freundin zwei Wochen nach Frankreich fahren. »Um Französisch zu lernen«, hieß es, aber natürlich wollten die beiden Mädchen vor allem gemeinsam Urlaub machen. Pias Freundin Anne freute sich fast noch mehr darauf, weil sie noch nie im Ausland gewesen war. Ihre Eltern waren recht ängstlich und wollten Anne den Urlaub in Frankreich auch erst gar nicht erlauben. Nur weil Pia dabei war und Annes Eltern Pia mochten, hatten sie schließlich zugestimmt.
Aber da musste noch etwas sein, weil der Urlaub schon seit Monaten geplant war und sie sich erst seit ein paar Wochen so merkwürdig benahm. Immer wenn das Telefon läutete, sprang sie an den Apparat und zog sich sofort wieder enttäuscht zurück, wenn es für Ferdinand oder die Eltern war. Und falls es für sie war, wurde sie oft rot und verschwand gleich mit dem Telefon in ihr Zimmer, Außerdem war sie beim Essen sehr still und hatte keinen rechten Appetit.
»Was ist denn los?«, fragte die Mutter. »Gar nichts. Was soll denn sein?« Pia wurde rot. »Du hast doch etwas«, drängte die Mutter, »los, raus damit!«
Pia druckste noch etwas herum, aber dann legte sie los: »Ich habe mich in Marc, den süßesten Jungen der Welt, verliebt.«

»Ach so«, meinte die Mutter, »das ist doch wunderbar. Wo ist das Problem? Mag er dich nicht?«

»Nein, nein! Das ist es nicht. Er liebt mich auch. Er ist ja so süß. Das Furchtbare ist«, Pia schossen die Tränen in die Augen, »in sechseinhalb Wochen geht er für ein Jahr als Austauschschüler nach Amerika. Das wird furchtbar, da sehen wir uns ein Jahr lang nicht. Aber auf alle Fälle will ich bis dahin möglichst jede Minute mit ihm zusammen sein.«

»Ja und?«, warf Ferdinand ein, »dann mach es halt!«

»Sehr klug! Ich habe doch den Urlaub mit Anne ausgemacht und der ist schon in drei Wochen.« Pia war verzweifelt. »Ich halte das nicht aus, von den wenigen Wochen, die Marc noch da ist, die Zeit statt mit ihm mit Anne im Urlaub zu verbringen. ich muss den Urlaub absagen, aber ich weiß nicht, wie. Anne wird furchtbar enttäuscht sein, weil sie jetzt gar nicht in den Urlaub fahren kann. Aber sie kann ich doch auch weiterhin täglich sehen, Marc aber dann nicht mehr, wenn er so lange weg ist. Ich habe mir überlegt, ich sage Anne einfach, dass mein Geld nicht reicht und wir deshalb nicht fahren können. Das ist das Einfachste. Nur habe ich ein furchtbar schlechtes Gewissen dabei.«

Darf ich meine Freundin anlügen, weil sie mir böse sein könnte, wenn ich ihr die Wahrheit sage?

»Das hast du aber auch ganz zu Recht«, sagte die Mutter entrüstet. »Du willst deine beste Freundin nicht nur versetzen, sondern auch noch mir nichts, dir nichts einfach so anlügen?« »Wieso denn nicht?«, wollte Ferdinand wissen. »Für Anne macht es doch keinen Unterschied, welchen Grund ihr Pia dafür nennt, warum sie jetzt nicht in den Urlaub fahren kann.«

»Ich glaub, ich hör nicht recht!« Die Mutter war richtig verärgert. »Das ist ja toll. Meine Tochter will lügen und mein Sohn findet da auch nichts Schlimmes dabei. Wozu hab ich euch eigentlich erzogen? Ich hab euch doch immer eingeschärft, dass Lügen etwas Schlimmes ist.«

»Ja, weil man damit anderen schadet.« Pia hatte sich das offensichtlich genau überlegt. »Aber hier schadet die Lüge doch niemandem. Im Gegenteil, wenn Anne erfährt, dass ich wegen Marc nicht fahren will, ist sie vielleicht gekränkt. So aber nicht.«

»Das hast du dir fein zurechtgelegt«, sagte die Mutter. »Und was ist mit dem Achten Gebot: ›Du sollst nicht lügen‹? Genau das tust du doch.« Ferdinand überlegte. Gut, Lügen ist etwas Schlechtes und eine Sünde, das hatte man ja schon oft genug gehört, aber eins war ihm immer noch unklar: »Warum eigentlich?«

»Aus der Sicht des Glaubens ist Gott derjenige, der alles weiß und deshalb auch die Wahrheit«, antwortete die Mutter. »Bei der Lüge sagt man ja etwas, das nicht stimmt und entfernt sich damit von Gott. Es gibt aber noch einen ganz praktischen Grund, warum das Lügen schlecht ist: Es zerstört das Vertrauen.«

»Wie das?«, wollte Pia wissen.

»Na ihr kennt doch das Sprichwort: ›Wer einmal lügt, dem glaubt man nicht, und wenn er auch die Wahrheit spricht.‹ Stell dir vor, Anne bemerkt, dass du sie belogen hast. Was passiert, wenn du ihr das nächste Mal etwas erzählst? Sie wird sich überlegen, ob es diesmal stimmt, oder ob du sie wieder belügst. In eurer Freundschaft wird es kein Vertrauen mehr geben können.«

Pia war ganz zerknirscht. Das mit dem enttäuschten Vertrauen, da war was dran. Sie würde Anne wohl die Wahrheit sagen müssen. Aber da war ja noch etwas: Sie hatte ihr schlechtes Gewissen nicht nur wegen der Lüge gehabt, sondern auch, weil sie den Urlaub überhaupt absagen wollte. Ging denn wenigstens das in Ordnung? »Das ist doch ganz ähnlich«, sagte die Mutter. »Wieso denn das?«, wollte Pia wissen. »Ich meine, wenn ich Anne die Wahrheit sage.« »Eigentlich hast du doch auch gelogen«, warf Ferdinand ein, »wenn du erst sagst, du fährst mit Anne in den Urlaub, es aber dann nicht tust. Du hast etwas gesagt, was nicht stimmt. Und das ist eine Lüge.«

»Nein, so würde ich das nicht sehen«, sagte die Mutter. »Gelogen hat Pia nicht. Als sie zusagte, wollte sie ja mit Anne weg fahren. Aber auch wenn es keine Lüge war, geht es wieder um dasselbe: um das Vertrauen. Das wird nämlich auch dann zerstört, wenn man ein Versprechen bricht.«

»Aber ich habe doch gar nichts versprochen«, protestierte Pia, »ich habe doch nur etwas mit Anne ausgemacht.«

»Man muss nicht sagen ›ich verspreche‹, damit es ein Versprechen ist«, antwortete die Mutter. »Du hast es mit Anne ausgemacht und Anne hat sich auf das, was du gesagt hast, verlassen. Das ist ein Versprechen und daran muss man sich halten.«

»Warum denn das?«, wollte Ferdinand wissen.

»Das kann ich euch erklären«, antwortete die Mutter. »Pia, was würdest du sagen, wenn du in den Zug nach Frankreich steigen willst, du stehst am Bahnsteig, und der Zug kommt nicht?«

»Das gibt es doch gar nicht! Und wenn, wäre ich natürlich ziemlich sauer. Aber was hat das mit meiner Abmachung zu tun?«, sagte Pia.

»Wieso kannst du so fest damit rechnen, dass der Zug geht? Weil die Bahn dir zugesagt hat, dass der Zug fährt. Und wieso kann die Bahn sicher sein, dass da auch ein Lokführer da ist? Weil der Lokführer der Bahn zugesagt hat, dass er zum Dienst kommt. Damit unser Leben funktioniert, muss man sich jeden Tag auf eine Menge von Zusagen verlassen können. Stellt euch einmal vor, man wüsste nie, ob sich andere an ihre Versprechen halten. Ihr wüsstet nie, ob der Bäcker auch Brot hat, ob der Bus fährt oder auch nicht. Ja, ihr wüsstet auch nicht, ob ich etwas zu Essen mache oder ihr vor dem leeren Tisch sitzt.«

»Ja, aber es ist doch etwas anderes, ob es um den Beruf geht oder um einen Urlaub«, sagte Pia. »Im Beruf ist es klar, da muss man seine Aufgaben erfüllen, sonst bekommt man Ärger. Man wird bestraft oder entlassen. Aber bei meiner Freundin ist das doch nicht so.«

»Doch, eben schon«, sagte die Mutter. »Im Beruf gibt es einen Arbeitsvertrag. Darin steht, was man tun muss und was man nicht tun darf. Darauf kann sich jeder dann verlassen. In einer Freundschaft gibt es so etwas nicht. Da gibt es nur das Vertrauen. Und deshalb ist es in einer Freundschaft umso schlimmer, wenn man das Vertrauen enttäuscht. Dann ist nämlich sehr schnell die ganze Freundschaft weg.«

»Und was soll ich also jetzt machen?«, fragte Pia ganz kleinlaut.

»Es gibt nur eines«, sagte die Mutter »Du musst mit Anne sprechen und ihr dein Problem erklären. Und dann müsst ihr gemeinsam eine Lösung finden. Wenn sie dich wirklich gern mag, wird sie sicher auf den Urlaub verzichten. Vielleicht könnt ihr etwas anderes ausmachen. Aber es muss dir klar sein, dass du es bist, die Anne gegenüber wortbrüchig wird.«

Rainer Erlinger

1. Skizzieren Sie die moralisch-ethisch relevanten Elemente des Falles.
2. Vergleichen Sie die ethischen Argumente, die im Verlauf des Gespräches angeführt werden.
   Berücksichtigen Sie dabei die Stichworte:
   – Achtes Gebot – Absonderung von Gott – Sünde
   – Vertrauensbruch – Vertragsbruch – Versprechensbruch
3. Im Textauszug argumentiert die Mutter zunächst so, dass sie sich auf unhinterfragte Konventionen oder moralische, meist religiöse Autoritäten bis hin zu göttlicher Offenbarung beruft (sog. »Zehn Gebote«). Hier liegt keine ethische Begründung im engeren Sinne vor, sondern die Geltung der Normen gründet auf der vom Urteilenden vorausgesetzten sozialen Akzeptanz der jeweiligen Autoritäten (wie z. B. Personen, Texte, Traditionen).
   Erläutern Sie, inwiefern sie später ihre Argumentation erweitert.
   Erörtern Sie die Berechtigung der beiden Argumentationsformen, die von der Mutter angeführt werden.
4. Nehmen Sie Stellung zum folgenden Zitat von Aurelius Augustinus (354–430): »Fragen, ob man um der Rettung eines anderen willen lügen darf, heißt fragen, ob man um der Rettung eines anderen willen sündigen darf. Das aber ist unvereinbar mit dem Heil der Seele, das nur durch Freiheit von der Sünde sichergestellt werden kann.«
5. Beurteilen Sie den Vorschlag der Mutter, mit Anne zu sprechen. Wie würden Sie selber handeln.

b// »Ist es immer falsch zu lügen? Auch in einer Notsituation?« – Situationsethische Argumente

»Lügen ist doch eine Sünde«

»Wir haben da in der Schule über eine Meldung aus der Zeitung gesprochen.«

»Und worum ging's?«

»Da haben so ein paar betrunkene Rechtsradikale einen Asylanten verfolgt. Die müssen ihn richtig gejagt haben. Das hat dann einer gemerkt, der zufällig gerade da war, und zu dem Asylanten gemeint, er soll sich schnell verstecken. Wie dann die Skinheads ankamen, haben die angefangen, ihn zu suchen und hätten ihn fast gefunden. Da hat er denen gesagt, dass der Asylant in eine Richtung weitergelaufen ist. Die Typen sind grölend weiter, und dem Asylanten ist nichts passiert, obwohl da ein paar Wochen vorher einer krankenhausreif geprügelt worden ist.« »Was hast du denn damit für ein Problem?«, fragte der Onkel. »Das war doch eine Lüge«, sagte Ferdinand. »Und trotzdem waren sich alle einig, dass der Lügner hier richtig gehandelt hat. Der Typ, der das gemacht hat, ist vom Bürgermeister groß gelobt worden. Und eben auch von der Kirche, obwohl das Lügen doch eine Sünde ist.«

Rainer Erlinger

1.	Erörtern Sie das Fallbeispiel mit den Rechtsradikalen, die den Asylanten verfolgen.
2.	Vergleichen Sie Ihre eigene Argumentation mit der von Onkel Gottfried und Ferdinand.

»Lügen muss erlaubt sein«

»Du findest doch sicher auch, dass das richtig war, oder?«, fragte Onkel Gottfried.

»Ja, natürlich«, sagte Ferdinand. »Aber das muss man doch auch irgendwie begründen können. Warum ist es denn jetzt hier anders? Warum darf man jetzt hier lügen?«

»Meiner Meinung nach darf man hier nicht nur lügen, man muss es sogar«, sagte der Onkel. »Überleg doch einmal, was passiert wäre, wenn der Mann nicht gelogen hätte. Die brutalen Schläger hätten den armen Asylanten wahrscheinlich schnell gefunden und dann verprügelt, vielleicht sogar umgebracht. Und als Einzelner hätte der Mann keine Chance gegen eine Horde Betrunkener gehabt. Es war damit die einzige Möglichkeit, das Verbrechen zu verhindern.«

»Das find ich ja auch«, sagte Ferdinand. »Aber dann haben doch die Philosophen Unrecht, wenn sie behaupten, dass man niemals lügen darf. Es gibt also Ausnahmen.«

»Du hast völlig Recht«, pflichtete ihm der Onkel bei. »Da ist ein Widerspruch. Das, was du dir gerade überlegst, ist ein altes Problem. Es kam darüber sogar einmal zu einem Streit zwischen zwei Philosophen. Und zwar über einen Fall, der ziemlich genau dem Zeitungsbericht entspricht. Der französische Philosoph Benjamin Constant hat sich das Beispiel überlegt, dass ein Mörder jemanden fragt, ob sich dessen Freund, den er umbringen will, im Haus versteckt hat. Bisher habe ich immer gedacht, dass das ein ziemlich komisches Beispiel ist, weil so etwas nie vorkommt. Aber in dem Zeitungsbericht geht es doch fast genau darum. Weil, wenn er nichts sagt, schaut der Mörder selbst nach. Das hilft also nichts.«

»Das stimmt. Aber was hat nun der Philosoph dazu gesagt?«, wollte Ferdinand wissen.

»Er meinte«, sagte Onkel Gottfried, »dass man in so einer Situation natürlich lügen darf, weil der Mörder kein Recht darauf hat, die Wahrheit zu erfahren. Und er machte eben noch einen Seitenhieb, indem er sagte, es

Graffito an einer Schule

gebe da einen deutschen Philosophen, der sogar in so einem Fall das Lügen verbietet.« »Und wer war das?« »Das weiß man nicht so genau, weil er keinen Namen genannt hat. Aber der berühmte Philosoph Immanuel Kant fühlte sich angesprochen und schrieb einen Aufsatz, in dem er genau das sagte. Er war eben der Meinung, dass die Wahrheit etwas so Wertvolles ist, dass man sie unter keinen Umständen aufgeben darf.«
»Das finde ich aber nicht richtig«, sagte Ferdinand, »wenn man mit einer kleinen Lüge ein Menschenleben retten kann, das ist doch viel wichtiger.« »Ich verstehe, was du meinst«, stimmte ihm Onkel Gottfried bei. »Und ich bin ganz deiner Meinung, übrigens nicht nur ich, sondern auch viele andere. Luther zum Beispiel hat die ›Nutzlüge‹, wie man damals sagte, nicht als Sünde angesehen. Die überzeugendste Lösung aber hat ein anderer Philosoph gefunden: Schopenhauer, und ich glaube, du denkst genau das, was er auch meint. Warum willst du die Lüge in so einem Fall erlauben?« »Na, weil die Schläger den armen Typen ja verfolgt haben und sie ihn womöglich umgebracht hätten ohne die Lüge.« »Ja, du bist auf der richtigen Spur. Überlege doch mal, was wäre denn, wenn da keine Möglichkeit zum Verstecken gewesen wäre, der Passant aber ein Kung-Fu-Kämpfer wäre.« »Mann, da wäre es den Skins wahrscheinlich schlecht gegangen!«, rief Ferdinand. »Der hätte die ordentlich vermöbelt.« »Und, hätte der das tun dürfen?«, fragte der Onkel. »Früher gab es mal die Fernsehserie ›Kung Fu‹ mit David Carradine, deshalb weiß ich, als Kung-Fu-Meister ist er Beschränkungen unterworfen, er darf doch nicht andere angreifen.« »Na, aber sich und andere verteidigen darf er doch auf jeden Fall. Dazu ist Kung-Fu ja da«, sagte Ferdinand. »Das heißt, und so sehen es übrigens auch unsere Gesetze, unter bestimmten Umständen darf man Gewalt einsetzen. Und wie ist es mit der Lüge? Wenn du Kant folgst …«
»… dürfte ich keinesfalls lügen«, fuhr Ferdinand fort. »Dann dürfte ich in so einer Situation zwar die Angreifer vermöbeln, aber sie nicht belügen. Das ist doch Unsinn. Wenn es sogar erlaubt ist, Gewalt anzuwenden, muss es doch erst recht erlaubt sein, zu lügen.«
»Ja, und so hat es auch der Philosoph Schopenhauer gesehen. Er hat Lügen und Gewalt als zwei verwerfliche Dinge verglichen und deshalb genauso argumentiert wie du«, sagte der Onkel. »Die Wahrheit«, sagte der Onkel, »ist etwas sehr Wertvolles, das man schützen muss. Es gibt aber auch noch andere Werte. Es kann sein, dass man lügen darf und muss, um etwas noch Wertvolleres zu schützen.«
»Zum Beispiel das Leben des Verfolgten«, sagte Ferdinand.

Rainer Erlinger

3.	Beurteilen Sie die Argumente von Onkel Gottfried.
4.	Vergleichen Sie die folgenden drei Zitate und beziehen Sie Stellung. a) Benjamin Constant (1767–1830, französischer Philosoph): »Kein Mensch hat Recht auf eine Wahrheit, die anderen schadet.« b) Kant (1724–1804, deutscher Philosoph) widersprach: Die Wahrhaftigkeitspflicht lasse keine Einschränkungen zu, »weil Wahrhaftigkeit eine Pflicht ist, … deren Gesetz, wenn man ihm auch nur die geringste Ausnahme einräumt, schwankend und unnütz gemacht wird«. »Wahrhaftigkeit in Aussagen, die man nicht umgehen kann, ist formale Pflicht des Menschen gegen jeden, es mag ihm oder einem anderen daraus auch noch so großer Nachteil erwachsen.« c) Arthur Schopenhauer (1788–1860, deutscher Philosoph): »Ich glaube also in den Fällen, wo ich ein Recht zur Gewalt habe, es auch ZUR LÜGE zu haben: so z. B. gegen den Räuber und unberechtigten Gewältiger jeder Art, die ich demnach durch List in eine Falle locke.«
5.	In dem Gespräch zwischen Onkel Gottfried und Ferdinand geht es um die positiven Folgen des Lügens. Die utilitaristische Komponente dieser Argumentationsform fordert, dass wir so handeln bzw. unser Handeln so regeln sollten, dass die Folgen unserer Handlungen bzw. Handlungsregeln von möglichst großem Nutzen sind. Ziel des ethischen Handelns ist die Maximierung von Durchschnittsnutzen oder Gesamtnutzen. Dieser Argumentationsform zufolge sind Handlungsregeln dann gültig, wenn ihre Einhaltung effizienzsteigernd ist. Setzen Sie sich mit dieser Argumentationsform auseinander.

3. Standpunkte erfassen und Täuschungsversuchen begegnen … – Anregungen für Ihr moralisches Argumentieren

Zuweilen kann es nützlich sein, über »unehrliches Argumentieren« in Diskussionen Bescheid zu wissen. Hier einzelne – ausgesuchte – Beispiele:

»Ausnahmen bestätigen die Regel«

Jemand behauptet, alle Angehörigen einer ethnischen Gruppe, etwa Schwarze, hätten geringere intellektuelle Fähigkeiten als die anderer Ethnien. Sie könnten dann entgegnen, dies könne nicht stimmen, da es sehr viele große Persönlichkeiten mit schwarzer Hautfarbe gebe: Martin Luther King, Nelson Mandela, Jomo Kenyatta, Paul Robeson, Kofi Anan usw. Nun wird zuweilen das Gegenargument angebracht, Ausnahmen bestätigten die Regel. Was ist von diesem Argument zu halten? Es ist doch offensichtlich, dass eine oder mehrere Ausnahmen eine Gesetzmäßigkeit nicht bestätigen können. Sie zeigen ja gerade, dass eine Regel nicht zutrifft, sondern durchbrochen wird.

Korrekt wäre der Satz: »Um eine Regel zu bestätigen, muss man nach Ausnahmen suchen«. Und falls man Ausnahmen gefunden hat, ist dies gerade ein Zeichen dafür, dass die Regel nicht zutreffen kann. Das Argument »Ausnahmen bestätigen die Regel« ist also immer zu widerlegen.

Ablenkungsmanöver

Eine unehrliche Form von Ablenkung kann durch einen irrelevanten Einwand erfolgen. Dies geschieht etwa, wenn ein Detail, das für die Gesamtaussage unerheblich ist, beanstandet wird. Man stelle sich jemanden vor, der zum Ausdruck bringt, dass er die biblische Aussage schwer verständlich finde, dass Jona durch einen »Wal« geschluckt und dann wieder – nach längerer Zeit – lebendig ausgespuckt worden sei. Ein Gegenredner erhebt den Einwand, dass es in der Bibel geschrieben stehe, dass Jona durch einen Fisch geschluckt worden sei und ein Wal eben kein Fisch sei.

Dies stimmt, ist aber im Kontext der Gesamtaussage völlig uninteressant.

Nicht selten wird ein ähnlicher, weiterer Trick der Ablenkung verwendet. Dem Redner wird etwas in die Schuhe geschoben, das er so gar nicht behauptet hat. So könnte ein Befürworter von sozialen Reformen von einem Gegner attackiert werden mit dem Satz: »Glauben Sie etwa, dass diese Reform das Paradies schaffen wird?« Dann sollte der so attackierte einen kühlen Kopf bewahren und könnte etwa antworten: »Ich habe gar nicht gesagt, dass diese Reform paradiesische Zustände schaffen wird. Ich habe lediglich gemeint, dass diese soziale Reform nur die allgemeine Verarmung durch gerechte Verteilung der materiellen Güter verhindern kann.« Die Konzentration allein auf diesen einzigen Punkt wird ihm behilflich sein, seine Zuhörer davon zu überzeugen. dass eine Sozialreform wünschenswert ist. Er darf nur nicht auf die von seinen Gegnern veränderte Aussage hereinfallen und behaupten, die Reform werde alles besser machen. Denn das ist eine extreme Position, die nur mit größter Mühe zu halten sein dürfte.

Ein anderes Beispiel von unredlichem Denken ist es, wenn man versucht eine Behauptung zu verfechten, indem man eine andere Behauptung aufstellt, die mit der ersten keinen direkten Zusammenhang aufweist. Konstruieren wir ein Gespräch:

Herr X: »Indien ist das größte demokratische Land der Erde.«

Herr Y: »Demokratisches Land? Dass ich nicht lache! Da werden Menschenrechte mit Füßen getreten. Haben Sie denn nicht gelesen, dass vor 2 Jahren ein christlicher Missionar mit seiner Familie grausam umgebracht wurde?«

Auch hier kann das Argument, weil in einem Land 3 Christen umgebracht worden seien, logisch nicht als Gegenargument zur Behauptung stehen, Indien sei das größte demokratische Land.

Es wurde bereits gesagt, dass man vom Hauptpunkt abzulenken versucht, indem man etwas Nebensächliches erwähnt. Eine Abwandlung davon liegt vor, wenn man dem Redner gegenüber eine triviale Nebensache widerlegt, um damit den Eindruck zu erwecken, dass er in seinem Hauptanliegen ebenso falsch liege.

Da mag jemand auftreten, der als Unterstützung seiner Darstellung sehr viele Fakten auf den Tisch legt. Dabei ist es durchaus möglich, dass er vielleicht einen Punkt vorträgt, bei dem er sich irrt.

Nun kann es sein, meistens ist es auch so, dass dieser Irrtum in einem Punkt nicht ausreicht, um seine Schlussfolgerungen zu unterminieren. Aber der Gegner, der sich an diesem Punkt festbeißt und ihn als unrichtigen Punkt nachweisen kann, kann den Eindruck erwecken, dass die gesamte Darstellung des Redners in Frage zu stellen sei. Der Redner muss dann in der Lage sein, den Irrtum als möglich zuzugeben, aber gleichzeitig betonen, dass dieser eine Punkt die Gegendarstellung nicht wesentlich beeinflusst.

Das Wichtigste ist, wenn so ein Ablenkungsmanöver stattgefunden hat. die Diskussion schnellstmöglich auf den ursprünglichen Punkt zurückzubringen. In der Praxis ist dies nicht ganz einfach. Ein gewissenloser Gegner könnte einem vorwerfen, dass der Redner auf seine Argumente überhaupt nicht eingehe. Aber in den meisten Fällen kann dies – mit Geduld und ohne die Fassung zu verlieren und mit ein bisschen gedanklicher Anstrengung – gelingen.
Ein unehrlicher Trick, der mit Ablenkungstaktik verwandt ist, besteht darin, dass z.B. in einer öffentlichen Diskussion eine Aussage gemacht wird, zu deren Unterstützung irgendeine Autorität zitiert wird, die dem Redner wahrscheinlich unbekannt ist.

Rechtfertigung eines Übels mit Hinweis auf ein anderes Übel

Bei Diskussionen über die Schädlichkeit des Rauchens ist zuweilen als Gegenargument zu hören, Alkohol sei doch schädlicher. Es verursache Leberschäden, Vernebelung des Denkens, Ausfall an Arbeitskraft, Vernachlässigung der Familie usw. Das mag zwar richtig sein. Aber der Hinweis auf ein stärkeres Übel bedeutet nicht, dass das Rauchen kein Übel ist. Das Argument, man sollte doch lieber Alkoholkonsum bekämpfen, als das Rauchen zu verteufeln, ist kein schlagendes Argument. Die richtige Schlussfolgerung wäre: Beide zeigen schlechte Folgen. Und wenn jemand der Meinung ist, dass der Alkoholkonsum schädlicher sei, dann wäre seine Schlussfolgerung, Alkoholismus müsse stärker bekämpft werden, akzeptabel. Wenn Raucher auf die Todesfälle, die durch Rauchen verursacht sind, angesprochen werden, ist beispielsweise das Gegenargument zu vernehmen, durch Verkehrsunfälle kämen mehr Menschen um. Als Entlastungsargument taugt diese Argumentation nicht.

Eigene Meinung als goldener Mittelweg

Das ist ein häufig angewandter Trick, der normalerweise als Trick nicht erkannt wird. Selbst demjenigen, der dies anwendet, wird dieses Vorgehen als Trick nicht immer bewusst, wenn er von der eigenen Meinung stark überzeugt ist. Der Kunstgriff, die eigene Meinung als eine moderate – also als Mitte zwischen zwei extremen Meinungen – vorzustellen, suggeriert einen vernünftigen Kompromiss. Wenn eine Meinung als Mitte zwischen zwei Extremen präsentiert wird, neigt man zumeist eher dazu, ihr zuzustimmen. Ein liberaler Politiker kann z.B. seine Politik als Mitte zwischen zwei Extremen präsentieren. Wir haben das Gefühl, als moderate Menschen die liberale Politik zu akzeptieren.
Ein plausibler Grund, dass die Meinung, die Wahrheit liege in der Mitte, nicht stimmen muss, besteht in der grundsätzlichen Möglichkeit, dass eine Meinung, die als Extrem dargestellt wird, durchaus wahr sein kann.

Inkonsequentes Argumentieren

Beim inkonsequenten Argumentieren werden oft Zusammenfall und Zusammenhang bewusst ignoriert. Bei zwei Fakten, die zusammenfallen, wird ein unzulässiger Zusammenhang hergestellt.

Selektive Bestandsaufnahme

Die Beweisführung durch selektive Bestandsaufnahme als Art von Argumentation ist im täglichen Leben gang und gäbe. Und man kann sie mit Recht als unehrlich bezeichnen, auch wenn es dem Betreffenden oft nicht bewusst sein sollte. Unehrlich ist es vor allem dann, wenn der Betreffende, nachdem man ihn auf die Unzulänglichkeit dieser Methode aufmerksam gemacht hat, weiterhin genauso argumentiert. Der Erfolg dieser Art der Argumentation hängt davon ab, ob die Zuhörer sie als selektive Beweisführung entlarven können oder nicht. Sie können sich aber angewöhnen, den Redner darauf zu drängen darzulegen, ob es sich um repräsentative Beispiele bzw. berechtigte Beispiele handelt. Der Diskutant, der sich dieser Methode der selektiven Beweisführung bedient, läuft Gefahr mit zufällig ausgewählten Beispielen konfrontiert zu werden, die genau den gegenteiligen Beweis liefern.
Nehmen wir zum Beispiel das Rauchen. Wenn man erzählt, dass das Rauchen das Leben verkürzt, hört man häufig von dem einen oder anderen Raucher, dass sein Opa geraucht habe und mit Neunzig noch seine Pfeife geraucht habe. Dazu könnte man entgegnen, ein bestimmter Onkel, den man selbst kenne, sei Kettenraucher gewesen und deshalb auch mit 40 Jah-

Gesicht und/oder »Liar«?

ren an Lungenkrebs gestorben. Damit scheint bereits ein »Unentschieden« erreicht. Natürlich ist das zweite Argument auch eine Methode der selektiven Beweisführung, eignet sich aber ausgezeichnet, um dem Raucher die Unzulänglichkeit seines Argumentes vor Augen zu führen. Zu einem gültigen Urteil kommt man allerdings erst, wenn man eine große Zahl von Fällen untersucht hat. Um sicher zu gehen, sollte u.a. sichergestellt sein, dass eine solche Untersuchung nicht von einer Zigarettenfirma finanziert wird. Ebenso gilt: Je größer die Zahl der berücksichtigten Fälle, desto sicherer die Analyse. So müsste man z.B. 10000 Fälle von Rauchern mit 10000 Fällen von Nichtrauchern, die alle unter vergleichbaren Bedingungen leben (z.B. Ernährungsgewohnheiten, Lebensumstände, genetische Zusammensetzung, Nebenkrankheiten usw.), in Betracht ziehen. Nur dann kann man eine statistisch signifikante Aussage erhalten. Etwas leichter ist ein Umweg über eine multizentrische Studie in Lungenkrebskliniken. Durch diese ist herauszufinden, wie Rauchen und Krankheit korrelieren. Das erfolgt in zwei Stufen. Erstens muss man die Daten über die Lungenkrebskranken erheben und zweitens muss eine genaue statistische Analyse über die Umstände der Entstehung des Lungenkrebses erfolgen. Wenn herauskommt, dass 90 % der Lungenkrebskranken Kettenraucher waren, was tatsächlich der Fall ist, erst dann ist die Annahme gerechtfertigt, dass zwischen Rauchen und Lungenkrebsentstehung ein statistisch signifikanter Zusammenhang besteht. Nachdem statistisch signifikante Untersuchungsergebnisse feststehen, ist es gerechtfertigt, zutreffende Aussagen zu machen, die dem Wahrheitskriterium entsprechen.
Ein weiteres Beispiel: Sehr häufig wird unter Autofahrern diskutiert, ob die Geschwindigkeitsbegrenzung angemessen sei, sei es Tempo 30 in den verkehrsberuhigten Zonen oder Tempo 120 auf Autobahnen in manchen Ländern. Es bilden sich dann zwei Gruppen. Einige sind Befürworter, einige Gegner. Der Gegner könnte anführen, er fahre seit Jahrzehnten in der verkehrsberuhigten Zone mit 50 oder mehr km pro Stunde. Es sei aber nie etwas passiert. Der Gegner könnte ein Beispiel nennen, dass er selbst gesehen hat, dass ein zu schnell Fahrender sein Auto nicht habe rechtzeitig bremsen können und deswegen eine alte Frau, die er nicht rechtzeitig wahrgenommen habe, überfahren worden sei.
Durch solche ausgesuchten Fälle kann der Diskutant seinen Standpunkt etablieren. Allerdings »wahr« wird er dadurch nicht. Erst eine ausgiebige statistische Erhebung bringt Klarheit.

Argumente im Kreis

Es gibt einen jüdischen Witz, der diese Art der Argumentation sehr schön illustriert:
»Gott redet mit Rabbi Benjamin, weil er ein ehrlicher Mann ist.«
»Woher weißt du das?«
»Meinst du, dass Gott mit jemanden redet, der nicht ehrlich ist?«

Bei allen diese Beispielen wird deutlich: Die Art des Argumentierens hat moralisch-ethische Qualität. Erst recht steht sie unter dem Postulat der Wahrhaftigkeit, wenn »Wahrhaftigkeit« selbst zum Thema des Diskurses werden soll.

Georg Bubolz

1. Geben Sie die Absicht des Autors wieder.
2. Überprüfen Sie die Gedanken an selbst gewählten Beispielen.
3. Entwickeln Sie Handlungsanregungen eines an Wahrhaftigkeit orientierten ethischen Argumentierens. Berücksichtigen Sie auch deren Anwendbarkeit.

GRUNDLAGEN

Die Argumentation in einer Pro-Contra-Debatte

Pro-Contra-Debatte

... ein positiver Beitrag zur Entwicklung von
- Argumentations- und Ausdrucksfähigkeit
- Wahrnehmungsfähigkeit (durch aktives Zuhören und Eingehen auf Argumente anderer)
- Perspektivwechsel/Empathiefähigkeit
- Freude am Diskutieren

Ablauf einer Pro-Contra-Debatte

1. Regeln und Vorgehen erklären
2. Gruppenbildung (pro-contra)
3. Argumentfindung
4. Findung von Gegenargumenten, Entkräftungen und Strategieabsprachen (sowie Bestimmung von Beobachtern)
5. Debatte
6. Auswertung (durch Beobachter)

Regeln für eine Pro-Contra-Debatte

- Jeder spricht nur einmal!
- Es spricht immer nur einer!
- Es geht der Reihe nach!
- Das Argument des Vorredners ist mit eigenen Worten kurz zu wiederholen!
- Auf das Argument des Vorredners ist einzugehen!
- Die Redezeit beträgt eine Minute!

Tipps zur Realisierung

Aufteilung entsprechend der Meinung zum Thema (?)
zwei Tischreihen, die einander gegenüberstehen
je Beobachter max. 4 Sprecher (abwechseln!), Beobachtungsbögen

Wenden Sie die Methode auf die folgenden Fallbeispiele an. Kommen Sie jeweils auch zu einer eigenen moralischen Beurteilung.

1 Lüge am Sterbebett Die Baufirma »Batz und Beton« steht kurz vor der Pleite. Es gibt aber ein Übernahmeangebot der Konkurrenz. Wider besseres Wissen verspricht Anton seinem Vater auf dem Sterbebett, dessen letzten Wunsch zu erfüllen und das alte Familienunternehmen weiterzuführen.

2 Kinderwunsch Manu Mayer (28) möchte bald heiraten und drei Kinder bekommen. Bei einem Bewerbungsgespräch für ihren Traumjob hat sie beste Chancen. Da fragt sie der Personalchef rechtswidrig, ob sie Kinder wolle. Sie weist das weit von sich.

3 Umweltradler Max Müller (16) hat den Mopedführerschein. Heute fährt er der Umwelt zuliebe mit dem Rad. Und ausgerechnet heute nimmt er der Nachbarin die Vorfahrt. Beim Ausweichmanöver schrammt sie an eine Mauer. Sachschaden gut 2000,–. Da Max normalerweise sowieso mit dem Moped gefahren wäre, vereinbaren sie, den Schaden über Max' Kfz-Versicherung zu regeln.

4 Schindlers Liste Im Zweiten Weltkrieg verdiente der Unternehmer Oskar Schindler (1908–1974) mit dem Betrieb einer Emaille- und Munitionsfabrik ein Vermögen und rettete zugleich ca. 1200 Juden vor dem Tod. Schindler scheute sich dabei nicht, zu lügen und Aufzeichnungen zu fälschen, indem er Kinder oder Akademiker als qualifizierte Metallarbeiter ausgab. Schindler erstellte in enger Zusammenarbeit mit Itzhak Stern die legendäre und lebensrettende Liste kriegswichtiger Arbeiter, die von Stern noch um einige Namen ergänzt wurde.

5 Gutgläubig? Am 28. Januar 2010 muss sich der ehemalige englische Premierminister Tony Blair vor einem Untersuchungsausschuss verantworten. Vorwurf: Er habe die Öffentlichkeit nach dem 9/11 bewusst getäuscht mit der Behauptung, der irakische Diktator Saddam Hussein lasse Massenvernichtungswaffen herstellen. Er gibt an, entsprechenden Informationen der englischen und amerikanischen Geheimdienste geglaubt zu haben. Vor dem Gebäude skandieren Demonstranten »Blair lied – thousands died«.

6 Edle Lüge In Schillers »Don Carlos« planen der Titelheld und sein Freund, der Marquis Posa, einen Putsch gegen Philipp II., den Vater von Don Carlos, um die spanische Gewaltherrschaft in den Niederlanden zu beenden. Als der Plan auffliegt, nimmt Marquis Posa alle Schuld auf sich und stirbt für seinen Freund. (Don Carlos allerdings ist zu schwach, um den Befreiungsplan umzusetzen.)

4. Zehn Regeln für den ethischen Diskurs

Einen ethischen Diskurs zu führen, also zu versuchen, eine offene Frage der normativen Ethik durch Austausch von Argumenten in allseits zustimmungsfähiger Weise zu beantworten, ist nur dann sinnvoll, wenn alle Gesprächsteilnehmer den moralischen Beurteilungsstandpunkt einnehmen, den Standpunkt unparteiischer Wertschätzung, wie er in der Goldenen Regel, dem Gebot der Nächstenliebe, dem Kategorischen Imperativ Kants oder ganz allgemein in der Forderung der Universalisierbarkeit ethischer Normen zum Ausdruck kommt. Zum Gelingen eines ethischen Diskurses ist es nützlich, folgende Regeln zu beachten:

A. Zur Gesprächskultur

1. Unterscheide zwischen sittlich guter/schlechter Gesinnung und sittlich richtigem/falschem Urteil über die Gesolltheit einer Handlung. Setze bei Deinem Gesprächspartner die sittlich gute Gesinnung, den moralischen Standpunkt, voraus, auch wenn Du sein Urteil für sittlich falsch hältst. Vermeide Motivverdächtigungen.

2. Unterscheide zwischen ethischer Argumentation und Paränese (Aufforderung, Ermahnung, Ermunterung, bei der über die Gesolltheit einer Handlung unter allen Beteiligten schon Übereinstimmung besteht) und meide die Paränese im ethischen Diskurs, da sie zur Lösung offener normativer Fragen nichts beitragen kann, dafür aber – gewollt oder ungewollt – den sittlichen Ernst des Gesprächspartners in Zweifel zieht.

B. Zum Unparteilichkeitsprinzip

3. Prüfe Dein sittliches Urteil daraufhin, ob du auch dann bereit bist, danach zu handeln, wenn du dir ernsthaft vorstellst, du selbst seist der Betroffene (Rollentausch).

4. Prüfe die Tragweite deines ethischen Urteils, indem du dir vorstellst, alle anderen Menschen handelten auch danach.

C. Zur argumentativen Stringenz

5. Unterscheide deutlich zwischen Tatsachenfragen und Wertungsfragen. Die spezifisch ethische Problematik bezieht sich auf den Wertungsbereich; Tatsachenfragen müssen mit je eigener Sachkompetenz (vorab) geklärt werden.

6. Vermeide bloße Autoritätsargumente (Bibel, Lehramt o.a.)! Jeder Mensch muss, da er für sein sittliches Urteilen und Handeln selbst die Verantwortung zu übernehmen hat, selbst Einsicht in das sittlich Richtige gewinnen.

7. Argumentiere nicht mit dem Willen Gottes, denn dabei handelt es sich um eine Scheinargumentation. Die (bei der Paränese durchaus sinnvolle) Berufung auf den Willen Gottes setzt die Kenntnis des sittlich Richtigen voraus, das durch den ethischen Diskurs ja erst gefunden werden soll. Wir haben kein absolutes Wissen über den Willen Gottes. Für uns ist der Wille Gottes mit dem als sittlich richtig Erkannten identisch. Vorsicht auch bei der Berufung auf die Menschenwürde oder das Naturgemäße. Solche Aussagen werden häufig synonym mit dem Urteil gebraucht, etwas sei sittlich richtig, und haben dann nur appellativen, keinen argumentativen Wert.

8. Unterscheide deutlich zwischen der Genese einer sittlichen Überzeugung und ihrer argumentativen Geltung und vermeide den genetischen Fehlschluss, d.h. den illegitimen Übergang von der Erklärung der Genese eines ethischen Urteils zu seiner wertenden Beurteilung.

9. Vermeide auch den naturalistischen Fehlschluss, d.h. die Ableitung eines ethischen Urteils aus einem deskriptiven Tatsachenurteil (Normativität des Faktischen).

10. Beachte, dass nicht in jedem Fall ein klares und einhelliges Wertvorzugsurteil möglich oder nötig ist, sondern dass es in manchen Fragen auch einen legitimen Ermessensspielraum gibt.

Rudolf Laufen

KOMPETENZEN

Am Ende dieses Kapitels sollten Sie Fortschritte beim Erwerb folgender Fähigkeiten erworben haben:

Wahrnehmungs- und Darstellungsfähigkeit – religiös bedeutsame Phänomene wahrnehmen und beschreiben:	• Situationen erfassen, in deren moralische Fragestellungen zur Debatte stehen und in denen die Entwicklung moralischer Sensibilität sowie der Reflexion moralischer Gefühle erforderlich ist • religiöse Spuren und Dimensionen in der Lebenswelt aufdecken • ethische Herausforderungen in der individuellen Lebensgeschichte sowie in unterschiedlichen gesellschaftlichen Handlungsfeldern wie Kultur, Wissenschaft, Politik und Wirtschaft als religiös bedeutsame Entscheidungssituationen erkennen
Deutungsfähigkeit – religiös bedeutsame Sprache und Zeugnisse verstehen und deuten:	• zwischen Sach- und Werturteilen unterscheiden • moralische von nicht-moralischen Argumenten abgrenzen • die Frage korrekter Argumentation als moralische Frage kennzeichnen • Glaubenszeugnisse in Beziehung zum eigenen Leben und zur gesellschaftlichen Wirklichkeit setzen und ihre Bedeutung aufweisen • theologische bzw. philosophische Texte sachgemäß erschließen
Urteilsfähigkeit – in religiösen und ethischen Fragen begründet urteilen:	• deskriptive und normative Aussagen unterscheiden • bestimmte konkrete Normen begründen oder in Frage stellen • Formen theologischer und ethischer Argumentation vergleichen und bewerten • Modelle ethischer Urteilsbildung kritisch beurteilen und beispielhaft anwenden • die Menschenwürde theologisch begründen und als Grundwert in aktuellen ethischen Konflikten zur Geltung bringen • zwischen ethischen Kontexten und ethischen Prinzipien differenzieren • erörtern, wann Gründe als moralisch gute Gründe gelten können und auf welche Arten ein bestimmtes Urteil ethisch gerechtfertigt werden kann • ethische Argumentationsmuster kennen und anwenden • sinngemäß offenen oder verdeckten Intuitionismus, Konventionalismus und Autoritarismus im Rahmen moralischer/ethischer Diskurse identifizieren • im Kontext der Pluralität einen eigenen Standpunkt zu religiösen und ethischen Fragen einnehmen und argumentativ vertreten
Dialogfähigkeit – am religiösen Dialog argumentierend teilnehmen:	• die ethische Perspektive eines anderen einnehmen und in Bezug zum eigenen ethischen Standpunkt setzen • Gemeinsamkeiten von religiösen und weltanschaulichen Überzeugungen sowie Unterschiede benennen und im Blick auf mögliche Dialogpartner kommunizieren • sich aus der Perspektive des christlichen Glaubens mit anderen religiösen und weltanschaulichen Überzeugungen argumentativ auseinandersetzen • Kriterien für eine konstruktive Begegnung, die von Verständigung, Respekt und Anerkennung von Differenz geprägt ist, in dialogischen Situationen berücksichtigen
Gestaltungsfähigkeit – religiös bedeutsame Ausdrucks- und Gestaltungsformen verwenden:	• ethisch-moralische und religiös relevante Inhalte und Positionen medial und adressatenbezogen präsentieren • Methoden der Argumentation anwenden

II. »Wie frei ist der Mensch?« – Eine anthropologisch-ethische Grundfrage

»Ich bin so frei«, sagen wir manchmal in alltäglichen Situationen, in denen wir entschlossen zu einer Tat schreiten, von der wir uns durch Konventionen nicht abhalten lassen; diese erscheinen uns in diesem Falle als zweifelhaft, unnötig oder überholt. Ob wir frei gehandelt haben oder zu einer Tat »veranlasst« oder »verleitet« wurden, ist bereits in solchen Situationen nicht leicht auszumachen. »Freiheit« ist zudem ein oft missverstandener und vieldeutiger Begriff.
Wenn von »Determination und Freiheit« die Rede ist, wird an das alte anthropologisch-ethische Grundproblem gedacht, inwiefern der Mensch durch innere Zustände und äußere Umstände in seinem Tun bestimmt ist. Zwei extreme Standpunkte sind denkbar: Auf der einen Seite: Wäre er durch Anlage und Umwelt völlig determiniert, wäre es wohl kaum gerechtfertigt einen Menschen wegen eines Fehlverhaltens zur Rechenschaft zu ziehen. Man könnte dann die Faktoren untersuchen, die zu einem bestimmten Verhalten geführt haben, verantwortlich für sein Tun wäre der Einzelne aber nicht. Auf der anderen Seite: Wenn man ihn grundsätzlich für frei hält, erst dann ist es sinnvoll moralisches Handeln von ihm zu erwarten. Nur dann könnte von »Schuld« die Rede sein. Was denken moderne Humanwissenschaftler zu dieser Streitfrage? Die Meinungen sind kontrovers: klassische Behavioristen sind der Auffassung, der Mensch sei vornehmlich durch seine Umwelt konditioniert, Verhaltensforscher sehen ihn demgegenüber stärker durch sein evolutiv entstandenes Erbgut bestimmt, einzelne psychologische Stimmen halten an der grundsätzlichen Annahme fest, der Mensch sei trotz seiner mannigfachen Gebundenheit an Erbe und Umwelt in seinem Personkern doch entscheidungsfrei.
Angesichts der umfangreichen empirischen Belege für die zumindest partielle Determination menschlichen Handelns kann die Theologie nicht mehr von der uneingeschränkten Willensfreiheit des Menschen ausgehen. Damit kann auch gar nicht mehr so leicht wie früher von Schuld die Rede sein, um damit eine einzelne Handlung zu charakterisieren. Vielmehr kann nur grundsätzlich davon gesprochen werden, wenn in einem existenziellen Sinne das die Mitte der Person betreffende Versagen berührt wird. Hier ist theologisch auch die Botschaft von der Befreiung durch Gott einzubringen.
In christlichem Verständnis hält Gott die Schuld des Menschen aus und bietet ihm so die Möglichkeit der Schuldbewältigung aus dem Glauben an seine erlösende Liebe, die Menschen zur »Freiheit« beruft. Die Liebe Gottes zu den Menschen hat in diesem Sinne Vorrang vor aller moralischen Anforderung. Die Zusa-

»Der Mensch ist so frei wie der Vogel im Käfig. Er kann sich innerhalb gewisser Grenzen bewegen.« (Johann Kaspar Lavater, 1741–1801) – Volière auf den Kanaren

ge der Befreiung steht vor dem sittlichen Anspruch, dem zu genügen ist. Glaube will Handeln in Freiheit. Eine Sklavenmoral stünde dem völlig entgegen. Luthers Rechtfertigungslehre hat genau dies im Blick: Die Glaubenserfahrung des Geliebtseins durch Gott konstituiert die Freiheit der Person gegenüber dem Zwang sich selbst durch gute Werke zu beweisen. Diese verstehen sich vielmehr von selbst. Liebe, die man sich nicht abringen muss, ist die echte Triebfeder wahrhaft freien und guten Handelns.

Die Abschnitte des Kapitels folgen diesem Gedankengang: Anhand eines Falles aus der Rechtsprechung wird das Problem der Schuld zur Diskussion gestellt. Positionen von Humanwissenschaftlern (Skinner, Hassenstein, Frankl) zum Problem der Freiheit (1) machen zwar deutlich, wie kontrovers die Thematik gesehen wird, aber auch, dass die Wissenschaften von völliger Willensfreiheit heute nicht mehr ausgehen können. Insofern ist von theologischer Seite aus »die Dialektik von Freiheit und Unfreiheit anzuerkennen« (W. Schulz), wie es Franz Böckle bei seinem Lösungsansatz sieht. Ergänzend zu diesem Zugang zum Problem menschlicher Freiheit wird das Libet-Experiment (2) thematisiert und im Hinblick auf vorschnelle Schlüsse hinsichtlich der Determinismusfrage beleuchtet. Nachdem zu Beginn herausgearbeitet wurde, was Theologie von den Humanwissenschaften lernen kann, geht es im Anschluss darum, welche Impulse aus theologischer Perspektive (3) Anthropologie und Ethik bereichern können, worin die christliche Botschaft der Erlösung durch die Liebe Gottes besteht, die von Schuld und Sünde befreit. Dass Gott – vor allen menschlichen Werken – den Menschen liebt und rechtfertigt, wird in Texten zu »Luthers Rechtfertigungslehre« (4) deutlich. Dabei ist nicht zu übersehen, dass ein evangelisch-katholischer Konsens bei der Rechtfertigungslehre weiterführt, aber auch Fragen bezüglich des christlich-jüdischen Dialogs provoziert. Der Aspekt, dass Gottes Befreiung vor jedem moralischen Anspruch steht, ist auch für die Moral des Christentums unverzichtbar. Ein Text zu »Parallelen und Divergenzen aus der buddhistischen Welt« (5) eröffnet kulturübergreifende Sichten zur Rechtfertigungslehre und lässt den Aspekt der Gnade hervortreten. Überlegungen zu den anthropologischen und theologischen Implikationen des Freiheitsbegriffs (6) schließen das Kapitel ab.

1. Zugang 1: Zur Psychologie der Freiheit und Unfreiheit

a// »Macht Fernsehen unfrei?«

Ein Gericht in Miami hat den fünfzehn Jahre alten Ronny Zamora des Mordes an einer 83 Jahre alten Frau schuldig gesprochen. Der Junge hatte die reiche Nachbarin Elinor Haggart erschossen, als sie den Jugendlichen dabei überraschte, wie er ihre Wohnung durchstöberte. Zusammen mit Zamora war sein ein Jahr jüngerer Freund Darrell Agrella des Verbrechens angeklagt. Ronny Zamora hat vermutlich eine Mindeststrafe von 25 Jahren zu erwarten.

Rechtsanwalt Ellis Rubin verteidigte den Fünfzehnjährigen mit einer, wie er sagte, durch das Fernsehen hervorgerufenen Zurechnungsunfähigkeit: Ständige Darstellung von Schießereien, Messerstechereien und Vergewaltigungen im Fernsehen habe Zamora dazu gebracht, die alte Frau zu erschießen. Unbewusst habe sich der Junge so verhalten, wie es ihm seit seinem fünften Lebensjahr im Fernsehen vorgeführt worden sei. Ein »deformiertes Bewusstsein von Gewalt« lasse das Fernsehen entstehen, sagte der Psychologe Michael Gilbert, der als Sachverständiger vor Gericht aussagte. Zamora sei durch das Fernsehen geradezu »konditioniert« worden, die Nachbarin zu erschießen. Denn wenn einer so viele Tote und Morde sehe, wie es bei Zamora der Fall gewesen sei, sei es nur noch wie das Zerdrücken einer Fliege, wenn jemand einen Menschen umbringe. Verteidiger Rubin sagte, auslösendes Moment sei die aus dem Fernsehen gewonnene Idee gewesen, dass der Zeuge umgebracht werden müsse.

Der Staatsanwalt hielt Zamora geistig für durchaus gesund. Drei Psychiater gaben in seinem Auftrag Gutachten ab, denen zufolge der Fünfzehnjährige in der Lage war zwischen Gut und Böse zu unterscheiden. »Er hat diskutiert und abgewogen«, sagte der Staatsanwalt, »und er hat alles getan, was er konnte, bis er schließlich keine andere Wahl mehr hatte, als Frau Haggart zu erschießen.« *FAZ*

1. Erläutern Sie die Auffassung der Verteidigung, Ronny Zamora sei durch das Fernsehen geradezu »konditioniert« worden, Frau Haggart zu erschießen.
2. Erörtern Sie die Frage, ob Ronny schuldig ist. Unterscheiden Sie dabei zwischen Schuld im Sinne von »juristischer Schuld«, »moralischer Schuld« und im Sinne der »erklärbaren Ursachen für das Verhalten«.
3. Ronny Zamora wurde zu lebenslänglicher Haft verurteilt. Beurteilen Sie das Strafmaß.

b// Zum Problem der Freiheit – Kontroverse Positionen von Humanwissenschaftlern

Eine behavioristische Position:

Ich streite ab, dass es so etwas wie Freiheit überhaupt gibt. Ich muss es abstreiten oder mein ganzes Programm ist sinnlos. Man kann nicht eine Wissenschaft von einem Objekt betreiben, das launisch hin und her hüpft. Vielleicht können wir niemals beweisen, dass der Mensch nicht frei ist – es ist dies nur eine Vermutung. Aber der wachsende Erfolg […] macht sie immer einleuchtender […] Wir können eine Art Aufsicht ausüben, unter der die Beaufsichtigten sich frei fühlen, obgleich sie einem Kodex gehorchen, der viel genauer ist, als es je zuvor in dem alten System der Fall war. Dennoch fühlen sie sich frei. Sie tun, was sie zu tun wünschen, nicht, was ihnen zu tun auferlegt wird. Das ist die Wurzel der ungeheuren Kraft, die in der positiven Verstärkung liegt – hier gibt es kein Sträuben und keine Revolte. Durch eine sorgsam ausgearbeitete Kulturaufsicht überwachen und lenken wir nicht das definitive Verhalten, sondern die Voraussetzungen dazu – die Motive, Wünsche, Neigungen …

Burrhus F. Skinner

1. Geben Sie wieder, wie Skinner seine Position zum Freiheitsproblem begründet.
2. Erläutern Sie, was er unter »Freiheit« versteht.
3. Erörtern Sie mögliche Konsequenzen für menschliche Verantwortung, die Sie bei seinem Ansatz sehen.
4. Beurteilen Sie seine Überlegungen.

Eine verhaltensbiologische Position:

Der Mensch ist kein reines Geistwesen. Mit seinem Körper gehört er dem Reich der lebenden Natur an. Auch sein Verhalten ist biologisch mitbedingt, besonders deutlich im Bereich von Angst, Wut, Hunger, Durst, Kinderbetreuung und Sexualität. Diese Feststellung steht im Einklang mit den Aussagen aller anthropologischen Wissenschaften und mit den Selbsterfahrungen jedes einzelnen Menschen.

Trotzdem gehört es unabdingbar zum Selbstverständnis des Menschen, *prinzipiell* willensfrei und verantwortlich handeln zu können, in entscheidenden Augenblicken also keinem naturbedingten Antriebsdiktat zu unterliegen. Wären wir in allem, war wir tun, durch die Umstände und durch Naturgesetze gezwungen – es gäbe keine Schuld und kein Verdienst, keine Selbstbestimmung und keine Mündigkeit. Nur wenn ich frei etwas will und es durchführe, kann ich als Mensch dafür einstehen; nur dann geht es auf mein Konto und nicht auf das der mich zwingenden Umstände.

Aber das Handeln nach freiem Entschluss fällt uns bisweilen nicht in den Schoß; man hat es manchmal gegen Widerstände – Antriebe und Bedürfnisse – durchzusetzen. Ein Autofahrer sitzt am Steuer seines Wagens und kämpft, um wachzubleiben, gegen die biologische Gewalt der Schläfrigkeit. Ein Schuljunge hat es sich in den Kopf gesetzt, zum ersten Mal vom Fünfmeterbrett ins Wasser zu springen, aber es gelingt ihm nicht; die Angst bleibt stärker. Freier Entschluss und biologisch bedingte Verhaltenstendenzen können beim Menschen um die Führung des Verhaltens ringen.

Je stärker nun irgendwelche biologisch bedingten verhaltensbestimmten Tendenzen sind, desto eher setzen sie sich beim Einzelmenschen durch, und desto weitergehend bestimmen sie auch, wenn sie viele Menschen erfassen, die Verhaltensrichtungen des Kollektivs. Dies ist ein Grundgesetz der menschlichen Verhaltenssteuerung. Es gilt für gesunde biologische Tendenzen (Hunger, Durst, Schläfrigkeit, Furcht vor realer Gefahr) genauso wie für krankhafte (Sucht, grundlose Ängste). Wohlverstanden: Das Gesetz sagt nicht, der Mensch sei den biologisch bedingten Verhaltenstendenzen widerstandslos unterworfen; sondern: Die biologisch bedingten Verhaltenstendenzen *setzen sich umso eher durch,* je stärker sie sind. Niemand streitet das im Ernst ab. Allein Heilige und Märtyrer könnten die volle und immerwährende Meisterschaft über ihre Natur erringen oder erringen wollen. Das eben formulierte Grundgesetz kennzeichnet den Menschen, ohne ihn zu verklären oder zu unterschätzen. Der Mensch ist zum Teil Naturwesen; er kann aber auch entscheidungsfrei und verantwortlich handeln. Dieser zweifachen Bedingtheit des menschlichen Verhaltens (Natur und Entscheidungsfreiheit) ist in der Geistesgeschichte tausendfältig Ausdruck verliehen worden: »Alles Tierliche steckt im Menschen, aber nicht alles Menschliche steckt im Tier«, sagt ein chinesisches Sprichwort. – Der Mensch sei »ni ange ni bête«, also weder Engel noch Tier, so drückte es der Philosoph Blaise Pascal (1623–1662) aus. Und von nichts anderem spricht Shakespeare in »Viel Lärm um nichts«, wenn er sagt: »Denn noch bis jetzt gab's keinen Philosophen, / der mit Geduld das Zahnweh konnt' ertragen, / ob er der Götter Sprache auch geredet / und Schmerz und Zufall als ein Nichts geachtet.«

Bernhard Hassenstein

1.	Vergleichen Sie die Auffassung von Hassenstein mit der von Skinner. Wie werden jeweils die Faktoren »Umwelteinflüsse«, »biologische Tendenzen«, »Entscheidungsfreiheit« gewichtet?
2.	Wer hat Ihrer Meinung nach Recht – Hassenstein oder Skinner? Kommen Sie zu einer eigenen ersten Beurteilung.
3.	Vergleichen Sie die Positionen von Hassenstein und Skinner mit der des Theologen Jörg Zink (→ S. 44) und beziehen Sie Stellung.

Eine theologische Position:

Ich denke etwa über meine Freiheit nach. Ich weiß, dass ich frei bin, etwas zu tun und zu lassen nach meinem Willen. Ich könnte mich nicht schuldig fühlen, wäre ich nicht frei, gut und böse zu wählen. Die Freiheit zu leugnen, welche Blindheit! – Ich denke über die Freiheit anderer nach und erkenne: Kein Schicksal ist selbst gemacht. Kein Verbrechen, das nicht vorbereitet wäre durch ein Schicksal. Keine Entscheidung, die nicht vorbestimmt wäre als Erbe oder Fremdbestimmung. Von Freiheit zu reden, welche Übertreibung! – Beides begegnet mir. Beides lässt sich durch Erfahrung belegen, die Freiheit wie die Unfreiheit, und mit diesem Widerspruch bleibe ich allein, ratlos vielleicht, aber ich begegne meinem Auftrag, dem eines freien, unfreien Menschen.

Jörg Zink

Eine psychotherapeutische Position:

Man geht (heute) aus von der Feststellung, dass der Mensch letzten Endes ein Produkt sei von zwei Faktoren, von zwei Kräften und Mächten: einerseits der Vererbung und andererseits der Umgebung. Die beiden Faktoren heißen also mit anderen Worten: Erbe und Umwelt […]

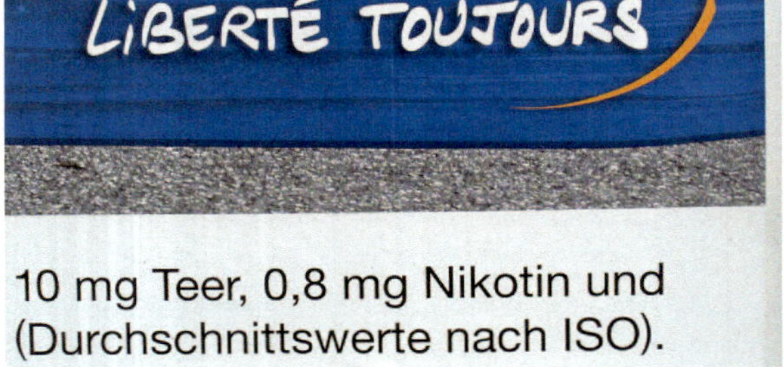

Und siehe da, letztlich sind all die Versuche von diesen beiden Seiten her das Problem des Menschen anzugehen zum Scheitern verurteilt, und zwar deshalb, weil sich das Eigentliche am Menschen, weil sich der Mensch als solcher, derartigen Annäherungsversuchen entzieht. Er lässt sich nämlich auf diesem Wege gar nicht fassen – und noch weniger ändern. Denn vergessen wir nicht, dass das Menschliche am Menschen ebenso lange ausgelassen bleibt aus dem Bild, das wir uns vom Menschen machen – ebenso lange, wie wir eben nur vom Menschen als einem Produkt sprechen: als ob der Mensch in seinem Verhalten eine Resultante wäre eines Kräfteparallelogramms, dessen beide Komponenten eben Erbe und Umwelt heißen… Selbstverständlich ist der Mensch abhängig sowohl von seinen Anlagen als auch von seinem Milieu und nur im Rahmen jenes Spielraums, den ihm diese beiden gewähren, kann er sich frei bewegen. Aber innerhalb dieses Spielraums bewegt er sich eben frei und diese Freiheit außer Acht zu lassen, sie in der Betrachtung und in der Behandlung des Menschen zu vergessen und gar erst den Menschen selbst daran vergessen zu lassen, dass er frei ist – all dies muss sich rächen. Denn die Anlage können wir nun einmal nicht ändern, das Milieu aber nur zum Teil und kaum sofort. Also würden wir glattwegs in einen Fatalismus hineinschlittern, falls wir nur Erbe und Umwelt als Triebkräfte eines Kräftespiels, genannt Mensch, in Rechnung stellten und gelten ließen: dies hieße nämlich genau, die Rechnung ohne den Wirt machen. Der Wirt – das wäre in unserem Falle der Mensch selbst, als in seinem Kern geistiges und daher freies und daher verantwortliches Wesen. Seine Freiheit aber können wir nicht mehr »in Rechnung stellen«, an sie gilt es vielmehr zu appellieren: wir haben sie aufzurufen gegen die scheinbare Übermacht von Erbe und Umwelt – wir haben aufzurufen die Trotzmacht menschlichen Geistes […]

Wenn es ihm darum zu tun ist – wenn es ihm dafürsteht, kann der Mensch stärker sein als äußere Umstände und innere Zustände, er hat die Macht ihnen zu trotzen und innerhalb des Spielraums, den das Schicksal ihm lässt, ist er frei.

Viktor E. Frankl

1. Skizzieren Sie, inwiefern für Frankl gängige Vorstellungen von der Bestimmtheit menschlichen Verhaltens problematisch sind.
2. Überprüfen Sie, ob die Begründungen, auf die Frankl seine Überlegungen stützt, stichhaltig sind.
3. Beurteilen Sie, ob der dritte von Frankl erwähnte Faktor, die menschliche Freiheit, in allen Lebensaltern gleiche Gewichtung und Bedeutung hat.

2. Zugang 2: Das Libet-Experiment – Ende der Willensfreiheit?

a// Worum es ging …

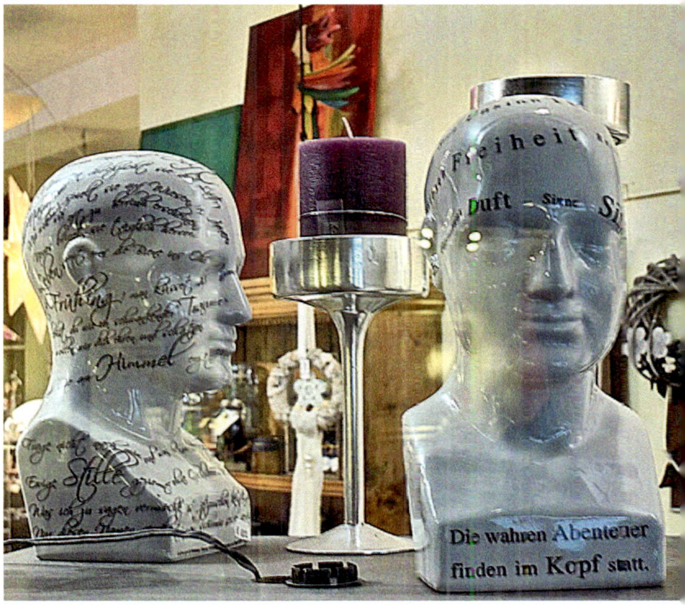

Benjamin Libet wurde 1916 in Chicago geboren und studierte Physiologie. Seiner Ausbildung nach war er eigentlich gar kein richtiger Hirnforscher, aber das war normal, denn Hirnforschung zu studieren, war in den 30er Jahren kaum irgendwo möglich. Schon als junger Mann interessierte sich Libet für die Frage, ob man Vorgänge im Bewusstsein wissenschaftlich messen kann. In den späten 50ern wagte er sich an einige nur lokal betäubte Patienten auf der neurochirurgischen Station des Mount-Zion-Krankenhauses in San Francisco. Die Patienten lagen im Operationssaal, und ihre Gehirne lagen teilweise frei. Libet schloss Kabel an die Gehirne an und reizte sie mit schwachen elektrischen Impulsen. Dabei beobachtete er genau, wie und wann die Patienten reagierten. Das Ergebnis war spektakulär: Von der Reizung des Cortex bis zum Zucken der Patienten verstrich mehr als eine halbe Sekunde. Als Libets Versuche 1964 Aufsehen im Vatikan erregten, kannte er noch nicht die Ergebnisse zweier Kollegen. Auch sie hatten eine Zeitverzögerung festgestellt. Der Weg von der Absicht, eine Handbewegung auszuführen, bis zur tatsächlichen Handlung dauerte fast eine Sekunde. Diese Messungen brachten Libet nun richtig in Erregung. Eine Sekunde Unterschied zwischen Absicht und Tun – das widersprach völlig dem gesunden Menschenverstand. Wer nach einer Tasse Tee greifen will, tut es sofort; wo bleibt da die gemessene Differenz von einer Sekunde?

Die Sekunde, so folgerte Libet weiter, merkt man selber nicht. Im Jahr 1979 begann er mit einem neuen Experiment, das als Libet-Experiment bekannt wurde und seinem Urheber Weltruhm einbrachte. Libet setzte eine Patientin in einen Lehnstuhl und ließ sie auf eine große Uhr gucken. Es war keine normale Uhr, sondern ein grüner Punkt, der im Eiltempo eine runde Scheibe umkreiste. Dann befestigte er zwei Kabel. Das eine Kabel schloss er am Handgelenk der Patientin an und befestigte es an einem elektrischen Messgerät. Das andere Kabel befestigte er mit einem Helm am Kopf der Frau und führte es zu einem anderen Messgerät. Er gab der Patientin folgenden Auftrag: Schauen Sie den grünen Punkt auf der Uhr an. Zu einem bestimmten Zeitpunkt, den Sie sich frei aussuchen, beschließen Sie, das Handgelenk zu bewegen. Merken Sie sich, wo der grüne Punkt ist, wenn Sie den Beschluss fassen! Die Patientin tat, was Libet ihr gesagt hatte. Sie beschloss, das Handgelenk zu bewegen, und merkte sich dabei die Stellung des grünen Punktes. Libet fragte sie, wo der grüne Punkt stand, als sie ihren Entschluss gefasst hatte, und schrieb es auf. Dann schaute er aufgeregt auf seine beiden Messgeräte. Die Spannungsänderung der Elektrode am Handgelenk zeigte ihm den genauen Zeitpunkt der Bewegung. Die Bereitschaft zu Handeln im Gehirn zeigten ihm die Elektroden am Kopf. Wie war die zeitliche Reihenfolge? Zuerst meldete sich die Elektrode am Kopf, eine halbe Sekunde später liegt der Zeitpunkt, den die Patientin mit Blick auf die Uhr als Moment ihres Entschlusses angab, und etwa 0,2 Sekunden später erfolgte die Handbewegung. Libet war in höchster Aufregung: Die Patientin hatte sich entschieden zu handeln, eine halbe Sekunde bevor sie um diese Entscheidung wusste! Der vorbewusste Reflex, etwas zu wollen oder zu tun, ist schneller als die bewusste Handlung.

Stimmt es also, dass das Gehirn Willensprozesse einleitet, bevor der Mensch sich dieses Willens überhaupt bewusst wird? Und bedeutet dies nicht zugleich das Ende der philosophischen Idee von der menschlichen Willensfreiheit?

1. Skizzieren Sie das Anliegen des Experiments von Libet.
2. Erläutern Sie – soweit der Text es hergibt – den Aufbau der Untersuchung.
3. Erörtern Sie mögliche Konsequenzen aus dem Experiment.

b// Anfragen an Libets Experiment

Das eigentliche Problem des Libet-Experiments scheint [...] darin zu bestehen, dass die Entscheidungssituation von allen sonstigen Lebenszusammenhängen völlig isoliert betrachtet wird. Löst man den Vorgang dagegen aus seiner Isolierung, lässt sich Folgendes sagen: Die eigentliche Entscheidung, den Finger zu bewegen, ist bereits dann gefallen, wenn sich die Versuchsperson bereit erklärt, an dem Experiment überhaupt teilzunehmen. Die Versuchspersonen haben beim Experiment bereits den ganzen Ablauf im Gehirn gespeichert. Sie sind hochkonzentriert und richten ihre Aufmerksamkeit auf die Apparate und den Zeitpunkt, wann sie innerhalb von drei Sekunden den Finger bewegen werden. Mit dieser Konzentration auf eine unmittelbar bevorstehende Aufgabe wird das Bereitschaftspotenzial zu der auszuführenden Handlung gebildet. Der letzte Willensruck, den Finger jetzt zu bewegen, ist nur noch der Exekutivakt. Er ist nur noch eine kleine Teilentscheidung, und zwar nicht mehr über das »Ob«, sondern nur noch über das »Wann«, und das ist noch eingeengt auf eine festliegende Zeitspanne von drei Sekunden. Die Experimente lassen sich also so deuten, dass die Planung und Entscheidung zu einer Handlung bewusst erfolgen kann, dass sich das Bereitschaftspotenzial dann unbewusst als Voraktivierung aufbaut und dass schließlich der bewusste Willensakt »jetzt handeln« dem aufgebauten Bereitschaftspotenzial folgt. Desweiteren wurde inzwischen darauf aufmerksam gemacht, dass bereits die der Versuchsperson gestellte Aufgabe, auf den Zeitpunkt der Absicht zum Handeln zu achten, die Entstehung der Bereitschaftspotenziale selbst und damit das Messergebnis deutlich beeinflusst.

Ein weiterer Einwand, den übrigens B. Libet selbst durch die weiterführende Deutung seiner Experimente nahe gelegt hat, besteht darin, dass zwischen dem Aufbau des Bereitschaftspotenzials und der Ausführung noch ein Veto des Handelnden die Ausführung der Handlung stoppen kann. Das bloße Vorhandensein eines Bereitschaftspotenzials ist deshalb noch kein geeigneter Indikator dafür, dass wir nicht auch anders handeln können und durch selbstständige Vorentscheidungen des Gehirns determiniert sind.

Dass man für eine Willensentscheidung einen Grund benennen kann, der darin besteht, dass man von etwas angezogen wird, bedeutet also keineswegs, dass damit die Willensfreiheit ausgeschlossen wäre. Im Gegenteil. Willensfreiheit ist gerade erst dadurch möglich, dass wir Gründe für unsere Entscheidungen haben. Wir können uns nur dann zu etwas frei entscheiden, wenn wir Gründe dafür haben, aufgrund derer wir die eine Handlungsmöglichkeit der anderen vorziehen. Nur dadurch können wir uns für dasjenige entscheiden, was wir in der betreffenden Situation als das für uns erstrebenswertere und attraktivere Gut wahrnehmen. Das Vorhandensein von Gründen, die uns anziehen und unseren Willen bestimmen, hebt mithin die Möglichkeit freier Entscheidungen nicht auf, sondern ermöglicht diese erst. [...]

Willensfreiheit darf also nicht mit der Vorstellung verwechselt werden, sie sei das Vermögen, ohne alle Gründe zu wählen. Sie besteht vielmehr darin, nach Gründen zu entscheiden. Mit dieser Einsicht ist allerdings der oben genannte Einwand noch nicht wirklich entkräftet. Immer noch könnte man einwenden, dass die Prozesse, nach denen wir die Gründe abwägen, von unbewussten Motiven oder auch von eigenständigen Vorgängen im Gehirn nach internen Regeln und Gesetzmäßigkeiten gesteuert werden und damit determiniert sind.

Stephan Ernst

Was würde Benjamin Libet zu dieser Akrobatik sagen?

1. Skizzieren Sie die vorgebrachten Einwände.
2. Erörtern Sie deren Berechtigung.
3. Setzen Sie sich mit den Lösungen des Freiheitsproblems in den folgenden Abschnitten auseinander.

3. »Determiniertheit und Freiheit« – Zu einem Grundproblem philosophischer und theologischer Anthropologie und Ethik

a// Zum Streit zwischen Natur- und Geisteswissenschaften

Die Fähigkeiten des Menschen zu freier, verantwortlicher Entscheidung bilden die Voraussetzung für die Möglichkeit sittlichen Verhaltens. Die moderne Diskussion des Freiheitsproblems lässt den alten Philosophenstreit zwischen Deterministen und Indeterministen weitgehend hinter sich. Der naturwissenschaftlich geformte Mensch weiß einerseits um die Tatsache, dass der Mensch nur denken kann, solange sein Großhirn funktioniert. Er weiß aber andererseits auch, dass er in der Lage ist, diese materielle Bedingtheit seines Denkens zu denken und um sie zu wissen. Er kann sich dementsprechend verhalten; darauf baut ja seine Möglichkeit, manipulierend auf die biologischen Bedingungen psychischen Lebens steuernd und korrigierend einzuwirken. Als denkendes Ich, das sich seiner Distanz zum Wie seiner Abhängigkeit vom Denkapparat gleicherweise bewusst ist, versucht der Mensch das Freiheitsproblem nicht mehr alternativ zu lösen, indem er entweder eine indeterminierte Freiheit verteidigt oder sich für total determiniert erklärt. [...] Determiniertheit und Freiheit erscheinen dem heutigen Menschen nicht mehr als ausschließende Gegensätze. Er bemüht sich weniger um philosophische Thesen als vielmehr um eine Auslegung des Lebensbewusstseins. Dieses Bewusstsein weiß aufgrund der verschiedenen Humanwissenschaften um die vielfältige Determination des einen und ganzen Menschen. Damit verbindet sich aber zugleich das Wissen um die Manipulierbarkeit, das »Bewusstsein des Könnens« und der Verantwortung, das sich bewusst ist, dass es vom Menschen abhängt, was er aus sich macht. Angesichts dieser Situation hält es der Philosoph Walter Schulz für sinnlos, »dem modernen Bewusstsein dadurch weiterhelfen zu wollen, dass man nun abstrakt die Freiheit oder die Determination des Menschen zu erweisen suchte, ... es gilt, die Legitimität der offenen, abstrakttheoretisch gar nicht zu schließenden Dialektik von Freiheit und Unfreiheit anzuerkennen und sie als den anthropologischen Horizont einer Ethik anzusetzen, die den Menschen immer mehr zur Freiheit verhelfen will«.

Franz Böckle

1.	Skizzieren Sie die Lösung Böckles.
2.	Vergleichen Sie diese mit der aus der Neuen Züricher Zeitung (ohne Autorenangabe).

Was ist der Mensch? – Skulptur von Maria Lehnen vor dem Münster auf dem Abteiberg von Mönchengladbach

Zum Determinismusproblem

Nehmen wir nur die Vorstellung, Freiheit und naturgesetzlicher Determinismus würden einander prinzipiell ausschließen. Diese Annahme hatte so lange eine gewisse Berechtigung, wie man die Natur und ihre Gesetze als Werke des göttlichen Schöpfers ansah. Die Naturgesetze waren so etwas wie der verlängerte Arm Gottes, und so lag es umgekehrt nahe, menschliche Handlungen nur dann als frei zu bezeichnen, wenn sie völlig unabhängig von naturgesetzlichen Einflüssen waren.

Tatsächlich sind die Naturgesetze jedoch nur die formalisierten Resultate von Beobachtungen, in denen zusammengefasst wird, wie diese Objekte sich »von sich aus« verhalten – Naturgesetze üben keinen Zwang auf fallende Körper, Planetenbewegungen oder aber die Aktivität von Neuronen im Neokortex aus. Vergessen wird zudem gerne, dass Freiheit nicht nur gegenüber äußerem Zwang, sondern auch gegenüber dem Zufall abgegrenzt werden muss. Kurzum: Freie Handlungen müssen selbstbestimmt sein, und Selbstbestimmung schließt ganz offenbar die Bestimmung durch den Urheber selbst, durch seine Überzeugungen und Charaktermerkmale ein. Stimmt das, dann können aber auch die neuronalen Prozesse, die den Überzeugungen und Charaktermerkmalen zugrunde liegen, nicht als Einschränkung der Freiheit aufgefasst werden – ganz im Gegenteil: Sie realisieren ja diese Überzeugung und schaffen damit überhaupt erst die Möglichkeit, diese Überzeugung in die Tat umzusetzen. [...]

Es ist daher mehr als zweifelhaft, ob Freiheit und Determinismus einander ausschließen. Um beurteilen zu können, ob eine Handlung frei ist oder nicht, müssen wir nicht wissen, ob sie durch irgendwelche Faktoren bestimmt wird. Wissen müssen wir vielmehr, durch welche Faktoren sie bestimmt wird. Das aber heißt nichts anderes, als dass wir uns auch dann nicht als bessere Computer betrachten müssen, wenn die Neurowissenschaften eines Tages unsere Willensbildungsprozesse vollständig auf physische Vorgänge zurückführen könnten – im Übrigen ein Projekt, das mehr als phantastisch ist.

Doch selbst wenn alles oben Gesagte stimmt, heißt das natürlich nicht, dass Subjektivität und Willensfreiheit ein für alle Mal gegen empirische Einwände abgesichert wären. Dennoch zeigen die Beispiele, dass nicht nur unser Weltbild von den Wissenschaften, sondern eben auch die Wissenschaften von unserem Weltbild abhängen.

Neue Zürcher Zeitung Online

3. Beziehen Sie Stellung zum Determinismus-Problem.

b// Die theologische Perspektive: Von »Freiheit und Unfreiheit des Menschen« – über »Sünde« und »Erbsünde«

»Da habe ich einmal gesündigt.« Gesteht eine schlanke junge Frau, die Wert darauf legt, ihr Gewicht zu halten, aber der süßen Versuchung einer Schokolade nicht zu widerstehen vermochte. »Sünde« kommt im Alltag zumeist unter der Rubrik »Diätfehler« vor. Theologisch ist etwas anderes darunter zu verstehen. »Sünde« meint mehr als nur einen Regelverstoß. Den Begriff »Sünde« kann man richtig und sinnvoll nur benutzen, wenn man Gott mitdenkt. Wenn jemand nicht an Gott glaubt, kann er Fehler machen, Schuld auf sich laden, Gesetze übertreten, die Regeln der Höflichkeit, die Gesetze der Menschlichkeit missachten, aber »sündigen« kann er nicht. Denn der Begriff »sündigen« verrät bereits: es geht um »absondern«, »abwenden« vom Ursprung des Lebens, von Gott. In der Sünde wendet sich ein Mensch von Gott ab. Damit aber verschließt er sich zugleich seiner eigenen Lebensgrundlage. Denn Menschen leben – nach christlicher Überzeugung – von Gott, von seiner Zuwendung, seiner Freundschaft, seiner Liebe. – Wie »Sünde« und »Erbsünde« im reformatorischen und katholischen Verständnis verstanden werden, erläutert der folgende Textauszug aus einer Internetenzyklopädie.

Erbsünde (lat. peccatum originale originatum) bezeichnet in der christlichen Theologie den durch die Ursünde (lat. peccatum originale originans) Adams und Evas begründeten Unheilszustand, in den jeder Mensch als Nachkomme Adams »hineingeboren« wird und durch den er in seiner eigenen Freiheitsgeschichte vorbelastet ist. [...]

Im Verständnis Martin Luthers und der meisten Reformatoren ist der Mensch immer schon im Zustand der Sünde, der das eigene Handeln von Anfang an negativ beeinflusst. Selbst das neugeborene Kind ist nach diesem Verständnis sündig und bedarf daher der Erlösung. Durch die Taufe kommt es zu keiner Aufhebung der Erbsünde; der Christ wird von Gott gerecht

»Sünde« – im Alltag ein durchaus mehrdeutiger Begriff

gesprochen, nicht gerecht gemacht. Besonders im Calvinismus wird betont, dass die menschliche Natur an und für sich bereits sündig sei, noch vor jeder konkreten Tat. […]
Papst Benedikt XVI. versteht die Erbsünde nicht im Sinne einer biologischen Vererbung, sondern betont die kollektiven menschlichen Verstrickungen der Vergangenheit, in die jeder Mensch durch seine Geburt eintritt. Diese schränken die Selbstbestimmung ein und geben den Rahmen der eigenen Freiheit vor: Niemand hat die Möglichkeit, an einem perfekten »Punkt Null« anzufangen und sein Gutes in völliger Freiheit zu entwickeln. […]
Im Islam gibt es keine Erbsünde.
Zwar erinnert der Koran (7,19–25; 2,35–39; 20,117–124) an den Sündenfall und die Vertreibung aus dem Paradies (Gen 3,1–24), doch übernimmt er nicht die paulinische Lehre von der Erbsünde. Jeder einzelne Mensch wird nur verantwortlich für seine eigenen Taten gehalten; im Gericht kann niemand einem anderen Menschen helfen oder schaden. Wenn ein Mensch schlechte Taten aufrichtig vor Gott bereut und um Vergebung bittet, dann wird ihm diese zuteil. […]

1. Skizzieren Sie, was im umgangssprachlichen Bereich unter »Sünde« zu verstehen ist.
2. Vergleichen Sie die Alltagsvorstellungen mit dem, was nach dem Textauszug theologisch mit »Sünde« und »Erbsünde« gemeint ist.
3. Arbeiten Sie die Differenz zwischen der theologischen Betrachtungsweise und einer naturwissenschaftlichen Betrachtungsweise heraus, die in der Erbsünde »jene unserer kardinalen Schwächen« sieht, »auf die auch die evolutionäre Betrachtung des heutigen Menschen uns hat stoßen lassen: unsere prinzipielle, aus unserer ›Natur‹ entspringende Unfähigkeit, das, was wir als richtig erkannt haben, auch zu tun.« (Hoimar von Dittfurth)
4. Im Textauszug werden »Adam und Eva« angesprochen. Die Szene steht zwischen der Erschaffung des Menschen zuvor und der folgenden Auseinandersetzung zwischen Kain und Abel (Gen 4).
Interpretieren Sie die entsprechende biblische Textstelle, in der die Ätiologie, d.h. die Geschichte davon, wie die Sünde in die Welt kam, erzählt wird.

Genesis, Kapitel 3: Der Fall des Menschen

1 Die Schlange war schlauer als alle Tiere des Feldes, die Gott, der Herr, gemacht hatte. Sie sagte zu der Frau: Hat Gott wirklich gesagt: Ihr dürft von keinem Baum des Gartens essen?
2 Die Frau entgegnete der Schlange: Von den Früchten der Bäume im Garten dürfen wir essen;
3 nur von den Früchten des Baumes, der in der Mitte des Gartens steht, hat Gott gesagt: Davon dürft ihr nicht essen und daran dürft ihr nicht rühren, sonst werdet ihr sterben.
4 Darauf sagte die Schlange zur Frau: Nein, ihr werdet nicht sterben.
5 Gott weiß vielmehr: Sobald ihr davon esst, gehen euch die Augen auf; ihr werdet wie Gott und erkennt Gut und Böse.
6 Da sah die Frau, dass es köstlich wäre, von dem Baum zu essen, dass der Baum eine Augenweide war und dazu verlockte, klug zu werden. Sie nahm von seinen Früchten und aß; sie gab auch ihrem Mann, der bei ihr war, und auch er aß.
7 Da gingen beiden die Augen auf und sie erkannten, dass sie nackt waren. Sie hefteten Feigenblätter zusammen und machten sich einen Schurz.
8 Als sie Gott, den Herrn, im Garten gegen den Tagwind einherschreiten hörten, versteckten sich Adam und seine Frau vor Gott, dem Herrn, unter den Bäumen des Gartens.
9 Gott, der Herr, rief Adam zu und sprach: Wo bist du?
10 Er antwortete: Ich habe dich im Garten kommen

Johannes Muggenthaler, Paradiesbaum, 1990
Auf dem Schild an den Wurzeln steht »Ne pas toucher« (»Nicht berühren«). – Die »Sache mit dem Apfel« geht auf sprachliche Assoziationen von »malum« (das Böse) mit »malus« (der Apfelbaum) in der lateinischen Übersetzung (Vulgata) zurück.

hören; da geriet ich in Furcht, weil ich nackt bin, und
versteckte mich.
11 Darauf fragte er: Wer hat dir gesagt, dass du nackt
bist? Hast du von dem Baum gegessen, von dem zu
essen ich dir verboten habe?
12 Adam antwortete: Die Frau, die du mir beigesellt
hast, sie hat mir von dem Baum gegeben und so habe
ich gegessen.
13 Gott, der Herr, sprach zu der Frau: Was hast du da
getan? Die Frau antwortete: Die Schlange hat mich
verführt und so habe ich gegessen.
14 Da sprach Gott, der Herr, zur Schlange: Weil du das
getan hast, bist du verflucht unter allem Vieh und al-
len Tieren des Feldes. Auf dem Bauch sollst du krie-
chen und Staub fressen alle Tage deines Lebens.
15 Feindschaft setze ich zwischen dich und die Frau,
zwischen deinen Nachwuchs und ihren
Nachwuchs. Er trifft dich am Kopf und
du triffst ihn an der Ferse.
16 Zur Frau sprach er: Viel Mühsal be-
reite ich dir, sooft du schwanger wirst.
Unter Schmerzen gebierst du Kinder.
Du hast Verlangen nach deinem Mann;
er aber wird über dich herrschen.
17 Zu Adam sprach er: Weil du auf deine
Frau gehört und von dem Baum geges-
sen hast, von dem zu essen ich dir ver-
boten hatte: So ist verflucht der Acker-
boden deinetwegen. Unter Mühsal wirst
du von ihm essen alle Tage deines Le-
bens.
18 Dornen und Disteln lässt er dir wach-
sen und die Pflanzen des Feldes musst
du essen.
19 Im Schweiße deines Angesichts sollst
du dein Brot essen, bis du zurückkehrst
zum Ackerboden; von ihm bist du ja ge-
nommen. Denn Staub bist du, zum
Staub musst du zurück.
20 Adam nannte seine Frau Eva (Leben),
denn sie wurde die Mutter aller Lebendigen.
21 Gott, der Herr, machte Adam und seiner Frau Röcke
aus Fellen und bekleidete sie damit.
22 Dann sprach Gott, der Herr: Seht, der Mensch ist
geworden wie wir; er erkennt Gut und Böse. Dass er
jetzt nicht die Hand ausstreckt, auch vom Baum des
Lebens nimmt, davon isst und ewig lebt!
23 Gott, der Herr, schickte ihn aus dem Garten von
Eden weg, damit er den Ackerboden bestellte, von
dem er genommen war.
24 Er vertrieb den Menschen und stellte östlich des
Gartens von Eden die Kerubim auf und das lodernde
Flammenschwert, damit sie den Weg zum Baum des
Lebens bewachten.

Gen 3, 1–24

4. »Freiheit – Verantwortung – Schuld – Rechtfertigung« – Perspektiven christlicher Theologie

a// »Religion für Einsteiger«: Zur Bedeutung von Rechtfertigung

Ist heute in der Öffentlichkeit von Rechtfertigung die Rede, geht es meist um die Verteidigung des eigenen Verhaltens: Wem zum Beispiel im Strafverfahren ein Vorwurf gemacht wird, der wird sich dadurch zu verteidigen suchen, dass er triftige Gründe für sein auffälliges Verhalten benennt. Bleibt ein Schüler vom Unterricht fern, tut er gut daran, seine Abwesenheit zu begründen. Lag er zum Beispiel krank im Bett, kann er sein Fehlen rechtfertigen, volkstümlich: entschuldigen.

Ganz anders verhält es sich mit dem theologischen Sinn des Schlüsselwortes Rechtfertigung. Allerdings war dieser Begriff immer vieldeutig. Selbst zu Luthers Zeiten konnte das Wort, wenn man es juristisch verstand, je nach Zusammenhang mal ein Gerichtsverfahren oder auch eine Verteidigungsstrategie, mal das Urteil selbst, ja sogar eine Hinrichtung bezeichnen.

Im theologischen Sinn geht es bei der Rechtfertigung aber nicht darum, dass ein Mensch sein eigenes Verhalten verteidigt, indem er mit wortreichen Erklärungen seinen Kopf aus der Schlinge ziehen will. Es ist überhaupt nichts, was der Mensch selbst ausrichten könnte. Es beschreibt vielmehr die heilsame Zuwendung Gottes zum Menschen. Im Brief des Paulus an die Römer (Kapitel 5) ist zu lesen, Gottes Gnade sei den Menschen »überreich zuteilgeworden« und die Gnade helfe »aus vielen Sünden zur Gerechtigkeit«. Rechtfertigung in diesem Sinn bedeutet: Die Menschen wurden wieder zu Gerechten »gemacht«, und zwar durch Leben und Tod Jesu.

Solche Rechtfertigung ist ein außerordentliches Geschenk, unverdient, überreich. Es kommt den Menschen zugute ohne Ansehen ihrer Leistungen. Bekanntlich hat der Reformator Martin Luther scharf auf den zeitgenössischen religiösen Handel mit Reliquien und Ablassbriefen reagiert. Es war für ihn eine Erlösung, in der Bibel zu entdecken: Die Menschen verdienen sich nicht Heil und Gnade, sondern diese werden ihnen großzügig zuteil, vielleicht gerade deshalb, weil sie ihrer besonders bedürfen. Vor Gott sind die Menschen mehr als die Summe ihrer Taten und Untaten.

[…] Eine Befürchtung: Wenn die Gnade Gottes den Menschen ohne Blick auf ihre moralischen Verdienste, ihre »Werke«, zugutekomme, dann gebe es für sie doch gar keinen Grund mehr, sich nach Kräften ethisch und religiös zu bemühen.

In dieser Argumentation sind Ursache und Wirkung vertauscht: Die Gnade ist eben nicht eine Belohnung für konsequentes Wohlverhalten des Menschen. Die »guten Werke«, also das soziale, ethische und religiöse Engagement, sind vielmehr Folgen der Zuwendung Gottes: seiner unerschöpflichen, treuen Liebe, die die Menschen angstfrei leben lässt. Weil ihr Verhältnis zu Gott wieder geheilt ist, kreisen sie nicht mehr sorgenvoll um sich selbst. Allerdings können sie, populär gesprochen, diese Zuwendung Gottes auch verspielen, zum Beispiel dadurch, dass sie die gegebenen Chancen nicht nutzen. […]

Eduard Kopp

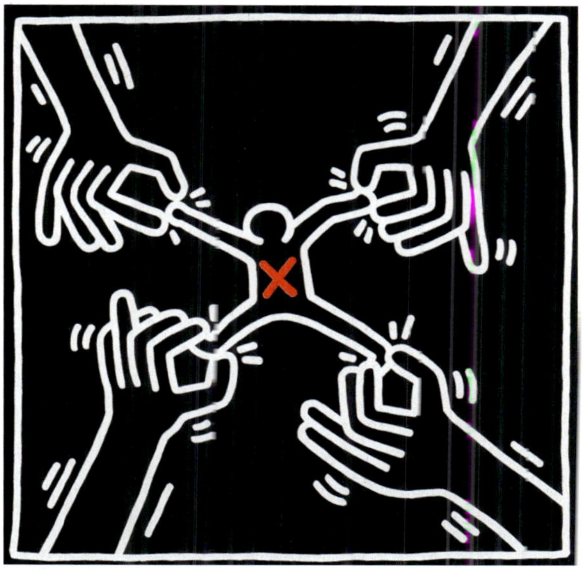

Keith Haring, Ohne Titel, 1985

1.	Geben Sie wieder, was im Text unter »Rechtfertigung« verstanden wird.
2.	Vergleichen Sie den Begriff »Rechtfertigung« in religiösem Kontext mit dem umgangssprachlichen Gebrauch.

b// Die Rechtfertigung allein durch Glauben – Römer 3, 21–31

21 Nun aber ist ohne Zutun des Gesetzes die Gerechtig-
keit, die vor Gott gilt, offenbart, bezeugt durch das
Gesetz und die Propheten. 22 Ich rede aber von der Ge-
rechtigkeit vor Gott, die da kommt durch den Glauben
an Jesus Christus zu allen, die glauben. Denn es ist
hier kein Unterschied: 23 sie sind allesamt Sünder und
ermangeln des Ruhmes, den sie bei Gott haben soll-
ten, 24 und werden ohne Verdienst gerecht aus seiner
Gnade durch die Erlösung, die durch Christus Jesus
geschehen ist. 25 Den hat Gott für den Glauben hinge-
stellt als Sühne in seinem Blut zum Erweis seiner Ge-
rechtigkeit, indem er die Sünden vergibt, die früher
26 begangen wurden in der Zeit seiner Geduld, um nun
in dieser Zeit seine Gerechtigkeit zu erweisen, dass er
selbst gerecht ist und gerecht macht den, der da ist
aus dem Glauben an Jesus. 27 Wo bleibt nun das Rüh-
men? Es ist ausgeschlossen. Durch welches Gesetz?
Durch das Gesetz der Werke? Nein, sondern durch
das Gesetz des Glaubens. 28 So halten wir nun dafür,
dass der Mensch gerecht wird ohne des Gesetzes Wer-
ke, allein durch den Glauben. 29 Oder ist Gott allein der
Gott der Juden? Ist er nicht auch der Gott der Hei-
den? Ja gewiss, auch der Heiden. 30 Denn es ist der
eine Gott, der gerecht macht die Juden aus dem Glau-
ben und die Heiden durch den Glauben. 31 Wie? Heben
wir denn das Gesetz auf durch den Glauben? Das sei
ferne! Sondern wir richten das Gesetz auf.

c// Von der Freiheit eines Christenmenschen (Martin Luther)

Wo der falsche Zusatz und die verkehrte Auffassung dabei sind, dass wir durch die Werke rechtschaffen und selig werden wollen, sind sie schon nicht mehr gut und ganz verdammenswert; denn sie sind nicht frei und schmähen die Gnade Gottes, die allein durch den Glauben rechtschaffen und selig macht, und das vermögen die Werke nicht, nehmen sich's aber trotzdem vor und greifen damit der Gnade in ihr Werk und ihre Ehre ein. Darum verwerfen wir die guten Werke nicht um ihrer selbst willen, sondern um dieses bösen Zusatzes und dieser falschen, verkehrten Auffassung willen, die bewirkt, dass sie nur gut erscheinen und doch nicht gut sind; sie betrügen sich und jedermann damit wie die reißenden Wölfe in Schafskleidern. Aber dieser böse Zusatz und diese verkehrte Auffassung sind in den Werken unüberwindlich, wenn der Glaube nicht da ist. Sie müssen in diesen Werkheiligen da sein, bis der Glaube kommt und sie zerstört. Die Natur vermag sie aus eigener Kraft nicht austreiben, ja nicht einmal zu erkennen, sondern sie hält sie für eine köstliche, selige Sache. Darum werden auch so viele dadurch verführt.

Sünde – ein mehrdeutiger Begriff

Obgleich es also wohl gut ist, über Reue, Beichte und Genugtun zu schreiben und zu predigen, ist es doch, wenn man nicht bis zum Glauben fortschreitet, gewiss eine völlig teuflische, verführerische Lehre. Man muss nicht nur das eine Wort Gottes predigen, sondern alle beide. Die Gebote soll man predigen, um die Sünder zu erschrecken und ihre Sünde offenbar zu machen, damit sie Reue empfinden und sich bekehren. Aber dabei soll es nicht bleiben; man muss das andere Wort, die Zusage der Gnade, auch predigen, um den Glauben zu lehren, ohne den die Gebote, die Reue und alles andere vergeblich ist. Es sind wohl noch Prediger übrig geblieben, die die Reue über die Sünde und die Gnade predigen; aber sie heben die Gebote und Zusage Gottes nicht hervor, dass man lernen könnte, woher und wie die Reue und Gnade kommen. Denn die Reue fließt aus den Geboten, der Glaube aus Gottes Zusage, und so wird der Mensch, der durch die Furcht vor Gott gedemütigt und zur Selbsterkenntnis gekommen ist, durch den Glauben an die göttlichen Worte gerechtfertigt und aufgerichtet.

1.	Arbeiten Sie den Kern der Überlegungen Luthers aus dem vorliegenden Textauszug heraus.
2.	Erörtern Sie mögliche Probleme beim Verständnis von Luthers Betrachtungsansatz.

Was bildet den Maßstab dafür, dass ein Leben gelingen kann? Sind es die eigenen Leistungen? Oder ist letztlich das Wesentliche des Lebens »geschenkt«? Wie kann mit Versagen so umgegangen werden, dass das Leben lebenswert bleibt?

800 Luther-Figuren auf dem Marktplatz zu Wittenberg weisen auf das Reformationsjubiläum 2017 hin. Für Mark (6) aus Halle an der Saale haben die Lutherfiguren genau die richtige Größe.

d// »Die Moral des Glaubens ist die Liebe, die sich von selbst versteht« – Zur Rechtfertigungslehre Luthers

»Nicht indem wir das Gerechte tun, werden wir zu Gerechten, sondern als die Gerechtfertigten tun wir das Gerechte«, sagt Luther. [...] Die Moral des Glaubens ist die Liebe, die sich von selbst versteht, die man sich nicht abringen muss.

Was immer also christlich [...] als *christliche Lebensführung* oder *Frömmigkeit* bezeichnet wird, muss mit ganz anderen Kategorien beschrieben werden als denen der Knechtschaft unter Leistungsgesetzen mit ihren Handlungszwängen. Der sog. *neue Gehorsam* ist nur *neu*, wenn er kein Gehorsam mehr ist, sondern ein freies, phantasievolles und liebevolles Tun. [...]

Es kann sich bei der Freiheit, die der Glaube ergreift, nicht um einen bloßen »Herrschaftswechsel« handeln, bei dem die Herren wechseln, aber die Herrschaftsform in ihrer Struktur und die Knechtschaft in ihrer Mentalität die gleichen bleiben. [...] Wenn Christus von den Befreiten der Herr genannt wird, dann ist für sie *Herrschaft* nicht mehr das, was sie früher war und sonst ist, denn dieser *Herr* ist der Gekreuzigte, der allen zum *Knecht* geworden ist. Er wäscht den Seinen die müde gewordenen Füße, nicht aber moralisch die Köpfe oder ideologisch die Gehirne. Als Erlöser gewinnt er durch sein Leiden Macht über die Erlösten. Als Befreier wird er zum Autor ihrer Freiheit und so zur Autorität. Darum ist ihr »Gehorsam« nicht blinder Gehorsam, sondern freier Dank und wissender Gebrauch der Freiheit in schöpferischer Liebe. Das sind die freien Werke.

Jürgen Moltmann

1. Erläutern Sie den Begriff »Rechtfertigung«. Beziehen Sie sich auf den Text von Jürgen Moltmann und das Zitat von Rudolf Hoppe: »Für uns ist der Begriff Rechtfertigung einigermaßen fremd, weil er in der Sprachwelt des antiken Judentums entstanden ist. Eine Hilfe ist vielleicht die Frage, was unser Leben gelingen lässt und zu eigenem Handeln motiviert: es sind sicher nicht in erster Linie eigene Leistungen, sondern im wesentlichen Begegnungen mit und ›Vor-Leistungen‹ von Mitmenschen ...«
2. Beim Dialog von Christen und Juden wird um die Interpretation von »Rechtfertigung« z.T. kontrovers gerungen. Erörtern Sie, warum.
3. »Wenn wir von christlicher Freiheit sprechen, so meinen wir damit nicht das, was man allgemein die Willensfreiheit nennt. Die menschliche Willensfreiheit ist eine selbstverständliche Voraussetzung der christlichen Freiheit.« Interpretieren Sie dieses Zitat von Franz Böckle.
4. Beurteilen Sie, ob die theologischen Überlegungen einen Beitrag zum humanwissenschaftlichen Freiheitsproblem bieten können.

e// Rechtfertigung im Gespräch der Konfessionen und Religionen

Als am 31. Oktober 1999 in Augsburg die römisch-katholische und die lutherischen Kirchen feierlich die Vereinbarung über die Rechtfertigungslehre unterzeichneten, wurden damit auch die alten Feindbilder aus der Zeit der Glaubensspaltung im 16. Jahrhundert aufgehoben. Die gegenseitigen Vorwürfe, die Rechtfertigungslehre verfälscht zu haben, gelten seither als erledigt. Kein Protestant sollte Katholiken weiter verdächtigen, Gottes Gnade »verdienen« zu wollen. Und kein Katholik sollte argwöhnen, Lutheraner warteten still und ergeben auf Gottes Gnade beziehungsweise Reformierte sähen in ihren beruflichen Erfolgen einen Beweis ihrer religiösen Erwählung. Es ist vielmehr anders zu sehen: Wer erst anfängt, seine Chancen zu kalkulieren, könnte schon auf dem Holzweg sein.

Text 1: Die Gemeinsame Erklärung zur Rechtfertigungslehre

(4). Die Entfaltung des gemeinsamen Verständnisses der Rechtfertigung

(4.1) Unvermögen und Sünde des Menschen angesichts der Rechtfertigung

19. Wir bekennen gemeinsam, dass der Mensch im Blick auf sein Heil völlig auf die rettende Gnade Gottes angewiesen ist. Die Freiheit, die er gegenüber den Menschen und den Dingen der Welt besitzt, ist keine Freiheit auf sein Heil hin. Das heißt, als Sünder steht er unter dem Gericht Gottes und ist unfähig, sich von sich aus Gott um Rettung zuzuwenden oder seine Rechtfertigung vor Gott zu verdienen oder mit eigener Kraft sein Heil zu erreichen. Rechtfertigung geschieht allein aus Gnade. Weil Katholiken und Lutheraner das gemeinsam bekennen, darum gilt:

20. Wenn Katholiken sagen, dass der Mensch bei der Vorbereitung auf die Rechtfertigung und deren Annahme durch seine Zustimmung zu Gottes rechtfertigendem Handeln »mitwirke«, so sehen sie in solch personaler Zustimmung selbst eine Wirkung der Gnade und kein Tun des Menschen aus eigenen Kräften.

21. Nach lutherischer Auffassung ist der Mensch unfähig, bei seiner Errettung mitzuwirken, weil er sich als Sünder aktiv Gott und seinem rettenden Handeln widersetzt. Lutheraner verneinen nicht, dass der Mensch das Wirken der Gnade ablehnen kann. Wenn

»Rechtfertigung und Zuversicht« im Evangelischen Gesangbuch

sie betonen, dass der Mensch die Rechtfertigung nur empfangen kann *(mere passive),* so verneinen sie damit jede Möglichkeit eines eigenen Beitrags des Menschen zu seiner Rechtfertigung, nicht aber sein volles personales Beteiligtsein im Glauben, das vom Wort Gottes selbst gewirkt wird. […]

(4.3) Rechtfertigung durch Glauben und aus Gnade
25. Wir bekennen gemeinsam, dass der Sünder durch den Glauben an das Heilshandeln Gottes in Christus gerechtfertigt wird; dieses Heil wird ihm vom Heiligen Geist in der Taufe als Fundament seines ganzen christlichen Lebens geschenkt. Der Mensch vertraut im rechtfertigenden Glauben auf Gottes gnädige Verheißung, in dem die Hoffnung auf Gott und die Liebe zu ihm eingeschlossen sind. Dieser Glaube ist in der Liebe tätig; darum kann und darf der Christ nicht ohne Werke bleiben. Aber alles, was im Menschen dem freien Geschenk des Glaubens vorausgeht und nachfolgt, ist nicht Grund der Rechtfertigung und verdient sie nicht.
26. Nach lutherischem Verständnis rechtfertigt Gott den Sünder allein im Glauben *(sola fide).* Im Glauben vertraut der Mensch ganz auf seinen Schöpfer und Erlöser und ist so in Gemeinschaft mit ihm. Gott selber bewirkt den Glauben, indem er durch sein schöpferisches Wort solches Vertrauen hervorbringt. Weil diese Tat Gottes eine neue Schöpfung ist, betrifft sie alle Dimensionen der Person und führt zu einem Leben in Hoffnung und Liebe. So wird in der Lehre von der »Rechtfertigung allein durch den Glauben« die Erneuerung der Lebensführung, die aus der Rechtfertigung notwendig folgt und ohne die kein Glaube sein kann, zwar von der Rechtfertigung unterschieden, aber nicht getrennt. Vielmehr wird damit der Grund angegeben, aus dem solche Erneuerung hervorgeht. Aus der Liebe Gottes, die dem Menschen in der Rechtfertigung geschenkt wird, erwächst die Erneuerung des Lebens. Rechtfertigung und Erneuerung sind durch den im Glauben gegenwärtigen Christus verbunden.
27. Auch nach katholischem Verständnis ist der Glaube für die Rechtfertigung fundamental; denn ohne ihn kann es keine Rechtfertigung geben. Der Mensch wird als Hörer des Wortes und Glaubender durch die Taufe gerechtfertigt. Die Rechtfertigung des Sünders ist Sündenvergebung und Gerechtmachung durch die Rechtfertigungsgnade, die uns zu Kindern Gottes macht. In der Rechtfertigung empfangen die Gerechtfertigten von Christus Glaube, Hoffnung und Liebe und werden so in die Gemeinschaft mit ihm aufgenommen. Dieses neue personale Verhältnis zu Gott gründet ganz und gar in der Gnädigkeit Gottes und bleibt stets vom heilsschöpferischen Wirken des gnädigen Gottes abhängig, der sich selbst treu bleibt und auf den der Mensch sich darum verlassen kann. Deshalb wird die Rechtfertigungsgnade nie Besitz des Menschen, auf den er sich Gott gegenüber berufen könnte. Wenn nach katholischem Verständnis die Erneuerung des Lebens durch die Rechtfertigungsgnade betont wird, so ist diese Erneuerung in Glaube, Hoffnung und Liebe immer auf die grundlose Gnade Gottes angewiesen und leistet keinen Beitrag zur Rechtfertigung, dessen wir uns vor Gott rühmen könnten (Röm 3,27). […]

(4.5) Gesetz und Evangelium
31. Wir bekennen gemeinsam, dass der Mensch im Glauben an das Evangelium »unabhängig von Werken des Gesetzes« (Röm 3,28) gerechtfertigt wird. Christus hat das Gesetz erfüllt und es durch seinen Tod und

Unterzeichnung der Gemeinsamen Erklärung in Augsburg, von links: Ishmael Noko und Kardinal Walter Kasper

seine Auferstehung als Weg zum Heil überwunden. Wir bekennen zugleich, dass die Gebote Gottes für den Gerechtfertigten in Geltung bleiben und dass Christus in seinem Wort und Leben den Willen Gottes, der auch für den Gerechtfertigten Richtschnur seines Handelns ist, zum Ausdruck bringt.

32. Die Lutheraner verweisen darauf, dass die Unterscheidung und richtige Zuordnung von Gesetz und Evangelium wesentlich ist für das Verständnis der Rechtfertigung. Das Gesetz in seinem theologischen Gebrauch ist Forderung und Anklage, unter der jeder Mensch, auch der Christ, insofern er Sünder ist, zeitlebens steht und das seine Sünde aufdeckt, damit er sich im Glauben an das Evangelium ganz der Barmherzigkeit Gottes in Christus zuwendet, die allein ihn rechtfertigt.

33. Weil das Gesetz als Heilsweg durch das Evangelium erfüllt und überwunden ist, können Katholiken sagen, dass Christus nicht ein Gesetzgeber im Sinne von Mose ist. Wenn Katholiken betonen, dass der Gerechtfertigte zur Beobachtung der Gebote Gottes gehalten ist, so verneinen sie damit nicht, dass die Gnade des ewigen Lebens den Kindern Gottes durch Jesus Christus erbarmungsvoll verheißen ist. […]

(5.) Die Bedeutung und Tragweite des erreichten Konsenses

40. Das in dieser Erklärung dargelegte Verständnis der Rechtfertigungslehre zeigt, dass zwischen Lutheranern und Katholiken ein Konsens in Grundwahrheiten der Rechtfertigungslehre besteht, in dessen Licht die in Nr. 18 bis 39 beschriebenen, verbleibenden Unterschiede in der Sprache, der theologischen Ausgestaltung und der Akzentsetzung des Rechtfertigungsverständnisses tragbar sind. Deshalb sind die lutherische und die römisch-katholische Entfaltung des Rechtfertigungsglaubens in ihrer Verschiedenheit offen aufeinander hin und heben den Konsens in den Grundwahrheiten nicht wieder auf.

41. Damit erscheinen auch die Lehrverurteilungen des 16. Jahrhunderts, soweit sie sich auf die Lehre von der Rechtfertigung beziehen, in einem neuen Licht: Die in dieser Erklärung vorgelegte Lehre der lutherischen Kirchen wird nicht von den Verurteilungen des Trienter Konzils getroffen. Die Verwerfungen der lutherischen Bekenntnisschriften treffen nicht die in dieser Erklärung vorgelegte Lehre der römisch-katholischen Kirche.

1. Geben Sie den Gedankengang der Autoren des vorliegenden Textes wieder.
2. Erläutern Sie, inwiefern noch Verschiedenheiten zwischen der lutherischen und der römisch-katholischen Entfaltung des Rechtfertigungsglaubens vorhanden sind, aber auch inwiefern die Lehrverurteilungen des 16. Jahrhunderts gegenstandslos geworden sind.
3. Beurteilen Sie, wie ein Angehöriger jüdischer Religion die Gemeinsame Erklärung zur Rechtfertigungslehre aufnehmen dürfte. Berücksichtigen Sie dazu die folgenden Ausführungen von Stefan Meißner.

Text 2: Rechtfertigung – eine jüdische Perspektive. Kritische Anmerkungen zur Gemeinsamen Erklärung

Der Autor Stefan Meißner ist Mitglied des Arbeitskreises »Kirche und Judentum« der Pfälzischen Landeskirche und derzeit Pfarrer im Schuldienst in Bad Bergzabern.

Der Jude hinter uns

»Stets Theologie zu treiben, als ob uns ein Jude über die Schulter schaute«, das gab Dietrich Ritschl (geb. 1929; Anm. d. Hg.) in Heidelberg uns Studierenden mit auf den Weg. Nicht aus schlechtem Gewissen wegen der Millionen von Leichen im Keller der Kirchengeschichte, sondern um unserer eigenen »Sache« willen – der Sache Jesu, jenes Rabbi aus Nazareth, der vor rund 2000 Jahren als Jude lebte und starb. Besser noch wäre freilich ein »echter« Gesprächspartner aus Fleisch und Blut, doch bei den Diskussionsforen, die die »Gemeinsame Erklärung« vorbereiteten, waren wohl die »Fachleute« aus beiden Kirchen unter sich. So müssen wir mit einem imaginären Juden (es darf auch eine Jüdin sein!) vorlieb nehmen, wenn wir nun

Innenraum der Synagoge Wuppertal: Über dem Vorhang vor dem Toraschrein das Zehnwort in hebräischen Lettern (links), Blick in den geöffneten Toraschrein (rechts) mit Rollen der Tora. Die Hebräische Bibel besteht neben der Tora aus Propheten und Schriften. Sie wird entsprechend der drei Teile abgekürzt von Juden TaNaCh genannt. Im Text ist aus christlicher Perspektive – wie oft noch gebräuchlich – vom AT die Rede.

die Frage erörtern, ob dieses Papier denn »koscher« sei. Oder genauer: Ob es mit der unheilvollen Geschichte christlicher Judenfeindschaft wirklich bricht oder hier nur neuer Wein in alten Schläuchen verkauft wird. Ich befürchte – um das Ergebnis meiner Überlegungen schon vorwegzunehmen –, an der ein oder anderen Stelle müsste ein Jude beim Lesen tief durchatmen. Der erreichte Konsens ist zwar nirgends explizit antijüdisch, aber doch stellenweise arg »israelvergessen«. Wo offene Fragen zwischen den beiden Großkirchen angesprochen werden, dürfte sich der jüdische Leser gedanklich zumeist auf die katholische Seite schlagen. An einigen Beispielen möchte ich das exemplarisch aufzeigen.

Nur ein Nebenkrater?

Auch wenn das in einer Kirche der Reformation vielleicht nicht so gern gehört wird: Der unvoreingenommene Beobachter wird, nimmt er das Ganze der Heiligen Schrift zum Maßstab, sich fragen müssen, ob der hohe Stellenwert der Rechtfertigungslehre in der theologischen Auseinandersetzung zwischen den Konfessionen überhaupt angemessen ist. Auf protestantischer Seite wird sie ja gerne geradezu als »Kanon im Kanon« betrachtet. Doch findet sich bei genauerem Hinsehen das betreffende Wortfeld fast nur in den Paulusbriefen, selbst dort in abgestufter Häufigkeit. Auch wenn die Rechtfertigungslehre mehr als nur ein »Nebenkrater« (Albert Schweitzer) paulinischer Theologie ist, und die Sache, um die es hier geht, weiter verbreitet ist als die entsprechenden Begriffe, wird man vor einer reduktionistischen Sichtweise warnen müssen.

Recht und Gerechtigkeit in der Hebräischen Bibel

Eine solche scheint mir vorzuliegen, wenn die Fülle alttestamentlichen Redens über Recht und Gerechtigkeit auf den hölzernen Satz reduziert wird: »Im AT hören wir das Wort Gottes von der menschlichen Sündigkeit und vom menschlichen Ungehorsam sowie von der Gerechtigkeit und vom Gericht Gottes.« Unser jüdischer Gesprächspartner, der hier ja beileibe mitreden kann, wird sich fragen: Ist das wirklich alles, was die Hebräische Bibel zum Thema *zedaka* zu sagen hat? Ihm wird einfallen, dass dort eben nicht nur von der Gerechtigkeit Gottes (schon gar nicht ausschließlich von einer richtenden!), sondern auch von der des Menschen die Rede ist: »Der Herr kennt den Weg der Gerechten« (Ps 1,6). Es gibt ihn also den gerechten Menschen, wenn auch nicht aus eigener Kraft und Herrlichkeit.

Pessimistische Anthropologie

Überhaupt wird dem Juden hinter uns auffallen, dass in der Erklärung viel zu oft vom »Unvermögen und der Sünde des Menschen« die Rede ist. Natürlich gibt es das – wer wollte es leugnen? –, aber es gibt auch das andere: die Umkehr (*teshuva*) zu Gott, die Chance, das gestörte Gottesverhältnis wieder ins Reine zu bringen. Schon immer haben Menschen Schuld auf sich geladen, aber ebenso hat Gott schon immer Sühnemöglichkeiten angeboten, um zu vermeiden, dass der Sünder an den Folgen seines Tuns zugrunde geht. Und das, jedenfalls aus der Perspektive des Judentums, auch ohne Christus (im AT durch Opfer, im Judentum bis heute durch den Versöhnungstag). […]

Das Gesetz als Heilsweg?

Der Jude, der in der Erklärung liest, das Gesetz sei »als Weg zum Heil überwunden«, fragt sich unwillkürlich, wer denn das Gesetz zum Heilsweg erklärt habe. Das Judentum war jedenfalls nie dem Wahn verfallen, man könne sich mit guten Werken den Himmel verdienen. Das Gesetz ist und war für Juden Gottes gute Weisung, für die man dankbar ist, an der man gewiss auch punktuell scheitert, die man deshalb aber noch lange nicht abschüttelt wie eine lästige Fliege. Wer jemals Simchat-Tora, das jüdische Fest der Gesetzesfreude, miterlebt hat, dem wird die Warnung der beiden Kirchen vor »jüdischer Gesetzlichkeit« (Malta-Bericht, 1972) wie Hohn in der Ohren klingen. Immerhin kennt die gemeinsame Erklärung das Gesetz nicht nur als »Forderung« und »Anklage«, sondern hebt (wohl auf katholisches Drängen) hervor: Die Gebote bleiben auch für den Christen in Geltung »als Richtschnur seines Handelns«. […]

Solus Christus?

Was wird der Jude hinter meinem Rücken wohl denken, wenn er hört: »Alle Menschen sind zum Heil in Christus berufen«? Wirklich alle? Auch die Juden? Die Exklusivität des Solus Christus könnte ihn an die Zwangstaufen erinnern, die viele Juden im Laufe der Jahrhunderte über sich ergehen lassen mussten, um ihr Leben zu retten. »Niemand kommt zum Vater denn durch mich«, spricht der johanneische Christus. Doch unser Jude mag mit Franz Rosenzweig entgegnen: »Wir sind schon da, beim Vater. Wir waren schon da, lange bevor ihr Heidenchristen hinzugekommen seid!« […]

Verlust der sozialen Dimension

Beim Thema Rechtfertigung ging es Paulus also nicht um die abstrakte Frage »Wie kriege ich einen gnädigen Gott?«, sondern um das ganz konkrete Problem einer Kirche aus Juden und Heiden, in der keiner auf den anderen herabsieht. Durch die Rezeption seiner Lehre durch Luther (vermittelt durch Augustin u.a.) ging diese soziale Dimension verloren. Während im alttestamentlich-jüdischen Kontext *zedaka* immer als Gemeinschaftsgerechtigkeit aufgefasst wurde (so auch noch bei Paulus!), drehte sich fortan in der abendländischen Kirche alles um das eigene Seelenheil. […]

Verlust der kosmischen Weite

Neben dieser individualistischen Engführung der paulinischen Rechtfertigungslehre ist eine weitere Verkürzung des ursprünglich Intendierten zu beklagen, die ich eine anthropologische Engführung nennen möchte. Die Rechtfertigung des Sünders, wie sie uns die gemeinsame Erklärung verkaufen will, wird völlig losgelöst von der endzeitlichen Erlösung, die alle Kreatur betrifft. Doch die Neuerschaffung des Menschen durch den Hl. Geist muss im Kontext einer universalen Erneuerung der Schöpfung gesehen werden – ein Wissen, das in den Ostkirchen übrigens noch wesentlich weiter verbreitet ist als bei uns hier im Westen. […]

Stefan Meißner

f// »Von einem wirklich befreienden Gott können nie Gebote kommen, die dem Menschen ein Sklavenjoch auferlegen.« – Ethische Impulse

Harry M. Kuitert, evangelisch-reformierter Theologe:

Die Zehn Gebote […] beginnen mit den Worten »Ich bin der HERR, dein Gott, der dich aus Ägypten herausgeführt hat«. Nun wurde niemand von uns aus Ägypten herausgeführt, aber dieser Auftakt hat für die christliche Kirche seine Bedeutung behalten. Hier gebietet nicht der Unterdrücker, sondern der Befreier. Zwar sind seine Gebote wie jedes Gebot ein Joch, sonst bräuchte es nicht gegeben zu werden. Aber das Joch ist sanft und die Bürde ist leicht; denn von einem wirklich befreienden Gott können nie Gebote kommen, die dem Menschen ein Sklavenjoch auferlegen. Dies wurde in der christlichen Tradition in mehr als einer Weise ausgearbeitet. Wir können es als eine Beistandsbezeugung auffassen: Die Bürde ist leicht, weil Gott selbst sie tragen hilft. Seine Gebote sind nicht schwer, kann ein biblischer Autor sagen. Aus dem Kontext wird deutlich, dass er meint: Bist du einmal von Gottes Geist berührt, dann wirken sie nicht mehr schwer, mögen vielleicht andere sie schwer nennen. Gegen diese Auslegung habe ich nichts einzuwenden. Im Gegenteil, es ist m. E. eine echt christliche Auffassung von der Erfüllung des Gebotes. Eine andere Frage ist damit noch nicht beantwortet: Gelangen Christen zu dieser Erfüllung, kommen sie wenigstens so weit, wie sie es selber möchten (und von Gott aus müssten)? Darüber steht uns mehr Bescheidenheit an als früheren Generationen. Origenes, der Kirchenvater, […] sagte zu seinem großen Opponenten, dem Philosophen Celsus: Ich gebe zu, dass auch ihr wisst, was Gott wohlgefällig ist, aber bei uns Christen findest du die Kraft es auch zu tun! Das ist recht bescheiden ausgedrückt. In der christlichen Gemeinschaft finden wir die Kraft es zu tun; Origenes sagt nicht, dass die Christen es auch wirklich tun. Daran haben sich […] bis heute viele Christen gehalten. […] Wer tat, was zu tun war, und wer nicht, darüber befindet Gott. Gott will kein Sklavenjoch – es gibt noch einen Zusammenhang. […] Die christliche Freiheit steht auf dem Spiel. Luther schaffte aus diesem Grund das Gesetz Gottes ganz ab, die Gläubigen seien nach dem Apostel Paulus nicht erlöst, damit sie aufs Neue zu Sklaven würden. So weit bin ich nicht gegangen; ich kennzeichnete die Moral als ein Mittel, um Gott zu finden. Aber Moral bleibt Moral, ein Gruppencode. Wenn wir diesen mit der Autorität von Gottes Willen legitimieren, wird es unfreie Menschen geben, die es nicht mehr wagen, selbstständig zu denken und zu handeln in Sinne von: Jemand muss es erlauben, sonst ist es verboten. Manche Menschen meinen sogar, sie erwiesen Gott damit einen Dienst; je härter der Druck, desto christlicher das Verhalten. Das muss ein katastrophales Missverständnis sein, ein fundamentaler Angriff auf das Wesen des christlichen Glaubens. Glauben schafft freie Menschen, keine Knechte anderer Menschen oder Knechte der Zeit, sondern – um M. Buber zu zitieren – Knechte Gottes. Ich erinnere mich an das Gespräch mit einer Frau, die zum reformierten Christentum übergetreten war. Sie vertraute mir an, dass es ihr nicht leicht fiel. Nach anfänglicher Freude fiel sie allmählich in eine Depression: es war zu viel! Beiträge für dies, Arbeiten für das, Kinder zu diesem Club schicken, selbst wieder Mitglied eines anderen werden und zwischen all dem eine entschiedene, sich langsam entwickelnde Kontrolle, ob sie das alles auch tat und der Norm entsprach. Ich wusste nichts Besseres zu tun, als ihr den Satz eines Autors vorzulesen, den sie für den Anstifter ihres Elendes hielt. Es ist ein Satz des Apostels Paulus [Gal 5,1]:

Damit wir wahrhaft frei würden,
hat uns Christus frei gemacht.
Bleibt also standhaft und lasst euch
nicht wieder ein Sklavenjoch auferlegen.

Harry M. Kuitert

Simchat Tora, der Tag der »Gesetzesfreude« oder besser »der Freude an der Weisung«, ist ein beschwingter Feiertag. Auch die Kinder nehmen an den Freuden an der Tora teil. Seit dem 11. oder 12. Jahrhundert ist es üblich, an diesem Festtag die über das ganze Jahr verteilte Verlesung der fünf Bücher Mose mit dem Ende des fünften Buches abzuschließen und mit dem Anfang des ersten neu zu beginnen. In der jubelnden Begeisterung des Festes ist der sonst so strenge Rahmen der Vorschriften gesprengt. Es herrscht eine Freudenstimmung, wie sie die Synagoge das ganze Jahr nicht kennt.

1. Geben Sie wieder, wie nach Kuitert christliches Handeln aussieht.
2. Arbeiten Sie heraus, wie Kuitert die Lehre Luthers beurteilt, um der christlichen Freiheit willen das Gesetz Gottes ganz abschaffen zu müssen?
3. Setzen Sie sich mit Kuiterts Überlegungen auseinander.
4. »Eine Religion im Sinne Jesu müsste darin bestehen den Menschen das Bild ihrer Freiheit zu zeigen!« Interpretieren Sie dieses Zitat von Eugen Drewermann!

5. Parallelen und Divergenzen aus der buddhistischen Welt

»Jodo-Shin, ein protestantischer Buddhismus« – so charakterisiert Arnulf Zitelmann eine bestimmte Richtung des japanischen Buddhismus.

Auf sehr merkwürdigem Weg kam Buddha ins Land der aufgehenden Sonne, tausend Jahre nach seinem Nirwana – nämlich zuerst als Statue.

Eine koreanische Gesandtschaft überbrachte im Jahr 538 den fälligen Tribut, und darunter befanden sich in diesem Jahr kostbare Sutra-Abschriften, Ritualgeräte und eben auch eine Buddha-Statue. Damit begann die Geschichte des Erleuchteten im Inselreich.

Eine Generation später erklärte Prinz Shotoku den Buddhismus zur offiziellen Religion. Der Prinz selbst verfasste Sutra-Kommentare, und nahe der kaiserlichen Stadt Nara errichtete er einen Tempel – die älteste erhaltene Holzarchitektur der Weit. Zuerst eine reine Klosterreligion, zogen später immer häufiger Mönche predigend durchs Land. Sie durchwanderten Dörfer und Städte und gewannen die Herzen der Leute für Buddha, den Erbarmer.

Am nachhaltigsten wirkte die Lehre Shinrans, einem Zeitgenossen von Dogen, dem Zen-Meister. Auf Shinran geht die heute größte buddhistische Glaubensgemeinschaft in Japan zurück: der Jodo-Shin-, oder der Shin-Buddhismus.

Shinran erwählte unter den zahllosen Buddha-Gestalten den Amida. Manche hielten Amida für eine Inkarnation des historischen Buddha. Die Japaner nannten ihn »Buddha des Westens.« Und dort tauchte tatsächlich sein Name zum ersten Mal in den Sutras auf. Vom Nordwesten Indiens aus gelangte er mit den missionierenden Mönchen nach Zentralasien, wo Amida unter iranischem Einfluss zum Herrn des »Reinen Landes« wurde.

Das indische Nirwana war für die Völker Asiens ein viel zu entlegenes Heilsgut. Wie konnten sie hoffen, das große Erlöschen zu finden? Eine Wiedergeburt im

Links: Gautama Siddhartha verließ Frau und Kind, um in die Hauslosigkeit zu ziehen und zum Buddha, zum Erleuchteten, zu werden. Seine Figur befindet sich häufig auch im wettersensiblen Außenbereich. Rechts: Buddha als Dekoration in einem Schmuckladen – dem Buddhismus angemessen?

reinen Land verbesserte die Chancen. Das »Paradies des Westens« war im Hier und Jetzt schon zu besuchen, man sah es in goldenes Licht getaucht mit seinen Juwelen, Blumen und Vögeln: eine wahrhaft paradiesische Zuflucht, in der allen Geschöpfen das Herz voll Liebe füreinander war. Und der Herr des Reinen Landes, Amida, hatte geschworen, alle Menschen in sein Reines Land hinüberzuretten. Von dort war es dann nicht mehr weit bis zum Nirwana. Der sicherste Weg, Eingang ins Paradies des Westens zu gewinnen, war also das verdienstvolle, Amida geweihte Leben.

Punya, die Praxis, Verdienste zu sammeln, begleitete die Geschichte des Buddhismus von Beginn an und blieb bis heute ein wichtiger Aspekt des religiösen Lebens. Verdienstlich war schon ein ehrsames Leben. Durch besonders gute Werke konnte jedoch ein Mehrwert an Verdiensten, an zinsbringendem Kapital, zurückgelegt werden. Einem Mönch die Reisschale füllen, der Lehre lauschen, dem Sangha-Kloster spenden – alle guten Taten zahlten sich irgendwann aus.

Nach Buddhas Paranirwana wurde seine Asche unter verschiedene Fürstentümer verteilt, die kostbaren Reliquien barg man in Schreinen, errichtete ihnen Grabhügel, die so genannten Stupas, und umgab sie mit Tempelanlagen. Wallfahrten zu den Stupas, das Umschreiten des Grabhügels, Blumenopfer, Gold und Silber, Perlenschnüre, dem Buddha übereignet, galten als unübertreffliches Verdienst.

Freilich, gute Werke allein genügten nicht, das Nirwana zu erlangen. Das erforderte mönchisches Leben, Versenkung und Erleuchtung. Doch gute Werke schafften eine bessere Ausgangslage für die nächste Wiedergeburt. Amidas Paradies wäre jedoch auf dem Weg eigener Verdienste unerreichbar geblieben, hätte er nicht, das erklärten die Lehrer des Reinen Landes, in seinem Leben als Buddha-Anwärter, als Bodhisattva, so überreiche Verdienste erworben, dass er damit das schmale Konto der Gläubigen auffüllen konnte. Der rechte Glaube an ihn setzte diesen Verdiensttransfer in Gang, Lind damit war das Heilsgut plötzlich für jedermann erreichbar.

Shinran, der japanische Mönch, erfuhr die Gnade durch den »Buddha des Westens« persönlich. Als Neunjähriger war er wie viele seines Alters ins Kloster eingetreten. Zwanzig Jahre kasteite er sich, ein Mustermönch. Da erschien ihm in einem Traum der als heilig verehrte Prinz Shotoku, der Förderer des japanischen Buddhismus. Er befahl dem jungen Mann, sich in Amidas Glaubenslehre zu vertiefen. Shinran gehorchte, fand Amida, bekehrte sich. Mit einem Schlag wurde ihm klar: Vergeblich bleibt alles Bemühen, unser Ego abzutöten! Amidas Gnade allein schenkt das Leben. Du willst dein Licht leuchten lassen? Geh, entzünde eine Kerze, tritt hinaus ins Sonnenlicht, schau, sie leuchtet nicht! Verdienste sammeln? Gute Werke? Mönchisches Leben? Alles, jedes selbsteigene Bemühen verblasst in Amidas Gnadenlicht. Nach dieser Erkenntnis verließ Shinran das Kloster und legte die Mönchsgewänder ab. Zwei Jahre später heiratete er.

Shiran, der Begründer des Shin-Buddhismus

Shinran brachte Amidas Gnadenlehre unters Volk. Zwischendurch wurde er sieben Jahre als Ketzer verbannt. Danach missionierte er bis ans Lebensende im östlichen Inselreich, Jahrzehnte hindurch, wie der indische Buddha: Rufe Amida an, sprich zu ihm in deinem Gebet »Namu Amida Butsu«, deiner Kraft vertraue ich mich an, und das Reine Land steht dir offen! Das verkündete der ehemalige Mönch den Leuten. Alles Mühen um Verdienste und gute Werke diskreditierte Shinran als frommen Egoismus, der das Ich am Leben erhält, das doch eigentlich absterben soll. Shinran gründete keinen neuen Orden, alle Möncherei galt ihm als kontraproduktiv. Jeder bleibe dort, wohin das Schicksal ihn stelle. Die äußere Lebensform wird belanglos, sobald das Wohnrecht im Reinen Land gesichert ist.

Man hat den Shin-Buddhismus den »protestantischen« Buddhismus genannt. Und wirklich, die Ähnlichkeit mit Luthers Bekenntnis, dass »der Mensch Gott gerecht werde allein durch den Glauben, ohne des Gesetzes Werke«, springt ins Auge. Auch biografisch ergeben sich überraschende Parallelen. Beide, Shinran und Luther, bemühen sich zunächst gewissenhaft als Mönche, beide brechen im gleichen Alter mit der herrschenden Lehre, beide heiraten darauf, Luther wie Shinran werden angefeindet und verfolgt, beide begründen eine Gemeinschaft der Gläubigen, die keine religiöse Zwei-Klassen-Geselischaft mehr sein will. Nur: Shinran war dem protestantischen Reformator um Jahrhunderte voraus! Katholische Patres, die während des 16. Jahrhunderts im Land der aufgehenden Sonne missionierten, waren entsetzt, als sie den Amida-Buddhisten begegneten und die frappierenden Ähnlichkeiten zwischen deren Lehre und der protestantischen Religion entdeckten. Wie hatte es der Erzketzer Luther angestellt, selbst bis nach Japan hinein zu wirken?

Nur eine kuriose Übereinstimmung? Für mich ist es mehr. Denn Luther wiederum berief sich auf einen Zeitgenossen von Jesus, den Juden Paulus. [...] Paulus verkündete wie Shinran eine extreme Gnadenlehre: »Allein aus dem Glauben«. Aus dieser dreifachen Konstellation – Paulus, Shinran, Luther – ergeben sich übergreifende Perspektiven, die in der Religionswissenschaft noch längst nicht ausdiskutiert sind.

Arnulf Zitelmann

Ushika Daibutsu (Große Statue des Amida-Buddha), Japan. Beachten Sie die Handstellungen. Was sagen sie über Segnen und Weitergeben aus? Was bedeuten diese beiden Elemente für den Amida-Buddhismus?

1. Paulus, Luther, Shinran: Stellen Sie die jeweiligem theologischen Ansätze zur Gnadenlehre heraus.
2. Vergleichen Sie diese Ansätze.
3. Erörtern Sie, ob derartige – kulturübergreifende und religionsübergreifende – Vergleiche statthaft sind oder doch nur Ungleiches vergleichbar erscheint.

Der geschichtliche Buddha (Shakyamuni) wurde zum Vorbild für viele Darstellungen vom Amida-Buddha im Westlichen Paradies, dem Reinen Land (Chinesisches Seidenbild, 8. Jh.)

6. Überlegungen zum Freiheitsbegriff

Kaum ein Begriff wird so viel gelobt und so viel missverstanden, so oft zitiert und so viel missbraucht wie der der Freiheit. Politik, Ökonomie, Philosophie, Theologie, Literatur und Kunst – überall gehört die Freiheit zu den Hauptthemen.

Ein Grundproblem dieses Begriffes dürfte darin liegen, dass er sich negierend versteht: Man ist »frei von« etwas. Und damit ist im Grund noch nichts gesagt. Um es im Bild der Bekleidung zu sagen: Nicht was der Mensch ablegt, sagt uns etwas über seine Bekleidung, sondern was er anlegt – wenngleich das Ablegen eine Bedingungen dafür ist, dass er sich dann neu bekleidet. So gesehen ist die Freiheit eine »Bedingung«. Aber wofür? In diesem »Wofür« liegt das Wesen der Freiheit. Sie soll den Menschen zu etwas befähigen.

Ob der Mensch überhaupt für etwas befähigt sei, ist ein uraltes Problem der Philosophie. Einerseits meinen manche, der Mensch sei so total (durch Vererbung, Prägung, Milieu, Erziehung etc.) bestimmt, dass es keinen Ausbruch und keinen Raum der Freiheit gäbe (= Determinismus). Andrerseits kann man auch – allerdings seltener – die Meinung hören, wir wären total und ohne Grenzen frei, uns selbst zu bestimmten (= Indeterminismus). Im Christentum wird eine mittlere Position vertreten: Innerhalb der verschiedenen (biologischen, sozialen, kulturellen) Bestimmtheiten gäbe es doch einen »entscheidenden Rest« an freier Selbstbestimmung. (Gäbe es das nicht, wäre logischerweise auch Schuld unmöglich. Wir wären Marionetten fremder Mächte.)

»leben verboten.« – Eine paradoxe Intention?

Die Neuzeit ist unter anderem von einer Vielzahl von Befreiungsbewegungen gekennzeichnet. Um ihre Selbstbestimmung kämpften und kämpfen: die Leibeigenen, die Bauern, die (nichtklerikalen) Christen, die Lohnabhängigen, die (rechtlosen) Bürger, die Frauen, die Künstler, die Journalisten, die Studenten, die Schüler, benachteiligte Bevölkerungsgruppen (Gastarbeiter, sprachliche Minderheiten, Schwarze), benachteiligte Völker (Unterentwickelte, Arme, Unterdrückte) usw. Dieser Kampf um Selbstbestimmung (Emanzipation) ist »Bedingung« – nicht Ziel. […]

Hinter der Freiheitsfrage verbirgt sich eine Frage des Menschenbildes: Ist der Mensch so gut, dass es im Grunde genügt seine Entfaltung zu sichern? Oder ist er so schlecht, dass man ihn zu einem guten Menschen formen muss? (Theologisch hat dieses Dilemma viele Konsequenzen, von der Erbschuld über die Rechtfertigung bis zur Ethik.)

Peter Paul Kaspar

KOMPETENZEN

Am Ende dieses Kapitels sollten Sie Fortschritte beim Erwerb folgender Fähigkeiten erworben haben:

Wahrnehmungs- und Darstellungsfähigkeit – religiös bedeutsame Phänomene wahrnehmen und beschreiben:	• Situationen erfassen, in denen letzte Fragen nach Grund, Sinn, Ziel und Verantwortung des Lebens aufbrechen • religiöse Spuren und Dimensionen in der Lebenswelt aufdecken • ethische Herausforderungen in der individuellen Lebensgeschichte sowie in unterschiedlichen gesellschaftlichen Handlungsfeldern wie Kultur, Wissenschaft, Politik und Wirtschaft als religiös bedeutsame Entscheidungssituationen erkennen.
Deutungsfähigkeit – religiös bedeutsame Sprache und Zeugnisse verstehen und deuten:	• Konsequenzen identifizieren, die sich in ethischer Hinsicht aus der dem Menschen zugesprochenen Würde und aus seiner Verantwortung ergeben. • religiöse Motive und Elemente in Texten, ästhetisch-künstlerischen und medialen Ausdrucksformen identifizieren und ihre Bedeutung und Funktion erklären • biblische Texte (etwa Gen 3), die für den christlichen Glauben in Hinblick auf das Verständnis von »Schuld« und »Sünde« grundlegend sind, methodisch reflektiert auslegen • theologische Texte sachgemäß erschließen, dabei etwa Begriffe wie »Sünde«, »Erbsünde« , »Rechtfertigung« erläutern und definieren • Erfahrungen der Entfremdung von sich selbst, dem Nächsten, der Gesellschaft und der Schöpfung beschreiben • die Bedeutung des Verständnisses von Freiheit als Geschenk Gottes erläutern und von einem nicht-christlichen Freiheitsverständnis abgrenzen • an biblischen Texten zeigen, dass Vergebung neues Leben ermöglicht • die Luthers Schrift »Von der Freiheit eines Christenmenschen« interpretieren und mögliche Konsequenzen für die Lebenspraxis aufzeigen • Glaubenszeugnisse in Beziehung zum eigenen Leben und zur gesellschaftlichen Wirklichkeit setzen und ihre Bedeutung aufweisen.
Urteilsfähigkeit – in religiösen und ethischen Fragen begründet urteilen:	• deskriptive und normative Aussagen unterscheiden • das humanwissenschaftliche Freiheitsproblem (Determinismusproblem) als grundlegendes Problem in seiner Relevanz für theologische Anthropologie identifizieren und in seiner Komplexität erörtern • bestimmte konkrete Normen begründen oder in Frage stellen • Formen theologischer und ethischer Argumentation vergleichen und bewerten • sinngemäß offenen oder verdeckten Intuitionismus, Konventionalismus und Autoritarismus im Rahmen moralischer/ethischer Diskurse identifizieren • im Kontext der Pluralität einen eigenen Standpunkt zu religiösen und ethischen Fragen einnehmen und argumentativ vertreten.
Dialogfähigkeit – am religiösen Dialog argumentierend teilnehmen:	• die Perspektive eines anderen einnehmen und in Bezug zum eigenen Standpunkt setzen • Gemeinsamkeiten von religiösen und weltanschaulichen Überzeugungen sowie Unterschiede benennen und im Blick auf mögliche Dialogpartner kommunizieren, etwa »Vergebung« in christlichem Sinne und hinduistische/buddhistische Vorstellungen von »Karma« miteinander vergleichen, dabei etwa zwischen verschiedenen Richtungen innerhalb des Buddhismus (Amida-Buddhismus u. a.) differenzieren • sich aus der Perspektive des christlichen Glaubens mit anderen religiösen und weltanschaulichen Überzeugungen argumentativ auseinandersetzen • Kriterien für eine konstruktive Begegnung, die von Verständigung, Respekt und Anerkennung von Differenz geprägt ist, in dialogischen Situationen berücksichtigen.
Gestaltungsfähigkeit – religiös bedeutsame Ausdrucks- und Gestaltungsformen verwenden:	• typische Sprachformen der Bibel theologisch reflektiert transformieren • Aspekten des christlichen Glaubens in textbezogenen Formen Ausdruck verleihen • Ausdrucksformen des christlichen Glaubens erproben und ihren Gebrauch reflektieren • religiöse Symbole und Rituale der Alltagskultur kriterienbewusst (um-) gestalten • religiös relevante Inhalte und Positionen medial und adressatenbezogen präsentieren.

III. Ethische Handlungsimpulse aus christlicher Sicht des Menschen

»Gott schuf den Menschen als sein Abbild, als Ebenbild Gottes schuf er ihn. Als Mann und Frau schuf er sie« (Gen 1,27). Die biblische Aussage von der Gottebenbildlichkeit jedes Menschen besagt die fundamentale Gleichheit und Geschwisterlichkeit aller Menschen. Daraus folgt, dass sie einander verpflichtet sind: Wenn die Würde des Menschen angetastet wird, geschieht dies im Widerspruch zu Gott, dem Schöpfer.

Christliche Anthropologie sieht den Menschen als Person. Dies besagt: jeder Mensch hat einen einmaligen Wert, jeder Mensch besitzt in sich selbst eine je einmalige Würde, jeder Mensch trägt in der ihm möglichen Freiheit Verantwortung für sein Handeln. Grundsätzlich ist jeder Mensch als Person auf sich selbst, auf die Mitmenschen und Mitgeschöpfe und damit zugleich auf Gott bezogen. Seine personale Bestimmung wird daher in der Gemeinschaft mit Gott gesehen, die als Verantwortlichkeit verstanden wird. Durch die Würde jedes Menschen vor Gott ist auch die Würde jedes Menschen vor anderen Menschen begründet.

Diese Sicht des Menschen als unverwechselbare, einmalige Person in unveräußerlicher Würde hat ethische Konsequenzen, z. B. wenn es um sexuelle Beziehungen von Mann und Frau geh oder um die Forderung nach einem menschenwürdigen Sterben. Hier muss sich ganz konkret erweisen, was es heißt, den anderen Menschen nie als Sache zu betrachten, sondern ihn vielmehr als eigenständiges und eigenverantwortliches Wesen zu achten und ihm Respekt zu bezeugen. Dabei ergeben sich nicht selten moralische Konflikte für die Betroffenen.

Die genannten drei Beispiele bilden den Ansatzpunkt für die Reflexion dessen, was Personalität in anthropologischer und ethischer Hinsicht bedeutet. Die Gegenüberstellung von Textauszügen von Molière und Saint-Exupéry (1) lädt dazu ein, idealtypisch Einstellungen zum anderen zu betrachten und nach einem Kriterium für eine angemessene Haltung zum Mitmenschen zu suchen.

Das erste Beispiel nimmt »Sexualität und Partnerschaft unter Gesichtspunkten theologischer Anthropologie und Ethik« (2) in den Blick, indem mit Texten von Paul Michael Zulehner, Herbert Haag und aus dem Hohenlied dem Verständnis personaler Beziehungen nachgegangen wird.

Das zweite Beispiel »Menschenwürdig sterben – Ethische Probleme am Ende des Lebens« (3) lenkt den Blick zunächst auf Fallbeispiele. Die folgenden Beiträge von Rainer Flöhl und Hans Böckle rücken die ethische Dimension der Euthanasiedebatte ins Bewusstsein. Schließlich wird »Person-Sein« als Grundbegriff christlicher Anthropologie und Ethik herausgestellt. Der Beitrag »Zum Zusammenhang von Menschenbild und moralischem Handeln« bildet den Endpunkt des Kapitels (4).

René Magritte, Reproduktion verboten
(Portrait Edward James), 1937–1939

1. »Don Juan« oder »Der Kleine Prinz«? – Literarische Annäherungen

In den beiden folgenden Texten kommt jeweils eine Einstellung zum anderen idealtypisch zum Ausdruck:

a// »Don Juan« (Molière)

Don Juan: Wie? du willst also, dass man sich bindet und bei der erstbesten Liebe, die uns erfasst, ausharrt, dass man um ihretwillen auf die Welt verzichtet und für niemand mehr Augen hat? Es sollte schön sein, sich von dem falschen Ehrgeiz anstacheln zu lassen treu zu sein, sich für alle Zeit in einer Leidenschaft zu vergraben und von Jugend an tot zu sein für alle anderen Schönheiten, die uns unter die Augen kommen könnten! Nein, nein: Beständigkeit ist nur für alberne Tröpfe gut; alle Schönen haben das Recht uns zu verzaubern und der Vorzug, als erste einem begegnet zu sein, darf nicht die anderen um ihre gerechten Ansprüche bringen, die sie allesamt auf unser Herz haben.
Was mich betrifft, so berückt mich Schönheit, wo immer ich ihr begegne, und der sanften Gewalt, mit der sie uns verführt, gebe ich leichten Herzens nach. Ich mag mich noch so sehr gebunden fühlen, die Liebe, die ich für eine Schöne empfinde, verpflichtet mein Herz nicht dazu, den andern Unrecht anzutun; ich behalte die Augen auf, um den Verdienst von allen zu sehen, und erweise jeder die Huldigungen und den Tribut, zu denen Natur uns verpflichtet.
Wie dem auch sei, ich kann mein Herz nicht all dem Liebenswerten verweigern, das mir begegnet; und sobald ein schönes Gesicht es von mir erheischt, und hätte ich zehntausend, ich gäbe sie alle hin. Das Erwachen einer Zuneigung bringt schließlich einen unerklärlichen Zauber mit sich, und das ganze Vergnügen an der Liebe beruht auf dem Wechsel. Man kostet höchste Wonnen aus, durch hundert Huldigungen das Herz einer jungen Schönheit zu überreden, von Tag zu Tag die kleinen Fortschritte zu beobachten, die man dabei erreicht, durch Liebeserklärungen, durch Tränen und Seufzer die Scheu eines unschuldigen Herzens zu bekämpfen, dem es schwer fällt, die Waffen zu strecken, Fuß um Fuß alle die kleinen Widerstände zu überwinden, die es uns entgegensetzt, die Skrupel zu besiegen, die es seiner Ehre schuldig zu sein wähnt, und es sanft dorthin zu führen, wohin unser Verlangen es wünscht. Ist man aber erst Herr, bleibt nichts mehr zu sagen und nichts mehr zu wünschen; der ganze Zauber einer Leidenschaft ist dahin und wir schliefen ein in dem Frieden einer solchen Liebe, käme nicht eine neue Schöne, um unser Verlangen aufzustacheln und unserm Herzen die verführerischen Zauber einer neuen Eroberung vorzugaukeln.
Kurzum, es gibt nichts, was so schön, was so süß ist, als über den Widerstand eines schönen Frauenzimmers zu triumphieren und in dieser Hinsicht treibt mich der Ehrgeiz von Eroberern, die ständig von einem Sieg zum andern stürmen und sich nicht dazu entschließen können, ihren Wünschen Zügel anzulegen. Nichts vermöchte das Ungestüm meiner Wünsche aufzuhalten: ich fühle ein Herz in mir, als könnte ich die ganze Erde lieben; und wie Alexander wünschte ich, es gäbe noch andere Welten, um auch dorthin auf Liebeseroberungen auszuziehen. *Molière*

b// »Der Kleine Prinz« (de Saint-Exupéry)

Der kleine Prinz hatte in den vorausgegangenen Abschnitten des Buches bereits einiges von seiner Blume erzählt, die als einzige auf seinem Stern blüht. Er hatte sie sorgsam und mit viel Mühe aufgezogen und gepflegt. Er hielt sie für einzigartig in der Welt. Auf seiner Wanderung über die Erde trifft er nun auf einen großen Garten:

»Guten Tag«, sagte er. Da war ein blühender Rosengarten. »Guten Tag«, sagten die Rosen. Der kleine Prinz sah sie an. Sie glichen alle seiner Blume. »Wer seid ihr?«, fragte er sie höchst erstaunt. »Wir sind Rosen«, sagten die Rosen.
»Ach?«, sagte der kleine Prinz… Und er fühlte sich sehr unglücklich. Seine Blume hatte ihm erzählt, dass sie auf der ganzen Welt einzig in ihrer Art sei. Und siehe! da waren fünftausend davon, alle gleich, in einem einzigen Garten! … Dann sagte er sich…: Ich glaubte, ich sei reich durch eine einzigartige Blume, und ich besitze nur eine gewöhnliche Rose. Sie und meine drei Vulkane, die mir bis ans Knie reichen und von denen einer vielleicht für immer erloschen ist, das macht aus mir keinen sehr großen Prinzen… Und er warf sich ins Gras und weinte.
In diesem Augenblick erschien der Fuchs: »Guten Tag«, sagte der Fuchs. »Guten Tag«, antwortete höflich der kleine Prinz, der sich umdrehte, aber nichts sah. »Ich bin da«, sagte die Stimme, »unter dem Apfelbaum…« »Wer bist du?«, sagte der kleine Prinz.

»Du bist sehr hübsch…« »Ich bin ein Fuchs«, sagte der Fuchs. »Komm und spiel mit mir«, schlug ihm der kleine Prinz vor. »Ich bin so traurig…« »Ich kann nicht mit dir spielen«, sagte der Fuchs. »Ich bin noch nicht gezähmt!« »Ah, Verzeihung!«, sagte der kleine Prinz. Aber nach einiger Überlegung fügte er hinzu: »Was bedeutet das: ›zähmen‹?« … »Das ist eine in Vergessenheit geratene Sache«, sagte der Fuchs. »Es bedeutet: sich ›vertraut machen‹«. »Vertraut machen?« »Gewiss«, sagte der Fuchs. »Du bist für mich noch nichts als ein kleiner Knabe, der hunderttausend kleinen Knaben völlig gleicht. Ich brauche dich nicht und du brauchst mich ebenso wenig. Ich bin für dich nur ein Fuchs, der hunderttausend Füchsen gleicht. Aber wenn du mich zähmst, werden wir einander brauchen. Du wirst für mich einzig sein in der Welt …« »Ich beginne zu verstehen«, sagte der kleine Prinz. »Es gibt eine Blume … ich glaube, sie hat mich gezähmt …«

»Man kennt nur die Dinge, die man zähmt«, sagte der Fuchs. »Die Menschen haben keine Zeit mehr, irgendetwas kennen zu lernen. Sie kaufen sich alles fertig in den Geschäften. Aber da es keine Kaufläden für Freunde gibt, haben die Leute keine Freunde mehr. Wenn du einen Freund willst, so zähme mich!«

»Was muss ich da tun?«, sagte der kleine Prinz. »Du musst sehr geduldig sein«, antwortete der Fuchs. »Du setzt dich zuerst ein wenig abseits von mir ins Gras. Ich werde dich so verstohlen, so aus dem Augenwinkel anschauen und du wirst nichts sagen. Die Sprache ist die Quelle der Missverständnisse. Aber jeden Tag wirst du dich ein bisschen näher setzen können …«

Am nächsten Morgen kam der kleine Prinz zurück. »Es wäre besser gewesen, du wärst zur selben Stunden wiedergekommen«, sagte der Fuchs. »Wenn du zum Beispiel um vier Uhr nachmittags kommst, kann ich um drei Uhr anfangen, glücklich zu sein. Je mehr die Zeit vergeht, umso glücklicher werde ich mich fühlen. Um vier Uhr werde ich mich schon aufregen und beunruhigen; ich werde erfahren, wie teuer das Glück ist. Wenn du aber irgendwann kommst, kann ich nie wissen, wann mein Herz da sein soll… Es muss feste Bräuche geben…« So machte denn der kleine Prinz den Fuchs mit sich vertraut …

Der kleine Prinz ging die Rosen wiederzusehn: »Ihr gleicht meiner Rose gar nicht, ihr seid noch nichts«, sagte er ihnen. »Niemand hat sich euch vertraut gemacht und auch ihr habt euch niemandem vertraut gemacht. Ihr seid, wie mein Fuchs war. Der war nichts als ein Fuchs wie hunderttausend andere. Aber ich habe ihn zu meinem Freund gemacht, und jetzt ist er einzig in der Welt.« Und die Rosen waren sehr beschämt. »Ihr seid schön, aber ihr seid leer«, sagte er noch. »Man kann für euch nicht sterben. Gewiss, ein Irgendwer, der vorübergeht, könnte glauben, meine Rose ähnle euch. Aber in sich selbst ist sie wichtiger als ihr alle, da sie es ist, die ich begossen habe. Da sie es ist, die ich unter den Glassturz gestellt habe. Da sie es ist, die ich mit dem Wandschirm geschützt habe. Da sie es ist, deren Raupen ich getötet habe… Da sie es ist, die ich klagen oder rühmen gehört habe oder auch manchmal schweigen. Da es meine Rose ist.«

Ruhender Pol auf dem Mittelstreifen der A 52: »Der Kleine Prinz« an tragender Brückensäule

Und er kam zum Fuchs zurück: »Adieu«, sagte er…

»Adieu«, sagte der Fuchs. »Hier mein Geheimnis. Es ist ganz einfach: Man sieht nur mit dem Herzen gut. Das Wesentliche ist für die Augen unsichtbar.« »Das Wesentliche ist für die Augen unsichtbar«, wiederholte der kleine Prinz, um es sich zu merken. »Die Zeit, die du für deine Rose verloren hast, sie macht deine Rose so wichtig.« »Die Zeit, die ich für meine Rose verloren habe…«, sagte der kleine Prinz, um es sich zu merken. »Die Menschen haben diese Wahrheit vergessen«, sagte der Fuchs. »Aber du darfst sie nicht vergessen. Du bist zeitlebens für das verantwortlich, was du dir vertraut gemacht hast. Du bist für deine Rose verantwortlich …« »Ich bin für meine Rose verantwortlich…«, wiederholte der kleine Prinz, um es sich zu merken.

Antoine de Saint-Exupéry

1. Charakterisieren Sie die jeweils in den Texten zum Ausdruck kommenden Haltungen dem Partner gegenüber.
2. »Don Juan« oder »Der Kleine Prinz«? Vergleichen Sie die beiden Gestalten unter ethischer Perspektive.
3. Erörtern Sie, welche »Eigenschaften« nach Ihrer Auffassung unverzichtbar für eine gute Partnerschaft sind.

2. Beispiel 1: Sexualität und Partnerschaft unter Gesichtspunkten theologischer Anthropologie und Ethik

Theatermaske, die Archäologen im antiken Herculaneum fanden

a// Die Hoffnung nach einem Namen – Überlegungen eines Theologen

Paul Michael Zulehner, katholischer Theologe:

»Es ist nicht gut für den Menschen, dass er allein ist.« Dieser Satz gehört zu den ältesten Lebensweisheiten der Menschen und wird kaum von jemandem ernsthaft in Frage gestellt. Leben hat mit Beziehung zu tun. Vor allem mit Beziehungen zu anderen Menschen. So besteht unsere Lebensgeschichte denn auch aus vielen Geschichten, die wir mit anderen Menschen zusammen erleben und aus denen sich unsere Lebenswelt aufbaut. Beziehungen sind somit für uns lebenswichtig. Sie sind vorrangiges Thema unserer Lebenshoffnungen. […]

In Beziehungen erfahren wir, wer wir sind. Sie lassen uns erleben, dass wir einen Namen haben. Wir erleben, dass andere ein Gesicht haben und erkennen im Spiegel anderer unser eigenes Gesicht. Die alten Römer haben für »Gesicht« das Wort »persona« verwendet. Es war das Gesicht, das Schauspieler während eines Stücks angenommen haben, also ihre Maske. Beziehungen lassen uns also erfahren, dass wir Person sind. Person zu sein: Damit verbinden sich wichtige Hoffnungen. Es ist für uns zumeist eine herbe Enttäuschung, wenn wir das Gefühl haben von einem anderen Menschen lediglich »ausgenützt« oder gar »benützt« zu werden. Wir weigern uns bloß einen Gebrauchswert zu haben. Unser Anspruch ist es vielmehr, auch dann noch wertvoll und wichtig zu sein, wenn wir keinen Gebrauchswert haben. Auch der kranke, arbeitsunfähige Mensch will Person sein und in Beziehungen von anderen Menschen erfahren, dass er wertvoll und wichtig ist. Dasselbe gilt für den älteren Menschen, der nach einem langen Berufsleben »in die Pension geschickt« wird: Das dürfte an der Wertschätzung seiner Person nichts ändern. […] Es widerstrebt uns, den Wert des Menschen nach seinem Gebrauchswert zu bestimmen. Vielmehr ist es uns wichtig einen Namen zu haben, Person zu sein und so bereits eine unantastbare Bedeutung zu haben.

Person zu sein: Damit sind auch Beziehungen gemeint, in denen ich nicht beliebig »austauschbar« bin. Unlängst hatte ich ein Brautgespräch mit zwei jungen Leuten, die schon einige Jahre fest miteinander lebten, Kinder hatten, und sich nunmehr entschlossen hatten kirchlich zu heiraten. Es kam das Gespräch darauf, warum sie solange zugewartet haben und erst jetzt gekommen sind. Da erzählte uns der junge Mann in aller Offenheit, er habe – bevor er seine jetzige Frau kennengelernt habe – schon mehrere Verhältnisse gehabt. Jedesmal seien diese aber wieder zerbrochen. So wollte er jetzt zuerst zusehen, ob es mit seiner nunmehrigen Frau gut gehe. Denn sollte es auch jetzt nicht gut gehen, wollte er sich immer noch die Möglichkeit offen halten sich von seiner Frau zu trennen. An dieser Stelle seiner Erzählungen wurde die junge Frau überaus heftig und sagte: Ach so war das gemeint. In aller Deutlichkeit hatte sie plötzlich das Gefühl, dass sie im Grund immer noch »austausch-

Detail von einem Grabstein auf einem Friedhof in Flandern/ Belgien

Johannes Muggenthaler, Besetzt, frei, 1989

bar« war. Nun erzähle ich diese Geschichte nicht, um zu sagen, dass diese »fatale Austauschbarkeit« durch eine kirchliche Trauung beseitigt wurde; auch sagt diese Begebenheit nichts über die Qualität von Beziehungen ohne kirchlichen Segen, noch soll eine bestimmte Rolle der Ehefrau insgeheim vermittelt werden. Vor allem bleibt verwunderlich, dass es zu einem ähnlichen Gespräch erst jetzt kam. Immerhin verdeutlicht aber diese Geschichte, wie sehr es zu den Hoffnungen des Menschen gehört, dass wir in unseren lebenswichtigen Beziehungen nicht »austauschbar« sind. Ich ganz persönlich, nicht irgendetwas an mir, meine Arbeitskraft, mein Einkommen, meine Schönheit oder mein Humor, meine Sexualität oder was sonst, ich ganz persönlich möchte gemeint sein, und zwar in guten wie in bösen Tagen.

Es ist nun keine Frage, dass zu den lebenswichtigen Beziehungen des Menschen, die ihm sagen, wer er ist, die Beziehung zwischen *Frau und Mann* gehört. Das für menschliches Leben so wichtige Wechselspiel zwischen Lieben und Geliebtwerden findet seinen bevorzugten Erfahrungsraum in der Beziehung zwischen den Geschlechtern, die mit Eros und Sexualität zu tun hat.

So besehen verstehen wir es, wenn nach Untersuchungen auch heute junge Menschen Liebes-Beziehungen für sehr wichtig ansehen. Es wird auch verständlich, dass zu den erwünschten Eigenschaften eines künftigen (Ehe-)Partners »absolut treu« und »zärtlich« zählen. Dahinter steht eben der Wunsch nach einer Beziehung, in der die Hoffnung nach einem Namen, nach Unaustauschbarkeit und damit nach einem bleibenden Wert in sich erfüllt werden soll.

Paul Michael Zulehner

1. Geben Sie den Gedankengang des Textes von Paul Michael Zulehner mit eigenen Worten wieder.
2. Erläutern Sie, welches Bild vom Menschen hinter den Ausführungen steht.
3. Entwerfen Sie – vorausgesetzt Sie teilen das Menschenbild des Textes – mögliche konkrete Handlungsnormen für das Zusammenleben von Mann und Frau.

b// »Und das soll wirklich in der Bibel stehen?« – Das Hohelied

Aus der Hebräischen Bibel:
Die Mädchen
1 Wohin ist dein Geliebter gegangen,
schönste der Frauen?
Wo ist dein Geliebter hin,
dass wir ihn suchen mit dir?

Sie
2 Mein Geliebter stieg in seinen Garten hinab,
zu den Balsambeeten,
um in den Gärten zu weiden
und Blumen zu pflücken.
3 Ich gehöre meinem Geliebten
und mein Geliebter mir.
Er weidet in den Blumen.

Wie schön du bist!
Er
4 Schön bist du, meine Freundin, wie Tirza
prächtig wie Jerusalem,
verwirrend wie Trugbilder.
5 Wende deine Augen weg von mir,
denn sie regen mich auf.
Dein Haar ist wie eine Herde Ziegen,
die vom Gilead herabkommt.
6 Deine Zähne sind wie eine Herde Schafe,
die aus der Schwemme steigen,
alle mit Zwillingen,
keins ohne Junges.
7 Wie ein Stück Granatapfel ist deine Schläfe
hinter deinem Schleier.
8 Sechzig Königinnen (hat der König), achtzig
Nebenfrauen
und Mädchen ohne Zahl.
9 Aber eine ist meine Taube, mein Ein und Alles.
Sie ist die einzige ihrer Mutter, ihr Liebling.
Es sahen sie die Mädchen und priesen sie,
die Königinnen und Nebenfrauen, und rühmten sie.

Die Frauen
10 Wer ist sie,
die da herabschaut wie die Morgenröte,
schön wie der Mond,
strahlend wie die Sonne,
verwirrend wie Trugbilder?

Erwartung
Er
11 In den Nussgarten stieg ich hinab,
zu schauen nach den Blumen im Tal,
zu schauen, ob der Weinstock treibt,
ob die Granaten blühen.
Sie
12 Ich kannte mich selbst nicht mehr.

Der Hochzeitstanz
Die Mädchen und die Frauen
1 Dreh dich um, dreh dich um, Schulamit,
dreh dich um, dreh dich um,
dass wir dich anschauen!
Sie
Was wollt ihr Schulamit anschauen
wie beim Reigen?

Er
2 Wie schön sind deine Schritte in den Sandalen,
Fürstentochter!
Das Rund deiner Hüfte ist wie ein Kleinod,
von Künstlerhand gemacht.
3 Dein Schoß ist eine runde Schale,
nicht mangle der Mischwein!
Dein Leib ist wie ein Weizenhaufen,
umgeben von Blumen.
4 Deine beiden Brüste sind wie zwei Zicklein,
Zwillinge der Gazelle.
5 Dein Hals ist wie ein Elfenbeinturm,
deine Augen sind wie die Teiche von Heschbon
am Tor Bat-Rabbim.
Deine Nase ist wie der Libanonturm,
der nach Damaskus späht.
6 Oben dein Kopf ist wie der Karmel,
und dein Haar glänzt wie Purpur.

Die Erfüllung
Er
7 Wie bist du schön, wie reizend,
Geliebte voller Wonne!
8 So wie du dastehst,
gleichst du der Palme
und deine Brüste den Trauben.
9 Ich dachte. Ich steige auf die Palme,
greife nach ihren Rispen.
Deine Brüste will ich genießen wie Trauben des
Weinstocks,
den Duft deiner »Nase« wie Äpfel
10 und deinen Mund wie besten Wein…
Sie
…der geht geradewegs zu meinem Geliebten
und benetzt die Lippen noch im Schlaf.

Nur ihm gehöre ich!
Sie
11 Ich gehöre meinem Geliebten,
und nach mir geht sein Verlangen.
12 Komm, mein Geliebter,
wir gehen hinaus aufs Feld,
nächtigen in den Zyperblumen,
13 sind früh in den Weinbergen,
schauen, ob der Weinstock treibt,
ob die Kospen sich öffnen,
ob die Granaten blühen.
Dort schenke ich dir meine Liebe!

Einladung
Sie
14 Es duften die Liebesäpfel,
an unseren Türen sind lauter köstliche Dinge,
neue wie alte.
Mein Geliebter, ich habe sie aufgehoben für dich.

Hld 6,1–10; 7,1–14

Unbekannter Künstler, Die Spirale mündet ins Herz – Spirale: Symbol der Unendlichkeit/das Herz: Symbol der Liebe

C// »O dass er mich küsste« – Die Liebe als eine der köstlichsten Schöpfungen Gottes

Den schönsten Lobpreis auf die Liebe [...] finden wir [...] im Hohenlied. Beide, Mädchen und Mann, sind von ihr überwältigt. Auch das Mädchen scheut sich nicht seine Gefühle zu äußern. [...] Einzigartig ist der Geliebte, einmalig auch die Liebe. Nichts ist ihr vergleichbar. Nichts und niemand kann die Liebenden trennen: »Ich bin meines Geliebten und mein Geliebter ist mein« (Hld 6,3), obwohl es noch eine heimliche, nicht legitimierte Liebe ist. Von Sehnsucht und Verlangen sind alle Lieder erfüllt und von einem halb spielerischen, halb ernsten Sich-suchen und Finden, von Warten und Erfüllung, Glück und Bangen, Sich-verbergen und Darbieten, Fliehen und Wiederkommen. Die gegenseitige Faszination, das erotische Drängen und die Freude am Liebesgenuss, wo wären sie reiner und intensiver zu finden als in dieser Dichtung: »O dass er mich küsste mit den Küssen seines Mundes (Hld 1,2), so spricht das Mädchen gleich zu Beginn voll Verlangen. Bald aber klagt der junge Mann: »Ein verriegelter Garten ist meine Schwester und Braut, ein verriegelter Garten mit versiegeltem Quell« (4,12).
Sie wiederum träumt:
»O wärst du mein Bruder, den die Brust meiner Mutter gestillt!
Fände ich dich draußen, ich wollte dich küssen,
und doch würde mich niemand verachten.
Ich wollte dich führen in meiner Mutter Haus,
dich bringen in die Kammer derer, die mich geboren,
wollte dich tränken mit gewürztem Wein und dem Saft der Granaten
Seine Linke läge unter meinem Haupt und seine Rechte umfinge mich.
Ich beschwöre euch, ihr Töchter Jerusalems:
Was wollt ihr aufstören, was wollt ihr wecken,
die Liebe, ehe es ihr gefällt?« (8,1–4)

Hier ist nichts zu spüren von ängstlicher Abwehr, Missachtung oder gar Verteufelung des Liebeslebens. Mit aller Selbstverständlichkeit, ja man möchte sagen, mit kindlicher Unbefangenheit spricht der Dichter aus, was Menschen in der Liebe empfinden und erleben. Und doch entbehrt es nicht des leidenschaftlichen Feuers und der mitreißenden Erotik […]

Es ist deshalb kein Wunder, dass sich die christlichen Theologen […] sehr schwer taten mit dem Hohen Lied. Was sollten sie mit so viel Erotik und Leidenschaft anfangen? Ja sie standen sogar vor der peinlichen Aufgabe die Existenz dieser Liebe in der Bibel zu rechtfertigen. Man half sich, indem man das Hohelied allegorisch deutete. Man erklärte, unter dem Bild von Mann und Frau sei das Verhältnis Jahwes zu seinem Volk oder Christi zu seiner Kirche zu verstehen. Aber wie soll man nachvollziehen, dass die sinnliche Direktheit der Bilder von vornherein geistig gemeint sein soll? Heute hat sich deshalb die Einsicht durchgesetzt, dass wir es beim Hohelied mit einer Sammlung von Liebes- und Hochzeitsliedern zu tun haben. Aus welchem anderen Grund jedoch sollten diese in den Kanon aufgenommen worden sein, als deshalb, weil die Liebe zu Gottes Schöpfung gehört, ja weil sie die köstlichste Schöpfung Gottes ist?

Die Liebe und gerade die erotische Liebe prägt den Menschen in seinem Wesen. Isoliert und von außen her ist sie nicht zu begreifen. Wenn sich aber der Mensch der Liebe öffnet, dann formt sie ihn, verändert sie ihn, sensibilisiert sie ihn für Werte und Bereiche, die ihn selbst übersteigen. Es ist deshalb nicht falsch von dem Wunder der Liebe zu sprechen. Denn die Liebe sprengt den Menschen mit seinen begrenzten Diesseits- und Alltagserfahrungen, macht ihn aufnahmefähig für überirdische, nicht beweisbare und nicht fassbare, ja ihm bislang unverständliche und verschlossene Vorgänge. Dass deswegen in der Liebe alles erlaubt sei, wäre ein allzu bequemes Missverständnis. Wegen ihrer den Menschen übersteigenden Kraft hat Liebe vielmehr etwas mit Gott zu tun: […] Deshalb hat diese Liebe auch in der Bibel ihren Platz.

Herbert Haag

Sigmar Polke, Liebespaar, 1967

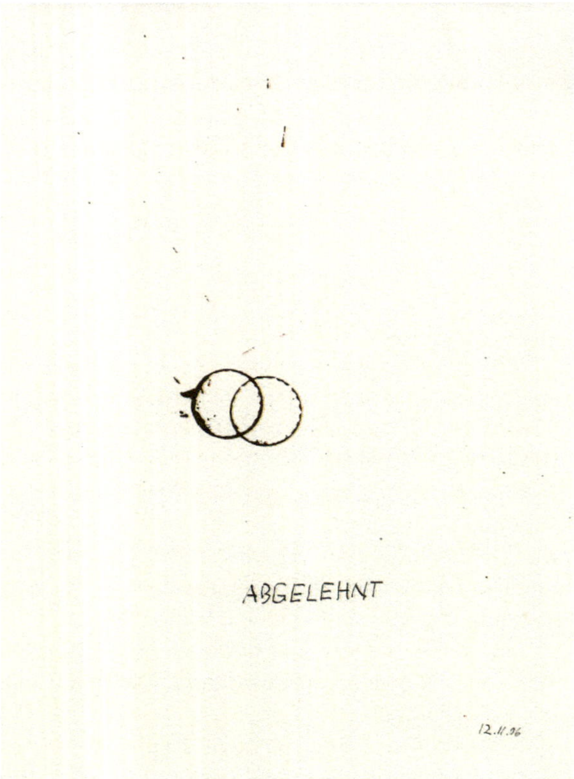

Thomas Schütte, Abgelehnt, 2006

3. Beispiel 2: Menschenwürdig sterben – Ethische Probleme am Ende des Lebens

a// Die Geschichte eines »qualvollen langen Sterbens« – Ein Fallbeispiel

Ein Darmkrebs hat meine einzige Schwester vor vier Jahren in Amerika getötet. Die letzten zwei Monate konnte ich selber erleben, wie das Geschwür langsam das Leben aus ihr hinausdrängte, ihren Körper Zelle für Zelle beschlagnahmte. Ich sah während dieser Zeit ihre Frage auf mich zukommen, ob man ihre Tortur nicht beenden sollte, damit sie endlich sterbe. Als sie schließlich kam, hatte ich mir schon manches überlegt.

Dem furchtsamen Leser wird wahrscheinlich vieles in diesem Bericht [...] herzlos [...] vorkommen. Darauf kann ich nur erwidern, dass man zwangsläufig anders denkt, wenn man fast zwei Monate lang, bis 22 Stunden jeden Tag, in einem Krankenhauszimmer verbringt und nicht der Verlängerung des Lebens eines geliebten Menschen, sondern dem Hinausziehen seines Sterbens hilflos zusieht.

Meine Eltern hatten mich an einem Sonnabend aus Texas in Berlin angerufen und am Montag früh bin ich nach El Paso abgeflogen. Fast zwei Jahre zuvor hatte ihr Arzt bei einer Operation eine Krebsgeschwulst entdeckt, aber schon damals hatte sich eine Metastase gebildet. Für alle, die so wenig vom Krebs verstehen wie ich damals, möchte ich erklären, dass eine vollständige Heilung nach der Metastase unmöglich ist. Einige Tage, bevor ich zu ihr gerufen wurde, hatte der Krebs den Darm gänzlich blockiert, und die innere Anstauung von Giften drohte sie schnell und grauenvoll zu töten. Ohne zu fragen, ob sie damit einverstanden wäre, hatte sich ihr Arzt für eine erneute Operation entschieden und einen künstlichen Darmausgang durch den linken Unterteil ihres Bauches installiert, wodurch es dem Krebs ermöglicht wurde, sie langsam und grauenvoll zu töten. Nach der ersten Operation hatte sie noch ein gesegnetes Jahr gehabt, ehe der Krebs wieder zu wachsen anfing. Dann, als der Arzt ein neues Knötchen entdeckte, begann die weitere Behandlung, mehrere Serien von Spritzen, täglich eine, sechs Tage lang, von »5FU«, einem Medikament, das zwar bestimmte Krebszellen hemmt, manchmal aber äußerst unangenehme Nachwirkungen verursacht. Dank »5FU« führte sie aber noch ein letztes Jahr ein verhältnismäßig normales Leben, bis die totale Blockierung des Darmes sie zum letzten Male ins Krankenhaus zwang.

Sie ordnete ihre persönlichen Angelegenheiten und bereitete sich mit Fassung, fast mit Gelassenheit, auf den Tod vor. Sie hatte 22 Jahre eine glückliche Ehe voll genossen, getrübt nur durch Kinderlosigkeit, und obwohl sie sicherlich ihren Mann Pete und uns andere nicht verlassen wollte, bekam sie durch ihre praktizierte, niemals in Frage gestellte Religion eine stählerne Kraft, die man in ihrer winzigen Person nicht vermutet hätte. Pete zwang sich weiterhin täglich ins Büro zu gehen; aber morgens, mittags und abends kam er ins Krankenhaus. Unsere Eltern wünschten, das »jemand von der Familie« immer bei ihr bliebe; das konnte ich am besten machen und ich habe das Zimmer nur verlassen, wenn Pete kam. Unsere Eltern, beide fast achtzig, lehnten es bis zum letzten Tag ab, die Realität der Lage anzuerkennen. Sie kamen jeden Nachmittag ins Krankenhaus, aber Mary Lou hatte mich gebeten dabeizubleiben, um lange, peinliche Pausen zu verhindern, die sie nervös machten.

Jeden Morgen versuchten wir als Erstes das Kreuzworträtsel zu lösen und wir haben dabei die Zeitung so gehalten, dass Mary Lou die klaffende, entzündete, eiternde Wunde des künstlichen Darm-Ausgangs nicht sehen konnte, während eine Krankenschwester mit beiden Händen sie zusammenzwang und eine zweite sie mit Leukoplast zusammenband.

Im Laufe der Wochen gab mir Mary Lou detaillierte Anweisungen; sie verschenkte fast alles, was ihr gehörte, und sagte mir, wer was bekäme. Sie bestimmte den Charakter ihrer eigenen Trauerfeier: Kein Sarg in der Kirche, keine »stimmungsvolle« Orgelmusik, Hymnen nur des Lobes und Dankes, und, statt Blumen, Spenden an die amerikanische Krebsgesellschaft. Buch nach Buch habe ich ihr vorgelesen, aber in den letzten Wochen blieb sie meist zu schläfrig, um sich konzentrieren zu können. Dann kämpfte sie gegen Müdigkeit mit Kartenspielen oder Häkelei, bis ihr Kopf schließlich zur Seite fiel und sie einschlief. Wir haben Scrabble gespielt, solange sie es noch konnte, dann, als das zu schwierig wurde, Domino. Ihr 55. Geburtstag ist in diese Zeit gefallen, mein 42. dreiundzwanzig Tage später. Wir hatten wiederholt Gelegenheit festzustellen, dass die fast unendlichen Varianten des Däumchendrehens, bis der Tod schließlich eintritt, sehr wenig anbieten, was man interessant oder bereichernd nennen könnte.

Ferdinand Hodler, Die kranke Valentine Godé-Darel, 1914

Völlig verließen sie die Schmerzen nie. Sie wurde natürlich immer rauschgiftsüchtiger und bekam vom Arzt eine immer stärkere Medikation, bis die Spritzen beängstigend oft aufeinanderfolgten. Wenn sie wach war, begleitete jeder ihrer Atemzüge ein Laut zwischen Grunzen und Ächzen. Sie wusste, dass Pete, ein felsenfester, aber sensibler Mann, den Anblick ihrer Tränen nicht ertragen konnte; und seine Trauer anzusehen zerbrach ihr wiederum das Herz. Deshalb wählte sie mich aus, um mir zum Beispiel mitzuteilen, in welcher Kleidung man sie begraben, welche Worte man in den Grabstein gravieren sollte. Sie hat mich auch gebeten, die nötigen Formulare zu holen, damit ein Chirurg unmittelbar nach ihrem Tode die Hornhaut ihrer Augen entfernen dürfe, um zwei ihr unbekannten Blinden eventuell zu helfen. Einen oder zwei Tage danach erinnerte ich sie sanft daran, dass sie die Formulare noch nicht unterschrieben hatte. »Muss ich es denn sofort?« *Ist heute,* las ich in den alarmierten Augen, *der letzte Tag, an dem ich meinen Namen schreiben kann?*

Ungefähr in dieser Zeit fragte sie mich zum ersten Mal: »Warum meinen so viele Menschen, es sei unrecht in so einem Fall wie meinem den Tod herbeizuführen?«

Ich hatte mich längst auf die Frage vorbereitet. »Ich verstehe solche Menschen nicht«, sagte ich mit Betonung, »ich teile auch nicht ihre Meinung.«

Stille. Stillstand. Weder sie noch ich wollte die Initiative zum nächsten Wort ergreifen. Ich hatte mein Verständnis, meine Bereitschaft erklärt; aber trotz aller Schmerzen konnte sie es noch nicht fertigbringen, mir so eine Bitte zu stellen und mich dadurch in eine so quälende und gefährliche Konfliktsituation zu zwingen, und ich selber konnte das Angebot nicht über die Lippen bringen.

Als eine Krankenschwester einmal mit einer Vitaminspritze kam, lächelte Mary Lou reuig und fragte: »Wenn ihr mich so gesund haltet, wie soll ich denn jemals sterben?«

Später sagte sie mir: »Als sie mich das letzte Mal in den Operationssaal brachten, wollte ich Dr. Green bit-

ten, mich nicht aufwachen zu lassen, aber ich hab's nicht fertiggebracht.« Opiate hatten sie so betäubt, dass sie nicht ganz deutlich sprach: »Wie könnte ich es meinem Bruder« – mir stockte der Atem – »zumuten, das Leben eines Brudermenschen zu nehmen?« Bewusst meinte sie den Chirurgen, als Mitglied der Kirche, der sie angehörte, eine Art Bruder; unbewusst aber enthüllte sie viel mehr.
Ein andermal, in Anwesenheit von Pete und mir und einer ihrer engsten Freundinnen, Dorothy, einer früheren Krankenschwester, sagte Mary Lou keinem von uns, doch allen zugleich: »Dorothy müsste mir nur ein bisschen Flüssigkeit in die Venen spritzen …« Pete, katholisch erzogen, versuchte mühsam, daraus einen schwachen Witz zu machen.

Später habe ich Dorothy um Rat gebeten; ich hatte sonst niemanden, den ich offen fragen konnte. Mary Lou und ihr letzter Wunsch hatten ihre volle Sympathie; aber sie konterte jede erörterte Möglichkeit mit einem harten, realistischen Argument: »Jede plötzliche Änderung, egal welcher Art, könnte den Krankenhausdirektor veranlassen, eine gründliche Untersuchung anzuordnen und das heißt, wir würden entdecken, was – oder wer den Tod verursacht hätte. Über die möglichen Konsequenzen bist *du* dir sicherlich im Klaren, aber vergiss doch nicht, was so eine Entdeckung für eure Eltern bedeuten würde. Sie müssen hier weiterleben und sie haben nicht viel länger.«
Die Zeit kam, wo der Krebs, hart und eckig wie ein Betonklotz, so groß wurde, die Haut des schwanger aussehenden Bauches so spannte, dass sie glänzte. Dieser Klotz hatte den Magen fast völlig zusammengedrängt und der Arzt wollte Mary Lou intravenös ernähren. Ihr erklärte er, das würde ihr Leben und ihr Leiden nicht verlängern; *mir* erklärte er, es würde lediglich den grauenhaften Tod durch Hunger und Durst verhindern. Trotzdem, mit einer wohl beinah übermenschlichen Stärke, lehnte sie die Nadeln rigoros ab. Die Angst schwebte über uns allen, dass ihre rasch sich steigernde Rauschgiftsüchtigkeit aus ihr »eine vor Schmerzen schreiende Wahnsinnige«, wie eine Schwester es ausdrückte, machen könnte.

Ferdinand Hodler, Die sterbende Valentine Godé-Darel, 1915

Ferdinand Hodler, Sonnenuntergang am Genfersee, 1915
Für Hodler war Horizontalität ein Zeichen für den Tod. Ein Berg – bei Hodler ein Zeichen des Lebens – wird über die Jahrtausende hinweg abgetragen und ist schließlich nivelliert.

Es vergingen aber noch einige weitere Tage. Meine Entdeckungen, welche Zähigkeit der menschliche Organismus aufbringen kann, ließen mich sprachlos sein. Seit Tagen hatte Mary Lou nichts Festes gegessen, aber nun, drei Tage lang, meist im Rausch, erbrach sie, zwar nur wenig, aber etwa alle sechzig Sekunden, und so häufig musste man ihr Tag und Nacht ein Becken unter den Mund halten. Trotzdem, trotz aller Mühe, gelang es ihr immer noch nicht zu sterben. »Es könnte«, sagte ihre Krankenschwester, »noch wochenlang so weitergehen.« Sie nippte Milch, solange es ging, und dann konnte sie nur kleine Eissplitter zu sich nehmen, und schließlich kam die einzige Feuchtigkeit von dem Abstrich von Zitronensaft und Glyzerin auf ihre papierenen Lippen.

Einmal, als ich weg musste, küsste ich ihr die Stirn und die hohlen Wangen (zum letzten Male?) und sagte ihr, ich liebte sie, und sie murmelte, langsam und leise und mühevoll, die letzten Worte, die ich von ihr hörte: »Ich liebe dich auch.« Am nächsten Tag blieb sie uns allen unerreichbar, ausgenommen einen Augenblick, in dem sie Pete erkannte und ihn schweigend in ihre schwachen, ausgemergelten Arme schloss. Hunger hatte ihr die Finger derart abgemagert, dass ihr Ehering nur mit Leukoplast hielt. Am nächsten Nachmittag, als sie scheinbar schlief, bewegte sie vielleicht Hunger, vielleicht Durst, vielleicht eine unbewusste Sehnsucht, den Ring abzunehmen und schnell in den Mund zu stecken. Nur die flinke Reaktion ihrer Krankenschwester verhinderte, dass sie ihn hinunterschluckte.

Und so, am Tage danach, eine halbe Stunde nach Mitternacht, bewegte sich unsere Liebste zum ersten Mal seit vielen Stunden, öffnete weit die Augen, streckte die Arme nach oben, stöhnte erschöpft, und endlich, endlich, acht Wochen und einen Tag nach der Operation, die sie nicht gewollte hatte, brachte Mary Lou es fertig zu sterben.

Peter Moor

1. Erörtern Sie das Problem »Euthanasie« (griechisch: »guter Tod«) anhand des Falles von Mary Lou. Unterscheiden Sie zwischen
   – passiver Sterbehilfe (Unterlassen bzw. Abstellen lebensunterstützender Maßnahmen bei Patienten, die sich im Sterben befinden),
   – aktiver Sterbehilfe (künstliches Eingreifen, um das Eintreten des Todes zu beschleunigen),
   – Tötung auf Verlangen (§ 216 StGB),
   – Beihilfe zum Freitod.

   Beziehen Sie sich auf ethische, nicht juristische Aspekte. Berücksichtigen Sie, dass es sich um einen Einzelfall handelt.
2. Vergleichen Sie die Schilderung des Sterbens von Mary Lou mit anderen Darstellungen des Sterbens.
3. Erörtern Sie die Möglichkeit, dem eigenen Leben ein Ende zu setzen, die sich seit dem 1.3.2012 in den Niederlanden durch den Einsatz von mobilen Teams ergeben. Berücksichtigen Sie die folgende Darstellung.

Herr über den eigenen Tod?

Sterbehilfe ist in den Niederlanden legal. Dennoch schrecken viele Ärzte davor zurück, dem Todeswunsch ihrer Patienten nachzukommen. Nun sollen Teams einer Sterbehilfeorganisation quer durch die Niederlande reisen und zu Patienten nach Hause kommen, um ihnen auf Wunsch beim Sterben zu helfen. Den Todkranken ohne Hoffnung soll auf diese Weise ein würdevolles und schmerzloses Ende ermöglicht werden.

Die sogenannten mobilen Teams bestehen aus einem Arzt und mindestens einem Pfleger [...]. Die Initiative geht auf die weithin respektierte Niederländische Vereinigung für ein freiwilliges Lebensende (NVVE) zurück. Sie soll mit sechs Teams starten. NVVE-Sprecherin Walburg de Jong erklärt, wie die Hausbesuche der Ärzteteams ablaufen sollen: »Erst geben sie dem Patienten eine Spritze, die sie in einen tiefen Schlaf versetzt, dann folgt eine zweite Spritze, die die Atmung und den Herzschlag stoppt.«

Die Teams können von Kranken und ihren Angehörigen gerufen werden, wenn Hausärzte sie aus ethischen Gründen nicht bei der Selbsttötung begleiten wollen. »Viele niederländische Ärzte haben noch immer Angst, Euthanasie auszuüben«, erklärt de Jong. »Sie berufen sich auf ihre religiösen Überzeugungen oder kennen einfach nicht die Details der Gesetzgebung, die diesen Bereich reguliert.«

Obwohl die NVVE immer wieder betont, ihre Aktivitäten seien rechtmäßig, bleibt die Kontroverse nicht aus – auch nicht im Ausland. »Tötung bei Hausbesuch«, kommentiert Eugen Brysch, Vorstand der Patientenschutzorganisation Deutsche Hospiz Stiftung. »Das ist das neue menschenverachtende Angebot der niederländischen Euthanasie-Bewegung.« Tötung sei nicht Sterbebegleitung, sagt Brysch.

»Mobile Euthanasie-Teams, über Internet oder Telefon angefordert, jederzeit einsatzbereit, sind kein Ausdruck der Autonomie von Verzweifelten«, sagt er. Schwerstkranken stehe eine würdige Sterbebegleitung zu, »die nicht mehr Quälerei bedeutet, sondern Lebensqualität bis zuletzt«. Befürworter in Holland sehen die neuen Teams als Ausdruck einer wachsenden Zustimmung für die Sterbehilfe.

Seit 1973 tritt die NVVE, die über ein Millionenbudget aus Spenden verfügen soll, für einen gesetzlichen Anspruch auf den Freitod ein – ganz egal ob Menschen krank sind oder nicht. Ihren bislang größten Erfolg feierte sie 2002, als die Niederlande als erstes Land der Welt aktive Sterbehilfe per Gesetz erlaubten.

Sie ist durch das sogenannte Euthanasie-Gesetz unter bestimmten Voraussetzungen erlaubt: Sterbehilfe darf schwerstkranken Patienten gewährt werden, deren hoffnungsloser Zustand sowie eindeutiger Todeswunsch von mindestens zwei Ärzten bestätigt

Tot – auf eigenen Wunsch?

wird. Eine unheilbare Krankheit oder unerträgliche Schmerzen müssen sie quälen, Hoffnung auf Genesung darf es für sie nicht mehr geben. Viele der Patienten haben nach Angaben der NVVE schwere chronische Krankheiten oder leiden unter einer Form von Demenz. Wenn Ärzte in den Niederlanden ihre Patienten unter diesen Umständen beim Suizid begleiten, müssen sie keine Strafverfolgung fürchten – anders als in Deutschland, wo die aktive Sterbehilfe verboten ist.

Seit Jahren klärt die NVVE, die ihren Sitz in Amsterdam hat, Kranke über juristische Vorgaben auf. Sie hilft mit Formularen, berät oder begleitet Patienten ins Krankenhaus. Viele der Ärzte und Pfleger, die sich für die Vereinigung engagieren, machen das freiwillig. »Sie arbeiten hauptberuflich woanders«, sagt de Jong. »Sie helfen der NVVE aus Überzeugung.« Die Vereinigung hat nach eigenen Angaben gut 130 000 Mitglieder und rund 150 freiwillige Helfer, die landesweit im Einsatz sind …

Sterbehilfe: Niederlande

b// »Wie können wir Sterbenden beistehen?« – Zur Diskussion um Euthanasie und Beihilfe zum Freitod

Angesichts der Unbefangenheit, mit der in diesen Tagen allenthalben über Sterbehilfe diskutiert wird, können die vielen Fehleinschätzungen nicht überraschen. Das Recht auf den eigenen Tod wird beschworen, Selbsttötung und Tötung auf Verlangen bei Todkranken als Selbstverständlichkeit ausgegeben. Ob das Sterben dadurch aber leichter, erträglicher wird, vermag niemand zu sagen. Vordergründig scheint gefühlsmäßig sogar manches für die aktive Sterbehilfe zu sprechen, die den zum Tode Kranken von seinem Leiden erlöst. Doch es fragt sich, ob all das wirklich der menschlichen Natur entspricht. Ist die Forderung nach mehr Selbstbestimmung des Kranken nicht eher die übersteigerte Reaktion auf eine inhumane Medizin, auf die Enteignung der Gesundheit, auf die Abschaffung des natürlichen Todes, wie Illich es formulierte, als ein anthropologisch begründbares Postulat?

Gewiss, die Medizin hat die Menschlichkeit des Sterbens nur allzu oft zerstört, doch damit allein lässt sich noch keineswegs das Recht auf den eigenen Tod, also letztlich auf Selbsttötung und Tod auf Verlangen, ableiten. Die modernen Apparaturen haben, wie es der Münchener Philosoph Robert Spaemann [...] formulierte, zu einer »Verwirrung der Gefühle« und damit zu falschen Einschätzungen der Wirklichkeit geführt. So werde das Abschalten einer Herz-Lungen-Maschine in der Intensivmedizin irgendwie als ein Akt der Tötung empfunden – weil es eine Handlung ist –, während man die Entscheidung, die Maschine gar nicht erst zu verwenden, eher respektiert.

Es kann keinen Zweifel mehr daran geben, dass die Medizin heute nicht mehr all das tun darf, was sie tun kann. Dies gilt besonders an der Grenze zum Tod. Die zunehmend als unnatürlich betrachteten Auswüchse haben ihre Ursache in den Fortschritten der Medizin. Alles zu tun, das Leben eines Menschen zu erhalten und zu verlängern, war einmal oberste Maxime der Medizin. Aber nun stellt sich, wie Robert Spaemann es formulierte, erstmals die Frage, unter welchen Umständen und wie lange es sinnvoll sei, einen Organismus sozusagen »zum Leben zu zwingen«. In der Medizin setzt sich daher zunehmend die Erkenntnis durch, dass der Arzt Hilfe auch unterlassen darf, vor allem dann, wenn es nur um die Verlängerung des Sterbens geht. [...]

Die Forderung nach dem Freitod wird immer wieder mit dem Argument gestützt, dass viele Kranke danach verlangen. Diese Behauptung ist irreführend. Die Erklärung, sich töten zu wollen, ist, wie die Suizidforschung herausgefunden hat, ein verschleiertes Alarmzeichen, das menschliche Not signalisiert und einen letzten Appell zum Beistand bedeutet. In ähnlicher Weise ist die Bitte um aktive Sterbehilfe, Bitte um Sterbebeistand. Dies wird durch die Erfahrungen bestätigt, dass sich gerade im Krankenhaus vergleichsweise wenige Selbstmorde ereignen.

Dies dürfte nicht auf einem Mangel an Gelegenheit beruhen, wie all jene glauben, die für einen Abbau der die Selbstbestimmung beeinträchtigenden Hindernisse plädieren, sondern in biologischen Selbstschutzmechanismen begründet sein. Der Mensch will nun einmal vor allem leben. Dass es philosophische Richtungen gibt, etwa den Stoizismus oder den Existenzialismus, die sich zum Freitod bekennen, ist kein Widerspruch. Die Selbsttötung darf nicht grundsätzlich

»Never ever give up« – »Gib überhaupt niemals auf!«, heißt es auf dem Schild unten am todkranken Baum, der sich – nachdem er beschnitten wurde – wieder etwas zu erholen scheint.
Ist Aufgeben die richtige Option angesichts von erlebter Krankheit und bevorstehendem Tod?
Ist die Einsicht in die Unausweichlichkeit des eigenen Sterben-Müssens legitimer Impuls, dem subjektiv zunehmend defizitär empfundenen Leben selbst ein Ende zu setzen?
Oder ist es gefordert, den letzten Weg als gottgegeben zu erleiden?
Welche Alternativen gibt es?

abgelehnt werden. Ob ein Weiterleben noch ertragbar ist, muss jeder für sich entscheiden. Und dennoch – der Freitod war nie ein Massenphänomen, schon gar nicht bei Todkranken. Eine Todessehnsucht scheint es daher nicht zu geben, trotz aller gegenteiligen Beteuerungen der Vorkämpfer für einen würdigen Tod. Nachdenklich muss schließlich stimmen, dass die Diskussionen um die Sterbehilfe die Ergebnisse der Sterbeforschung völlig ignorieren. Elisabeth Kübler-Ross und andere haben dazu wichtige Erkenntnisse gesammelt. Die Befragung von Sterbenden hat jedenfalls keine Hinweise dafür geliefert, dass der Erlösungstod ein elementares Bedürfnis ist. Trotz ihrer intensiven Beschäftigung mit dem Sterbenden ist Kübler-Ross jedenfalls nicht zur Protagonistin des Todes auf Verlangen geworden. [...]

Die Sterbeforschung hat auch klar gezeigt, dass die Hoffnung für den Sterbenden eine große Rolle spielt. Keiner gibt sie ganz auf. Der Erlösungstod passt nicht zu diesen Erfahrungen. Der Sterbende möchte gerade nicht aufgegeben werden, fürchtet Vereinsamung und Verlassenheit. Statt den Freitod zu propagieren, würden die Protagonisten der aktiven Sterbehilfe besser für Reformen kämpfen, die dem Sterbenden wirklich nützen. Schmerzlos und glücklich zu sterben, ist nur vergleichsweise wenigen Menschen vergönnt.

Rainer Flöhl

1. Stellen Sie dar, wie Rainer Flöhl Euthanasie (passive Sterbehilfe, aktive Sterbehilfe, Tötung auf Verlangen, Beihilfe zum Freitod) beurteilt. Welche Gründe führt er für seine Position an?
2. Erörtern Sie die Auffassung von Rainer Flöhl und entwickeln Sie Leitsätze für den menschlichen Umfang mit Sterbenden.
3. »Wie immer aber das Sterben eines Menschen sich vollzieht, wir sollten von der Grundeinsicht ausgehen, dass Sterben nicht identisch ist mit dem Tod, sondern als ein inneres Moment zum Leben des Menschen gehört und darum am Begriff der Menschenwürde Maß nehmen muss. Menschenwürde besagt den inneren und zugleich sozialen Wert und Achtungsanspruch, der dem Menschen um seiner selbst willen zukommt.« (Franz Böckle)
   Erörtern Sie diesen Satz und beziehen Sie Stellung.
4. Interpretieren Sie den Satz von Franz Böckle: »Die theologische Begründung der Menschenwürde hängt eng zusammen mit dem theologischen Verständnis der menschlichen Person. Person ist mehr als Individuum. Als geistiges Wesen steht der Mensch abgrenzend in Beziehung zu dem, was nicht er selbst ist. Er kommt am Du zu sich selbst. Als kontingentes Wesen weist es über sich selbst hinaus auf seinen Ursprung. Er ist nur von seinem Ursprung her als dieser individuelle Geist voll zu verstehen. [...] Vielmehr noch erfährt der Glaubende Gott als jenen letzten Grund, der der Person noch in ihrer radikalen Gefährdung durch den Tod Einheit und Identität zu geben vermag.«
5. Kommen Sie zu einer eigenen Beurteilung des Fragenkomplexes »Euthanasie«.

GRUNDLAGEN

»Person-Sein« – Ein Grundbegriff christlicher Anthropologie und Ethik

Das lateinische Wort »persona« dürfte sich zunächst als Lehnwort vom griechischen »prosopon« (= Angesicht, Miene, Aussehen; Maske und Rolle des Schauspielers) herleiten. Im Etruskischen begegnet uns als Beischrift zu einem Bild Maskierter das Wort »phersu«, das bald die schauspielerische Rolle, bald das dargestellte Wesen meint. Der römische Philosoph Cicero (um 60 v. Chr.) versteht unter »persona« die Rolle, die jemand im Leben spielt, aber auch sein Ansehen, seine Würde und überhaupt den Eindruck, den der Betreffende hinterlässt. Übrigens greift der Psychologe C. G. Jung († 1961) diese Bedeutung auf, wenn er die äußere Einstellung oder Haltung eines Menschen, also das, was er im öffentlichen Leben darstellen will, »Person« nennt – im Unterschied zu der inneren Einstellung und dem Seelenbild, der »anima«. Wo Person ist, soll Ich werden, soll die Individuation des Menschen durch Annahme der verdrängten Schattenseiten erfolgen. Immanuel Kant unterscheidet die Personen als vernünftige Wesen, welche absoluten Wert besitzen und »Zweck an sich selbst« sind, von Sachen, die nur als Mittel gebraucht werden. Auf diese Unterscheidung gründet er auch seinen kategorischen Imperativ: »Die vernünftige Natur existiert als Zweck an sich selbst … Der praktische Imperativ wird also folgender sein: Handle so, dass du die Menschheit, sowohl in deiner Person, als in der Person eines jeden anderen, jederzeit zugleich als Zweck, niemals bloß als Mittel brauchest.« Die Freiheit von Fremdbestimmung konstituiert für ihn letztlich die Person.

Person meint also den je einmaligen, ungeteilten ganzen Menschen in seinem leib-geistigen Dasein, raumzeitlich bestimmt, schließlich auch den unvertretbaren freien Vollzug des Menschseins oder zumindest dessen Möglichkeit. Personsein bedeutet auch mitermöglicht, geprägt und mitgetragen zu sein von Mitmenschen, von der geschichtlichen und gesellschaftlichen Überlieferung sowie von der gegenwärtigen Verfasstheit. In der Psychologie wird heute statt von Person oft wertneutral einfach von »Persönlichkeit« gesprochen. Doch sind diese beiden Begriffe in keiner Weise deckungsgleich. Im Unterschied zu Person meint Persönlichkeit das, was der Mensch in freier Selbstbestimmung aus sich selbst durch den Vollzug des Menschseins machen kann. Die Würde der Person ist nicht eine Folge der Ausbildung der Persönlichkeit, sondern liegt ihr voraus. Selbst wenn eine Persönlichkeit durch Krankheit zerrüttet oder wenn die gesamte geistige Potenz des Menschen zerstört wird, er bleibt die von Gott geliebte Person und behält seine Würde, die von allen zu achten und deren Schutz in der Gesellschaft auch verfassungsmäßig zu verankern ist.

Johannes Gründel

4. Was es heißt, als »Ebenbild Gottes« zu handeln …

Fenster in der evangelischen Kreuz-Kirche in Düsseldorf

Gottes Geschöpf sein heißt verantwortlich leben oder sich von Gott anreden lassen und *mit dem eigenen Leben in Wort und Tat verantworten*. Dieses gilt wegen oder gerade trotz der Begrenzungen und Abhängigkeiten des menschlichen Daseins. Solche Abhängigkeiten hat es immer gegeben; sie sind heute durch die weltweiten Veränderungen von Verkehr und Kommunikation, in Wirtschaft und Technik nur anders. In alledem liegen zugleich große Möglichkeiten: Der Mensch kann in die Welt hinaustreten, Wissen aufnehmen und die Herausforderungen gestalten.

Die Bibel zeichnet ein realistisches Bild des Menschen, indem sie ihn in seinem Widerspruch zu Gott und zu sich selbst zeigt. Insofern wird uns ein Spiegel vorgehalten, in dem wir erfahren können, wer wir als Menschen sind: Der Mensch ist Gottes gutes Geschöpf, aber auch Sünder – von Gott entfremdeter Mensch – und fähig zum absolut Bösen. Die Versuchung beginnt dort, wo die lebenserhaltenden Gebote Gottes, die doch Hilfen sein sollen, um das Leben aller in Würde und Gerechtigkeit zu ermöglichen, als Einschränkung des Menschseins erlebt werden. Wo der Mensch »sein will wie Gott«, vergisst er, dass *wirkliche Gottesebenbildlichkeit eine »fremde« Würde* ist, dass sie wie ein Widerschein auf ihn fällt, von außen her, vom Schöpfer her.

Aber wie können wir verantwortlich leben? Wer Orientierung für ein verantwortliches Leben sucht, der wird von der Bibel auf die *Zehn Gebote* verwiesen. »Es ist dir gesagt, Mensch, was gut ist und was der Herr von dir fordert, nämlich Gottes Wort halten und Liebe üben und demütig sein vor deinem Gott« (Mi 6,8). Als Luther 1520 sich vor die Frage gestellt sah, was gute Werke seien, da antwortete er mit einer Auslegung der Zehn Gebote in seiner Schrift: »Von den guten Werken«. Er stellte heraus, dass der Glaube das »vornehmste Werk« sei. Im Übrigen seien die Zehn Gebote geeignet, eine Fülle von guten, d.h. von Gott gebotenen Werken zu entdecken. Ein anderer Weg zu verantwortlichem Leben ist uns auch heute nicht gegeben.

Evangelischer Erwachsenenkatechismus

KOMPETENZEN

Am Ende dieses Kapitels sollten Sie Fortschritte beim Erwerb folgender Fähigkeiten erworben haben:

Wahrnehmungs- und Darstellungsfähigkeit – religiös bedeutsame Phänomene wahrnehmen und beschreiben:	• Situationen erfassen, in denen moralische Fragestellungen zur Debatte stehen und in denen die Entwicklung moralischer Sensibilität sowie der Reflexion moralischer Gefühle erforderlich ist, etwa Phänomene sozialer Ungerechtigkeit bei uns und anderswo • religiöse Spuren und Dimensionen in der Lebenswelt aufdecken • ethische Herausforderungen in der individuellen Lebensgeschichte sowie in unterschiedlichen gesellschaftlichen Handlungsfeldern wie Kultur, Wissenschaft, Politik und Wirtschaft als religiös bedeutsame Entscheidungssituationen erkennen • die Pluralität religiöser Richtungen als Herausforderung für einen Dialog über gemeinsame Maßstäbe moralischen Handeln identifizieren
Deutungsfähigkeit – religiös bedeutsame Sprache und Zeugnisse verstehen und deuten:	• religiöse und ethische Sprachformen analysieren, wie sie etwa in der Bergpredigt oder im Dekalog vorkommen • religiöse Motive und Elemente in Texten, ästhetisch-künstlerischen und medialen Ausdrucksformen identifizieren und ihre Bedeutung und Funktion erklären • biblische Texte, die für den christlichen Glauben grundlegend sind, methodisch reflektiert auslegen • theologische Texte und Begriffe (etwa den Begriff »Person«, »Bild Gottes«) sachgemäß erschließen • Glaubenszeugnisse in Beziehung zum eigenen Leben und zur gesellschaftlichen Wirklichkeit setzen und ihre Bedeutung aufweisen.
Urteilsfähigkeit – in religiösen und ethischen Fragen begründet urteilen:	• deskriptive und normative Aussagen unterscheiden • Formen theologischer und ethischer Argumentation (teleologisch versus biologistisch) vergleichen und bewerten • den Zusammenhang zwischen Menschenbild und Ethik erläutern • ethische Gemeinsamkeiten von Konfessionen und Religionen sowie deren Unterschiede erklären und kriteriengeleitet bewerten • Modelle ethischer Urteilsbildung (etwa das teleologische) beurteilen und beispielhaft anwenden • die Menschenwürde theologisch begründen und als Grundwert in aktuellen ethischen Konflikten zur Geltung bringen, sei es im Hinblick auf Partnerschaft, Fragen der Reproduktionsmedizin oder der Euthanasie • im Kontext der Pluralität einen eigenen Standpunkt zu religiösen und ethischen Fragen einnehmen und argumentativ vertreten.
Dialogfähigkeit – am religiösen Dialog argumentierend teilnehmen:	• die Perspektive eines anderen einnehmen (soweit dies möglich ist) und in Bezug zum eigenen Standpunkt (soweit vorhanden) setzen • Gemeinsamkeiten von religiösen und weltanschaulichen Überzeugungen sowie Unterschiede benennen und im Blick auf mögliche Dialogpartner kommunizieren • sich aus der Perspektive des christlichen Glaubens mit anderen religiösen und weltanschaulichen Überzeugungen argumentativ auseinandersetzen • Kriterien für eine konstruktive Begegnung, die von Verständigung, Respekt und Anerkennung von Differenz geprägt ist, in dialogischen Situationen berücksichtigen.
Gestaltungsfähigkeit – religiös bedeutsame Ausdrucks- und Gestaltungsformen verwenden:	• Aspekten des christlichen Glaubens in textbezogenen Formen Ausdruck verleihen • Ausdrucksformen des christlichen Glaubens erproben und ihren Gebrauch reflektieren • religiöse Symbole und Rituale der Alltagskultur kriterienbewusst (um-) gestalten • religiös relevante Inhalte und Positionen medial und adressatenbezogen präsentieren.

IV. »Gerechtigkeit« als sozial-ethische Herausforderung – Oder: »Nachfolge« als Grundbegriff christlicher Vorbildethik

»Der wachsende Abstand zwischen Reichen und Armen ist, im Licht des Glaubens gesehen, ein Skandal und ein Widerspruch zur christlichen Existenz. Der Luxus einiger weniger wird zum schimpflichen Hohn angesichts des Elends der großen Massen. Diese Situation widerspricht dem Plan des Schöpfers und der ihm geschuldeten Ehre. Die Kirche konstatiert in solchem Schmerz und solcher Angst eine Situation der sozialen Sünde. Sie ist umso größer, als sie festzustellen ist in Ländern, die sich katholisch nennen und die die Fähigkeit besäßen, sie zu ändern.« So heißt es bereits im Schlussdokument der katholischen Lateinamerikanischen Bischofskonferenz von Puebla/Mexiko aus dem Jahr 1979. Einer der Bischöfe, die mit ihrer ganzen Kraft versuchten, mehr Gerechtigkeit zwischen Armen und Reichen zu schaffen, war der Erzbischof von San Salvador Oscar Romero. Kompromisslos hat er die Unterdrückung in seinem Land angeprangert und für die vielen Recht- und Besitzlosen Gerechtigkeit und die Achtung der Menschenwürde eingefordert. Sein furchtloses Eintreten für die Entrechteten bezahlte Oscar Romero am 24. März 1980 mit dem Leben. Sein Einsatz für soziale Gerechtigkeit ließ ihm seitdem für viele zum Vorbild werden. Sie sehen in ihm ein Beispiel gelebter Nachfolge.

Dass jedes Handeln aus christlicher Motivation den ersten Schritt Gottes auf den Menschen hin voraussetzt und dieser sich erst aus dem Glauben an die geschenkte Liebe Gottes in Liebe und Freiheit anderen zuwenden kann, steht nicht im Gegensatz zu Nachfolge als ethischem Impuls.

Der Person und dem Wirken von Erzbischof Romero kann man sich nur angemessen nähern, wenn man die Situation sozialer Ungerechtigkeit in Lateinamerika kennt. Stimmen aus der Sicht Betroffener kommen daher zu Beginn des Kapitels (1) zu Wort und lassen die Armut plastisch vor Augen treten. Der Lebenslauf von Oscar Romero (2) schließt sich an, bevor in einer Situationsanalyse (3) der Teufelskreis von Gewalt und Korruption von Oscar Romero beschrieben wird. Der Beitrag von Ignacio Martín-Baró schildert, wie sich im Jahre 1980 die Lage für den Erzbischof zuspitzt (4). Kann Oscar Romeros Einsatz für die Unterdrückten zur Nachfolge Jesu motivieren? Welche Bedeutung haben Leitbilder für unser Handeln? Welcher ethische Stellenwert kommt der Nachfolge zu? Das sind Fragen, die unter dem Grundbegriff »Nachfolge« bedacht werden. Im gemeinsamen Sozialwort der Kirchen (5) und im Beitrag von Konrad Raiser (6) werden Erwartungen an die Christen in Europa angesichts sozialer Missstände in anderen Kontinenten und in Deutschland thematisiert. Ausführungen über die allgemeine Forderung nach einer menschen- und lebensgerechten Ordnung der Gesellschaft beschließen das Kapitel.

Jenny Holzer, The Venice Installation, Gallery D, 1990

PEOPLE WHO DO NOT
WORK WITH THEIR HANDS
ARE PARASITES

1. Soziale Ungerechtigkeit in Lateinamerika: Aus dem Tagebuch der Armut

21. Mai: Gestern aß ich die Nudeln aus dem Abfall und hatte Angst zu sterben, weil ich [...] bei Zinho Alteisen verkaufte.

Da war ein hübscher kleiner Schwarzer. Er verkaufte bei Zinho Alteisen. Er war jung und sagte, die Alten müssten Papier sammeln. Eines Tages wollte ich Alteisen verkaufen und hielt mich in der Avenida Born Jardim auf. Im großen Abfallhaufen, wie die Stelle genannt wird. Die Leute von der Straßenreinigung hatten Fleisch in den Abfallhaufen geworfen. Er suchte ein paar Stücke heraus und sagte zu mir: »Nimm mit, Carolina. Das kann man essen.«

Er gab mir ein paar Stücke. Um ihm nicht weh zu tun, nahm ich sie an. Ich versuchte ihn zu überreden das Fleisch nicht zu essen. Er sollte die von den Mäusen angenagten alten Brötchen essen. Er lehnte ab. Seit zwei Tagen habe er nicht gegessen. Er zündete ein Feuer an und briet das Fleisch. Der Hunger war so groß, dass er nicht darauf warten konnte, bis das Fleisch gebraten war. Er wärmte es und aß. Um das Schauspiel nicht sehen zu müssen, ging ich fort und dachte: tu so, als ob du das nicht gesehen hast. Das kann nicht wahr sein in einem so fruchtbaren Lande wie dem meinigen. Ich lehnte mich gegen den sogenannten Sozialdienst auf, von dem man behauptet, dass er geschaffen worden ist, um die Entgleisten wieder auf das richtige Gleis zu bringen, aber der von dem traurigen Dasein der am Rande Lebenden keine Kenntnis nimmt. Ich verkaufte bei Zinho das Alteisen und kehrte zu dem Hinterhof São Paulos, der Favela, zurück. Am nächsten Tag war der kleine Junge tot. Seine Zehen war gespreizt. 20 Zentimeter weit. Er war geschwollen, als sei er aus Gummi. Die Zehen ähnelten einem Fächer. Er hatte keine Papiere bei sich. Er wurde als Unbekannter begraben. Niemand bemühte sich, seinen Namen zu erfahren. Wer am Rande des Daseins lebt, hat keinen Namen.

... Ich fand im Abfall einen *cará,* eine Patate und eine Kartoffel. Als ich in der Favela ankam, nagten meine Kinder an einem Stück harten Brot. Ich dachte: um dieses Brot essen zu können, müssten sie elektrische Zähne haben. Ich hatte kein Fett. Ich setzte das Fleisch mit ein paar Tomaten auf, die ich bei der Fábrica Peixe gesammelt habe. Ich setzte den cará und die Kartoffel auf. Und Wasser. Als es kochte, gab ich die Nudeln hinein, die die Kinder im Abfall gesammelt haben. Die Bewohner der Favela überzeugen sich allmählich davon, dass sie, um leben zu können, es den Raben nachmachen müssen.

22. Mai:... Die Kinder essen viel Brot. Sie mögen gern weiches Brot. Aber wenn keines da ist, essen sie hartes. Das Brot, das wir essen, ist hart. Das Bett, in dem wir schlafen, ist hart. Das Leben des Favela-Bewohners ist hart. Oh! São Paulo, Königin, die du eitel deine goldene Krone aus Wolkenkratzern trägst, die du dich in Samt und Seide kleidest und an den Füßen Baumwollstrümpfe, die Favela, trägst.

... Das Geld reicht nicht, um Fleisch zu kaufen; ich kochte Nudeln mit Mohrrüben. Ich hatte kein Fett; es schmeckte schrecklich. Vera ist die einzige, die mehr haben will. Und sie bittet mich: »Mutti, verkauf mich doch an Dona Julita, denn dort gibt es Essen, das schmeckt.«

4. Juli: ... Als ich durch die Rua Eduardo Chaves ging, rief mich eine Dame und gab mir ein paar Aluminiumtöpfe, Papier und ein Kilo Fleisch für Vera, die ihr gesagt hatte, sie wolle ihr Bett zum Markt tragen und

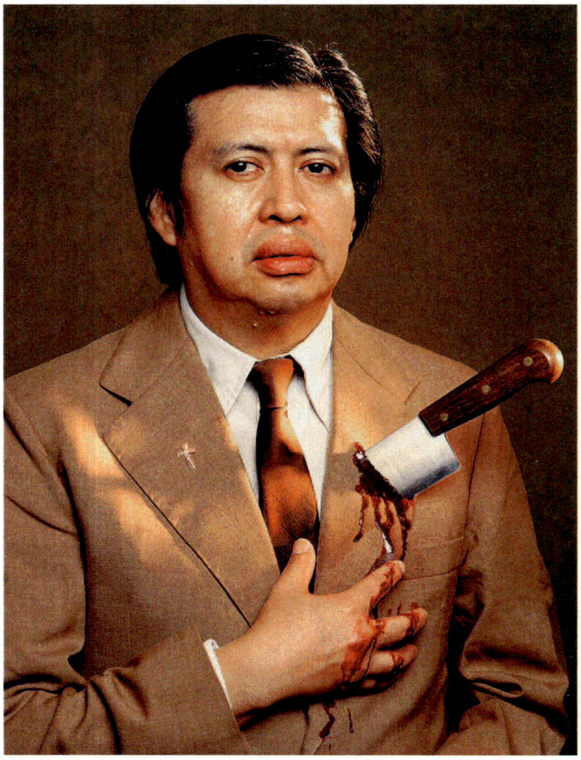

Marcos López, »Carne Argentina«
El Martir – dessen Heroismus nicht ungebrochen herüberkommt. Modell stand hier ein Nachbar.

dort wohnen. Weil es dort viele gute Dinge zum Essen gibt. Sie möge gern Fleisch und wolle einen Schlachter heiraten. Ich habe schon bemerkt, dass meine Tochter sich auflehnt. Sie ist entsetzt darüber, in der Favela zu wohnen.

... Ich habe die Wäsche eingeseift. Dann ging ich zum See, um zu Ende zu waschen. Der Gesundheitsdienst hat gesagt, dass das Wasser des Sees die Schneckenkrankheit überträgt. Sie haben uns etwas erzählt, was wir nicht wussten. Aber damit ist die Frage des Wassers nicht gelöst.

Dona Rosa baut jetzt noch eine Bretterbude und hat die andere vermietet, in der sie wohnte. Das ist die Bretterbude, in der Senhor Francisco wohnt. ... Ich war entsetzt über die Schlechtigkeit der Dona Rosa. ...Sie weiß, dass sie hier in der Favela keine Bretterbuden vermieten darf. Aber sie vermietet welche. Sie ist die schlimmste Hauswirtin, die ich je im Leben gesehen habe. Warum hat wohl kein Armer Mitleid mit dem anderen?

Carolina Maria de Jesus

1.	Interpretieren Sie den Tagebuchauszug und versuchen Sie sich ein erstes Bild von der Situation der Armen zu machen.
2.	Besorgen Sie sich zusätzliche Informationsmaterialien zur Lage in den armen Ländern. Die kirchlichen Organisationen »Brot für die Welt« (Stafflenbergstr. 76, 70184 Stuttgart, www.brot-fuer-die-welt.de) und »Misereor« (Mozartstr. 9, 52064 Aachen, www.misereor.de) sind Ihnen behilflich.
3.	»Armut« – auch ein Thema in Deutschland? Informieren Sie sich aus dem Internet.

2. Oscar Arnulfo Romero – Bischof für die Armen und Verfolgten

Der 1980 am Altar erschossene Erzbischof von San Salvador ist weltweit zur Symbolfigur der Befreiungstheologie geworden. Er hat seine ganze Kraft für sein Volk eingesetzt und dem Terrorregime trotz aller Todesdrohungen mutig die Stirn geboten. Romero war vom Vatikan zum Erzbischof von San Salvador ernannt worden, weil er ein konservativer Bischof war, zur Genugtuung der USA und zum Jubel der machthabenden Oligarchie in El Salvador. Als er aber erleben musste, wie die Regierung, die seinen Segen zu haben glaubte, einen maßlosen Terror gegen die Armen und eine angeblich gerechtfertigte Christenverfolgung begann, dachte er um und änderte sein Verhalten entschieden. Wider Erwarten wuchs er zu einem der mutigsten Kritiker des staatlichen und gesellschaftlichen Unrechts heran. Er »bekehrte« sich zu einem kompromisslosen Verfechter der Theologie für die Verfolgten und Entrechteten. Romeros Worte machten ihren Weg durch ganz Lateinamerika und inzwischen durch die ganze Welt. In seiner Person und in seinem Tun brachte er kirchliches Amt und persönliches Charisma, Institution und Glauben wieder zusammen. In höchster nationaler Not schrieb er einen Brief an Präsident Jimmy Carter, der erschütternd die Vorurteile und die Verkennung der wahren Lage durch die USA aufzeigt. Fünf Wochen später, als seine Stimme nicht mehr zum Schweigen gebracht werden konnte, wurde er während seiner letzten Ansprache im Gottesdienst erschossen.

Oscar Arnulfo Romero wurde 1917 geboren und ergriff den Beruf des Zimmermanns. Er absolvierte dann seine theologischen Studien in El Salvador und Rom und wurde 1942 zum Priester geweiht. Danach war er Seelsorger in verschiedenen Orten seiner Heimat, Redakteur kirchlicher Zeitschriften und Generalsekretär der Nationalen Bischofskonferenz. 1970 wurde er Weihbischof, 1974 Bischof von Santiago de Maria und 1977 Erzbischof von San Salvador. 1978 erhielt er die Ehrendoktorwürde der Georgetown-University wegen seiner mutigen Verteidigung der Menschenrechte und wurde (u.a. von 118 britischen Parlamentariern) für den Friedensnobelpreis vorgeschlagen. 1980 erhielt er den Ehrendoktor der Universität Löwen. Am 24. März 1980 wurde er ermordet.

3. Gewalt und Korruption – Zur Situationsanalyse (1979)

»Soziale Schere«

Oscar Romero schrieb im Jahr 1979:

Gewalt ist zurzeit in meinem armen Land das herausragende Charakteristikum. Voller Schmerz muss ich dem Schlussdokument von Puebla zustimmen: Der »stumme Schrei« von Menschen, die nach einer Befreiung rufen, die nie erfolgte, ist jetzt »klar vernehmlich, seine Stärke wächst, er ist heftig und zuweilen drohend«. Er resultiert aus blutgetränkten, tragischen Erfahrungen.

Jeglicher Gewalt liegt soziale Ungerechtigkeit zugrunde, genauer gesagt *strukturelle Gewalt,* die unser derzeit größtes Übel ist. Wie Puebla sagt, ist sie »die verheerendste und erniedrigendste Geißel«, eine »Situation unmenschlicher Armut«, die zum Ausdruck kommt in »der Kindersterblichkeit, der Wohnungsnot, den Gesundheitsproblemen, den Hungerlöhnen, der Unterernährung, der Arbeitslosigkeit und Unterbeschäftigung, der Unsicherheit der Arbeitsplätze, der Zwangsumsiedlung der Massen u.a.m.«.

Zusammen mit dieser strukturellen Gewalt erleben wir *repressive Gewalt* seitens des Staates, der sein Vorgehen mit der Ideologie der »Nationalen Sicherheit« rechtfertigt und jeden Versuch zur Befreiung des Volkes als »subversiv« bezeichnet. Er rechtfertigt Mord, das Verschwinden von Personen, willkürliche Haft, Terrorakte, Entführungen und Foltern. All das zeigt »einen totalen Mangel an Achtung vor der Würde des Menschen«. Von Januar bis Juni dieses Jahres gab es allein 406 Morde und 307 politische Inhaftierungen, die alle auf diese Gewalt zurückgehen.

Diese beiden Ausdrucksweisen der Gewalt, Oppression und Repression, führen zu dem, was in Medellin »die explosive Revolution der Verzweiflung« genannt wurde, auf deren Konto im gleichen Zeitraum mindestens 95 Opfer unter uns gehen. Hand in Hand mit diesem tragischen Spiel der Gewalten – und zugleich als Ursache dafür – geht ein skandalöser moralischer Verfall. In Puebla hieß es: »Die lateinamerikanischen Länder erfahren ständig die schwere Last institutioneller und wirtschaftlicher Krisen und deutliche Symptome von Korruption und Gewalt«. Das seelsorgerische Bemühen muss hier schmerzlich auf eine erschreckende Bestandsaufnahme des Verrats an christlichen und moralischen Werten hinweisen, sowohl in der öffentlichen Verwaltung als auch im privaten Bereich. Überall treffen wir an, was Christus »das Mysterium der Bosheit« nannte. […]

Unser Volk hat so große menschliche und christliche Werte, dass die Kirche dies schätzt und es für ihre Pflicht hält, diese Werte zu stärken und zu unterstützen, indem sie diesem Volk ihre Führung im Geiste des Evangeliums und im Lichte des Glaubens anbietet. Besonders ragen aus diesen Werten hervor: der Geist des Dienens, die Erfahrung von Liebe, die Haltung von Solidarität, Verantwortung, Fleiß und Mut. Eines vom Grundlegendsten ist der Sinn für Gemeinschaft, der sie Salvadorianer befähigt, Selbstsucht und sterile Isolation zu überwinden.

Oscar Romero

1. Beschreiben Sie den Teufelskreis von Gewalt und Korruption!
2. Diskutieren Sie Möglichkeiten, wie die Situation verändert werden könnte!

4. Die Lage spitzt sich zu – Die Entwicklung im Jahr 1980

Die chaotische Situation des sich in einem Auflösungsprozess befindlichen Landes wurde durch das Auftreten und die Homilien des Erzbischofs kritisch reflektiert. Der Erzbischof begrüßte den Rücktritt der zivilen Mitglieder der ersten Regierungsjunta und des Kabinetts als eine Art politischer Läuterung und betonte die moralische Bedeutung dieser Entscheidung, die das Ausmaß der Krise verdeutliche und somit die Möglichkeit eines Neubeginns schuf. Die opportunistische Haltung der Christdemokraten verhinderte jedoch diesen Neubeginn, sehr zum Bedauern des Erzbischofs, den mit einigen christdemokratischen Politikern eine persönliche Freundschaft und gegenseitige Achtung verband. Diese Achtung und Freundschaft beeinflussten jedoch in keiner Weise seine kritische Haltung zugunsten und im Interesse des Volkes. So lehnte der Erzbischof zwar die von der zweiten Regierungsjunta vorgeschlagenen Reformen nicht ab, kritisierte jedoch scharf deren radikale Pervertierung: man könne wohl kaum Reformen zugunsten eines Volkes durchführen und gleichzeitig gegen dieses Volk und seine Organisationen vorgehen, ja mehr noch, es auf blutigste Weise verfolgen. Der Erzbischof war der Ansicht, dass nur Aufgeschlossenheit und Aufrichtigkeit gegenüber dem Volk beweisen könnten, wie wahr und ernst gemeint diese Reformen seien. Und gerade in diesem Punkt konnte auch die neue Junta den Beweis nicht erbringen, denn außer Versprechungen und guten Worten hatte auch sie nichts anzubieten. Deshalb wurde die Kritik des Erzbischofs hinsichtlich der vorgeschlagenen Reformen immer eindringlicher, da deren einzige Resultate offensichtlich die militärische Besetzung des Landes und der fortgesetzte Mord an Bauern und Arbeitern, Lehrern und Gewerkschaftlern, Studenten und sogar Fachleuten waren.

Verbunden mit der zunehmenden Ernüchterung über die neuen Machthaber betrachtete der Erzbischof zuversichtlich die wachsende Einheit der Volksgruppen und der linksgerichteten politischen Organisationen. Als großen Fortschritt im Hinblick auf eine bessere Zukunft sah er die Gründung der sogenannten »Unabhängigen Bewegung der Fachleute und Techniker« El Salvadors, die die Teilnahme verschiedener Kreise des Mittelstandes am Kampf des Volkes ermöglichte. Voller Hoffnungen erfüllte ihn die Vorlage der »Programmatischen Plattform einer Revolutionären Demokratischen Regierung« seitens einer Vereinigung von Volksgruppen, und obwohl er nach wie vor bestimmten Aktionen und konkreten Plänen dieser Regierung gegenüber kritisch eingestellt war begrüßte er durchaus die zunehmende Rationalität und Aufgeschlossenheit der »Revolutionären Vereinigung der Massen«.

Andererseits waren die Ausmaße der Repression für den Erzbischof ständig Anlass zu tiefer Sorge. Täglich empfing er im erzbischöflichen Palais Dutzende von Menschen, die von Militär und Paramilitär grausam verfolgt wurden und die zum Erzbischof flüchteten um bei ihm Schutz und Hilfe zu suchen, um über Gewalttaten und Morde zu berichten, oder einfach nur um ein wenig geistlichen und menschlichen Trost zu finden. Er empfing sie alle und kümmerte sich um jeden Einzelnen. Seine prophetische Stimme jedoch wurde immer zorniger, je mehr er von den Leiden und Opfern seines Volkes erfuhr. Der berühmte Brief an Präsident Carter, in welchem er ihn bat, im Namen der Menschenrechte des salvadorianischen Volkes auf die tödlichen Waffenlieferungen zu verzichten und den Streitkräften jegliche Unterstützung bei ihren repressiven Aktionen zu verweigern, war Symbol der mutigen Haltung des Erzbischofs. Dieser Brief fand weltweit Beachtung, und der Erzbischof zog sich damit nicht nur den Unmut der Regierung El Salvadors und der Vereinigten Staaten zu, sondern auch den des Vatikans, dem die wenig »diplomatische« christliche Aufrichtigkeit des Erzbischofs nicht zu behagen schien.

Die Opposition des Erzbischofs gegenüber der repressiven Gewaltanwendung erreichte ihren Höhepunkt in der Homilie vom 23. März, in der er mit strengen Worten an Soldaten und Garde appellierte, als gehorsame Diener Gottes sich den Befehlen ihrer Dienstherren und Vorgesetzten zum Mord an ihren Brüdern zu widersetzen. »Im Namen Gottes und im Namen dieses leidenden Volkes, dessen Wehklagen täglich eindringlicher zum Himmel steigen, flehe ich Sie an, bitte ich Sie inständig, ersuche ich Sie im Namen Gottes: Machen Sie den Repressionen ein Ende!«

Dieser Aufruf des Erzbischofs war offensichtlich der Tropfen, der das Fass zum Überlaufen brachte und den Zorn seiner Feinde heraufbeschwor. Am Montag, dem 24. März, fiel Erzbischof Romero, gerade als er im Begriff war, die eucharistischen Gaben darzubringen, einem Mordanschlag zum Opfer, nachdem er gepredigt hatte, dass das Leben, das für den Nächsten dahingegeben werde, Zeichen der Auferstehung und des Sieges sei.

Ignacio Martín-Baró

1.	Erörtern Sie, inwiefern der Lebensweg Romeros als Nachfolge Jesu gedeutet werden kann.
2.	Oscar Romero – ein mögliches Vorbild für Sie? Beziehen Sie Stellung.
3.	Erörtern Sie, welche Menschen in der sozialen, ökonomischen und politischen Situation im Europa der Gegenwart auch als Vorbilder in Frage kommen können.

Die Ereignisse beim Begräbnis

Am 30. März fanden auf der Plaza Barrios de San Salvador Begräbnisfeierlichkeiten für den Erzbischof statt. Vor dem Tor der Kathedrale hatte sich eine riesige Menschenmenge von ca. 150 000 Personen versammelt, in der Mehrzahl einfache Leute. An den Feierlichkeiten nahmen zahlreiche Prälaten, Bischöfe, Priester, Ordensleute und geistliche Würdenträger aus aller Welt teil, die mit ihrer Anwesenheit die universelle Bedeutung des salvadorianischen Propheten bezeugen wollten. Ebenso waren beim Begräbnis unzählige Repräsentanten der Volksorganisationen vertreten, die, begleitet von Hochrufen der Menge, dem Erzbischof schweigend ihre posthume Ehrung darbrachten und einen Blumenkranz vor seinem Sarg niederlegten.

Inmitten der Feierlichkeiten, gerade als der Vertreter des Papstes, Kardinal Corripio aus Mexiko, seine Homilie verlas, unterbrach eine Serie gewaltiger Explosionen mit ihrem entsetzlichen Lärm die Gebetsstille. Nach gleich lautenden Berichten einer großen Zahl anwesender Zeugen warfen gewisse, im Nationalpalast der Regierung sich versteckt haltende Subjekte mehrere Bomben in die Menge, während Scharfschützen, die sich ebenfalls im Palast verschanzt hatten, Maschinengewehrsalven auf die Menge abfeuerten. Die Panik und die Verwirrung, die daraufhin ausbrachen, waren einfach unbeschreiblich. Die entsetzten Menschen rannten in alle Richtungen davon, versuchten Zuflucht in der Kathedrale zu finden oder auf andere Weise der wahrhaft tödlichen Falle zu entgehen, die sich die Mörder für sie ausgedacht hatten. Der Tag endete mit mehr als dreißig Toten, unzähligen Verletzten und hatte einmal mehr der ganzen Welt die ungeheuerliche moralische Verdorbenheit der salvadorianischen Regierung vor Augen geführt.

Der Erzbischof wurde überstürzt inmitten von Bomben, Schüssen, Blut und Entsetzen bestattet. Er wurde in der Kathedrale bestattet, von deren Kanzel er gepredigt hatte, die die Basis seiner christlichen Führung gewesen war und Zuflucht für das verfolgte Volk. Er wurde bestattet in-

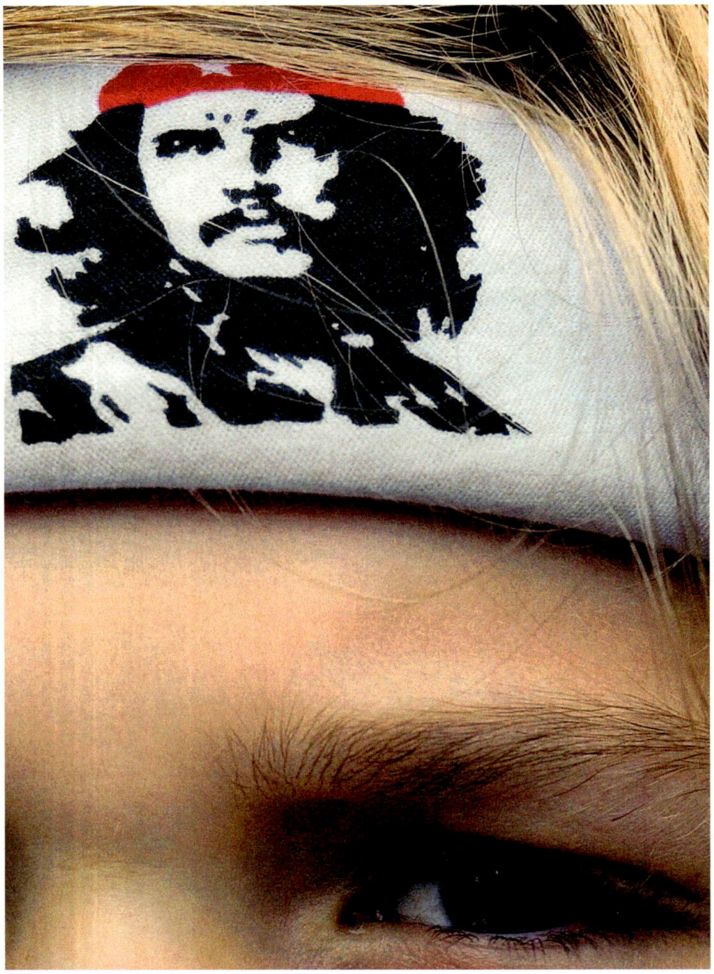

Vorbilder stiften Identität. Sie ermöglichen, Partei zu ergreifen. Die Personen und Programme sind verschieden. Ché Guevara – wie auf dem Foto – oder Oscar Romero stammen aus dem lateinamerikanischen Kontext.

Auf der Hauswand mit dem Bild Romeros wird eines seiner Worte aus dem Jahr 1980 zitiert, das vom Opfer seines Lebens für die Erlösung und Auferstehung von El Salvador und von der Freiheit für das Land spricht.

mitten von Trauernden und Toten, in der Kathedrale, deren bebende Mauern dem schutzlosen Volk immer noch Zuflucht vor den mörderischen Kugeln der Mächtigen boten. Er wurde begraben, wie er gelebt hatte, inmitten seines geschundenen Volkes, dessen Kreuz er auf sich genommen hatte und dessen Leiden er durch seine Stimme Ausdruck verlieh.

Der Erzbischof ist tot. Jedoch das salvadorianische Volk, die christliche Gemeinschaft, die Menschen in aller Welt, die das Leben lieben, wissen, dass der Erzbischof weiterlebt; seine Worte der Wahrheit haben ihren Widerhall in all jenen gefunden, die weiterhin für Gerechtigkeit unter den Menschen kämpfen, die sich dafür einsetzen, dass alle Menschen vor dem einen gemeinsamen Vater Brüder werden, die ihr Leben hingeben, um bereits in dieser Welt das Reich der Gerechtigkeit, der Liebe und des Friedens zu verwirklichen, welches uns Jesus von Nazaret verheißen hat.

Ignacio Martín-Baró

1. Beurteilen Sie, inwiefern »Nachfolge« ein Grundbegriff biblischer Ethik zu sein vermag.

2. Erörtern Sie, worin Vorzüge, worin gegebenenfalls Nachteile einer Nachfolge-Ethik gesehen werden können.

3. Nehmen Sie Stellung, inwiefern »Nachfolge« als ethische Aufforderung anthropologisch fundiert ist. Beziehen Sie sich auf den folgenden Text von Alfons Benning und setzen Sie sich kritisch damit auseinander.

4. Wie schätzen Sie den Wert von Vorbildern für ethisches Handeln ein?
Vergleichen Sie Ihre Meinung mit der von Erich Kästner:
»Vorbilder! Das ist möglich. Denn es existieren welche. Und es ist unwichtig, ob es sich dabei um einen großen toten Dichter, um Mahatma Gandhi oder um Onkel Fritz aus Braunschweig handelt, wenn es nur ein Mensch ist, der im gegebenen Augenblick ohne Wimperzucken das gesagt und getan hätte, wovor wir verzögern. Das Vorbild ist ein Kompass, der sich nicht irrt und uns Weg und Ziel weist.«

Nachfolge – Ein Grundbegriff biblischer Ethik und seine anthropologische Fundierung

Eine von den ersten drei Evangelien überlieferte Perikope vom Herrschen und vom Dienen grenzt den Dienstcharakter des Weges Jesu scharf von allen Versuchungen der Macht bei den politisch Mächtigen und sogar bei den Jüngern Jesu ab (Mk 10,41–45; Mt 20,24–28; Lk 22,24–27)

Die Schlüsselsätze dieser Berichte lauten:

»Der Menschensohn ist nicht gekommen, dass er sich dienen lasse, sondern dass er diene und sein Leben gebe als Lösegeld für viele« (Mk 10,45). Jesus spricht: »Ich bin unter euch wie ein Diener« (Lk 22,27).

Im Johannesevangelium wird der gleiche Sachverhalt durch die Geschichte von der Fußwaschung (Joh 13,1–20) veranschaulicht. Sie zeigt ebenfalls, wie aus dem Vorbild Jesu die Art der Nachfolge erwächst: »Ein Beispiel habe ich euch gegeben, damit ihr tut, wie ich euch getan habe« (Joh 13,15).

Der Christushymnus im Philipperbrief nimmt dieses Motiv auf (Phil 2,5–8; vgl. Röm 15,7) [...]

Wie solche Nachfolge im Alltag der Welt aussieht, ohne dass sie ausdrücklich als Nachfolge deklariert wird, kommt in unüberbietbarer Weise in zwei Gleichnissen (besser Beispielerzählungen) Jesu zum Ausdruck: der Erzählung vom Weltgericht (Mt 25,31–46) und der Geschichte vom Barmherzigen Samariter (Lk 10,25–37). Beide Male geht es um die Erfüllung des Gebotes der Nächstenliebe. Jesus beurteilt, wer es erfüllt. Im einen Fall wissen die, welche das Richtige getan haben, gar nichts von ihrer Leistung; im andern Fall ist es ein Außenseiter, ein Volks- und Glaubensfremder, der als einziger recht, d.h. liebevoll und barmherzig, handelt.

Jesus stellt dazu fest: »Was ihr getan habt einem von diesen meinen geringsten Brüdern, das habt ihr mir getan« (Mt 25,40) [...]

Diejenigen, die zu Christus gehören und in seinem Geist wirken, müssen bereit sein zum Leiden. Christus sagt: »Wer mir nachfolgen will, der verleugne sich selbst und nehme sein Kreuz auf sich und folge mir nach« (Mk 8,34). Mit Christus müssen alle leiden, die zu ihm gehören. Nachfolge Christi und Glaube an ihn sind ohne Leiden nicht möglich. Das Leiden der Christen ist Zeichen ihrer Verbundenheit mit Christus: »Seid so untereinander gesinnt, wie es auch der Gemeinschaft in Jesus Christus entspricht ... Er erniedrigte sich selbst und ward gehorsam bis zum Tode, ja zum Tode am Kreuz« (Phil 2,5 ff).

Evangelischer Erwachsenenkatechismus

Jeder Mensch bedarf zu seiner Menschwerdung des Vor- oder Leitbildes; im Nachstreben erreicht er seine unverwechselbare Eigentlichkeit. Das Vor- oder Leitbild hat im Sinne einer Verweisfigur dienende Funktion: »So könntest du dich jetzt entscheiden; so könntest du werden!« [...] Das Vor- oder Leitbild zeigt solche Entscheidungen und ihre Auswirkungen anschaulich und personalisiert, es setzt sie »ins Bild«. [...] Werte müssen sich personalisieren, das heißt in Persönlichkeiten inkarnieren, wenn sie anschaulich werden sollen. Nur dann sind sie [...] glaub- und handlungswürdig. »Beispiele und Bilder erreichen mehr als Argumente; deshalb sind gelebte Alternativen wirksamer als schlüssige Theorien.« Einer imperativen Ethik sind sie eindeutig vorzuziehen. [...] Von keinem Kind kann erwartet werden, dass es die Regeln seines sittlichen Handelns selbstständig entwickelt. Es ist daher zunächst auf die Eltern-Kind-Beziehung angewiesen, in der die Grundlagen der moralischen Entwicklung gelegt werden, noch bevor das Kind mit der Gruppe der Gleichaltrigen in Berührung kommt. Was Güte, Klugheit, Verstehensbereitschaft, Pflicht, Freundschaft, Hass oder Liebe bedeuten, lernt das Kind zunächst nicht an sich selbst kennen, sondern zuerst an lebendigen Beispielen von Menschen, die es an ihrem Leben teilhaben lassen.

Alfons Benning

5. Gerechtigkeit als Herausforderung für das Handeln der Kirche in der Gegenwart

a// »Es darf um Gottes willen nicht sein, dass wir einander das tägliche Brot verweigern!«

In vielen Ländern konzentriert sich die Erfahrung von Ungerechtigkeit auf die ständige Verletzung von Menschenrechten, Folter, Verhaftungen ohne Gerichtsverfahren […] Neben der Erwartung, dass wir als Christen Anwälte der menschlichen Würde seien, wo immer sie verletzt wird, steht die Hoffnung, dass unser Land gerade auf dem Hintergrund unserer Geschichte den Flüchtlingen, die bei uns Zuflucht suchen, großzügige Aufnahme gewährt.

Alle diese Erwartungen sind nicht neu. Es gibt in unseren Kirchen inzwischen ein breites Netz von ökumenischen Solidaritätsgruppen, die sich solche Erwartungen zu eigen gemacht haben und in der kirchlichen und politischen Öffentlichkeit für die Forderungen der Gerechtigkeit eintreten. […] Es darf um Gottes willen nicht sein, dass wir einander das tägliche Brot verweigern.

Es gibt kein vom christlichen Glauben her gebotenes System gerechter wirtschaftlicher, gesellschaftlicher und politischer Beziehungen. Aber es gibt deutlich benennbare Grenzen dessen, was für Christen vertretbar ist und wo die Lebensfähigkeit der menschlichen Gemeinschaft zerstört wird. Diese Grenzen müssen in jedem wirtschaftlichen System neu bestimmt werden, um der Menschen willen.

Wo allerdings aus solchen Strukturen ein System entsteht, dessen eigene Rationalität und innere Zwänge das Opfer menschlichen Lebens fordern, da ist das gegeben, was im biblischen Zusammenhang Götzendienst genannt wird. Dem muss auf Grund des biblischen Bekenntnisses zum Gott des Lebens widersprochen und notfalls Widerstand entgegengesetzt werden. Ein wirtschaftliches, politisches und gesellschaftliches System, das solchen Missbrauch von Macht nicht mehr verhindern kann, sondern gar legitimiert und fördert, steht gegen die elementare Forderung der Gerechtigkeit.

Der Durchsetzung eigener Macht und eigenen Vorteils steht im Geist des Evangeliums eine andere Haltung entgegen, die des solidarischen Teilens. Wer teilt, mehrt Leben. Das ist nicht nur eines der Kennzeichen der Praxis Jesu und der ersten christlichen Gemeinden. Das ist vielmehr eine ursprüngliche menschliche Erfahrungsweisheit über menschengerechte Beziehungen. So leben Familien, dort wo sie noch zusammenleben; so leben noch heute Millionen von Dörfern in aller Welt. Zu allen Zeiten hat es Verfahren gegeben, die der Erhaltung menschengerechter Beziehungen dienten, Verfahren für die Umverteilung oder periodische Neuverteilung von Macht, Besitz, Land, Vorteilen […] Sie setzen den freiwilligen oder aufgenötigten Verzicht auf Macht, Besitz, Rechte, Privilegien auf Seiten derer voraus, die auf Kosten anderer angesammelt haben. […] Die Logik des Teilens fordert nicht, dass alle das Gleiche haben, sondern dass alle wenigstens genug haben für ein menschenwürdiges Leben. Wie bereits im alten Israel, so ist auch heute solches solidarisches Teilen nicht einfach nur eine Frage des Lebensstils, der persönlichen Gesinnung oder des eigenen Verhaltens: Es muss durch institutionelle Regelungen gefördert und notfalls herbeigeführt werden.

Konrad Raiser

1. Beschreiben Sie, wo nach Konrad Raiser anzusetzen ist, um zu mehr Gerechtigkeit zu kommen.
2. Erörtern Sie seine Überlegungen.
3. Überwindung der Trennung von Arm und Reich – sehen Sie Wege? Erörtern Sie Vorschläge.
4. Was ist von Spenden zu halten? Beziehen Sie Stellung

b// »Für eine Zukunft in Solidarität und Gerechtigkeit« – Aus dem gemeinsamen evangelisch-katholischen Wort zur wirtschaftlichen und sozialen Lage in Deutschland (1997)

Das zentrale dritte Kapitel der Erklärung hat Anspruch und Wirklichkeit der wirtschaftlichen und sozialen Lage in Deutschland vor Augen. Es ist folgendermaßen gegliedert:

3. Perspektiven und Impulse aus dem christlichen Glauben
3.1 Die Frage nach dem Menschen
3.2 Weltgestaltung aus dem christlichen Glauben
3.3 Grundlegende ethische Perspektiven
3.3.1 Das Doppelgebot der Gottes- und Nächstenliebe
3.3.2 Vorrangige Option für die Armen, Schwachen und Benachteiligten
3.3.3 Gerechtigkeit
3.3.4 Solidarität und Subsidiarität
3.3.5 Nachhaltigkeit

In diesem Kapitel geht es um die Analyse als Schritt der Beurteilung der Situation. Die aufgezeigten ethischen Perspektiven enthalten eine Reihe von theologischen und ethischen Begründungszusammenhängen. So wird mit »Solidarität und Subsidiariät« argumentiert. Aus der lateinamerikanischen Befreiungstheologie ist die Option für die Armen entlehnt. Auf biblischer Basis stehen das »Liebesgebot« und die Forderung nach »Gerechtigkeit«, beides Begriffe, die in der Diskussion auch philosophisch vorgeprägt sind. In der nun vorgestellten Lehre von der sozialen Gerechtigkeit ist der politische Zusammenhang eines demokratischen Staats besonders bedacht. Der Gedanke der »Nachhaltigkeit« bezieht den Einsatz für die Schöpfung mit ein und weitet die Zielperspektive auf kommende Generationen aus. Insofern ist der skizzierte Ansatz zur Zeit seiner Entstehung neu und wirkt bis heute weiter. Zentral ist die Aussage:

(107) In der vorrangigen Option für die Armen als Leitmotiv gesellschaftlichen Handelns konkretisiert sich die Einheit von Gottes- und Nächstenliebe. In der Perspektive einer christlichen Ethik muss darum alles Handeln und Entscheiden in Gesellschaft, Politik und Wirtschaft an der Frage gemessen werden, inwiefern es die Armen betrifft, ihnen nützt und sie zu eigenverantwortlichem Handeln befähigt.

Es folgen ausgewählte Passagen aus Kapitel 3. Der gesamte Text kann entnommen werden: http://www.ekd.de/EKD-Texte/sozialwort/sozial0.html

(92) Die Besinnung auf das Menschenbild und die Grundwerte, auf denen die Soziale Marktwirtschaft gründet, ist die unerlässliche Voraussetzung für eine nachhaltige Verbesserung der wirtschaftlichen und sozialen Lage. Hier liegt der genuine Beitrag der Kirchen. Denn das Menschenbild des Christentums gehört zu den grundlegenden geistigen Prägekräften der gemeinsamen europäischen Kultur und der aus ihr erwachsenen wirtschaftlichen und sozialen Ordnung.

Obdachlos im Winter: manche Kirchen öffnen die Türen. Soziale Kälte in Deutschland

(93) Im Licht des christlichen Glaubens erschließt sich eine bestimmte Sicht des Menschen: Er ist als Bild Gottes, als das ihm entsprechende Gegenüber geschaffen und so mit einer einmaligen unveräußerlichen Würde ausgezeichnet. Er ist als Mann und als Frau geschaffen; beiden kommt gleiche Würde zu. Zugleich ist er mit der Verantwortung für die ganze Schöpfung betraut; der Mensch soll Sachwalter Gottes auf Erden sein (Gen/1. Mos 1,26–28). So ist der Mensch geschaffen und berufen, um als leibhaftes, vernunftbegabtes, verantwortliches Geschöpf in Beziehung zu Gott, seinem Schöpfer, zu den Mitmenschen und zu allen Geschöpfen zu leben. Das ist gemeint, wenn vom Menschen als Person und von seiner je einmaligen und unveräußerlichen Würde als Person die Rede ist.

(100) Die Linien des biblischen Ethos, die im Alten wie im Neuen Testament aufgezeigt sind, bestimmen auch die Lebensordnung und die soziale Botschaft der Kirche als Volk Gottes. In der Nachfolge Jesu existiert die Kirche nicht für sich selbst, und sie darf sich auch nicht nur mit sich selbst beschäftigen. Sie hat eine Sendung für alle Menschen und alle Völker (Mt 28,19). Sie soll durch Wort und durch Tat allen Menschen die frohe und befreiende Botschaft von Gottes Gegenwart mitten in unserem Leben und in unserer Geschichte bezeugen. Ihre Botschaft vom Heil gilt dem einzelnen Menschen wie dem Zusammenleben der Menschen und der Völker. Die Kirche hat damit einen öffentlichen Auftrag und eine Verantwortung für das Ganze des Volkes und der Menschheit.

(105) Die christliche Nächstenliebe wendet sich vorrangig den Armen, Schwachen und Benachteiligten zu. So wird die Option für die Armen zum verpflichtenden Kriterium des Handelns. Die Erfahrung der Befreiung aus der Knechtschaft, in der sich Gottes vorrangige Option für sein armes, geknechtetes Volk bezeugt, wird in der Ethik des Volkes Israel zum verbindlichen Leitmotiv und zum zentralen Argument für die Gerechtigkeitsforderung im Umgang mit den schwächsten Gliedern der Gesellschaft: Das Recht der Armen wird begründet mit der Erinnerung an die Rettung aus der Sklaverei: »Du sollst das Recht von Fremden, die Waisen sind, nicht beugen. Du sollst das Kleid einer Witwe nicht als Pfand nehmen. Denk daran: Als du in Ägypten Sklave warst, hat dich der Herr, dein Gott, dort freigekauft. Darum mache es dir zur Pflicht, diese Bestimmung einzuhalten.« (Dtn/5. Mos 24,17f) Besonders eindringlich prangern die Propheten Ungerechtigkeit, Ausbeutung und Unterdrückung an, die das Leben der Gesellschaft Israels vergiften, und stellen die Verantwortlichen unter das Urteil Gottes (Am 2,6f u.a.). Dabei geht es nicht um Vernichtung, sondern um die Rettung der ganzen Gemeinschaft des Gottesvolkes. Entscheidend ist Der lebensförderliche Umgang mit den Armen, die Verwirklichung von Recht und Gerechtigkeit sind Indiz der Treue zum Gottesbund.

(114) Bei der Verwirklichung sozialer Gerechtigkeit kommt dem biblischen Ethos eine befreiende und sti-

mulierende Funktion zu. Das biblische Ethos erschöpft sich nämlich nicht in der Forderung nach Gerechtigkeit. Das der menschlichen Person Zukommende und Gebührende ist mehr als Gerechtigkeit, nämlich persönliche Zuwendung, Liebe und Barmherzigkeit. So ist die Barmherzigkeit eine Erfüllung der Gerechtigkeit, die diese zugleich überbietet. Eben deshalb hebt die Barmherzigkeit die Forderungen der Gerechtigkeit nicht auf. Die christliche Barmherzigkeit setzt die Gerechtigkeit vielmehr voraus, und sie muss ihre Authentizität in der Motivation und in der Entschlossenheit zur Gerechtigkeit gegen jedermann, im Kampf gegen ungerechte Strukturen und im Einsatz für den Aufbau einer gerechteren Gesellschaft erweisen.

(119) So kommt im Grundsatz der Solidarität ein grundlegendes Prinzip der Gesellschaftsgestaltung zur Geltung. In ihm schlägt sich die Einsicht nieder, dass in der Gesellschaft »alle in einem Boot sitzen« und dass deshalb ein sozial gerechter Ausgleich für das friedliche und gedeihliche Zusammenleben unerlässlich ist. Dies gilt sowohl im Inneren einer Gesellschaft wie auch in dem umfassenderen Horizont der Einen Welt.

(120) Ebenso wie die gleiche Menschenwürde aller die Einrichtung der Gesellschaft nach dem Grundsatz der Solidarität verlangt, fordert sie zugleich dazu heraus, der je einmaligen Würde und damit der Verantwortungsfähigkeit und Verantwortlichkeit einer jeden menschlichen Person Rechnung zu tragen. Deshalb wird der Solidarität das Prinzip der Subsidiarität zur Seite gestellt. Aufgabe der staatlichen Gemeinschaft ist es, die Verantwortlichkeit der Einzelnen und der kleinen Gemeinschaften zu ermöglichen und zu fördern. Die gesellschaftlichen Strukturen müssen daher gemäß dem Grundsatz der Subsidiarität so gestaltet werden, dass die Einzelnen und die kleineren Gemeinschaften den Freiraum haben, sich eigenständig und eigenverantwortlich zu entfalten. Es muss vermieden werden, dass die Gesellschaft, der Staat oder auch die Europäische Union Zuständigkeiten beanspruchen, die von nichtstaatlichen Trägern oder auf einer unteren Ebene des Gemeinwesens ebenso gut oder besser wahrgenommen werden könnten. Auf der anderen Seite müssen die Einzelnen wie die kleinen Gemeinschaften aber auch die Hilfe erhalten, die sie zum eigenständigen, selbsthilfe- und gemeinwohlorientierten Handeln befähigt.

(125) Die christliche Soziallehre muss künftig mehr als bisher das Bewusstsein von der Vernetzung der sozialen, ökonomischen und ökologischen Problematik wecken. Sie muss den Grundgedanken der Bewahrung der Schöpfung mit dem einer Weltgestaltung verbinden, welche der Einbindung aller gesellschaftlichen Prozesse in das – allem menschlichen Tun vorgegebene – umgreifende Netzwerk der Natur Rechnung trägt. Nur so können die Menschen ihrer Verantwortung für die nachfolgenden Generationen gerecht werden. Eben dies will der Leitbegriff einer nachhaltigen, d.h. dauerhaft umweltgerechten Entwicklung zum Ausdruck bringen.

1.	Geben Sie die Grundgedanken der Textpassagen wieder.
2.	Erläutern Sie, worin das Neue des vorgestellten Ansatzes liegt.
3.	Beziehen Sie Stellung zu dem Anliegen der gemeinsamen Erklärung.

Altkleider-Container einer Hilfsorganisation

6. Über die moralische Forderung nach einer menschen- und lebensgerechten Ordnung der Gesellschaft

Gibt es Kriterien, Grenzmarkierungen, die den Raum abstecken, innerhalb dessen das Tun der Gerechtigkeit Gestalt gewinnen kann?

In unserer abendländischen Tradition liegt es nahe, mit einer Definition von Gerechtigkeit zu beginnen. Dann wäre davon zu reden, dass Gerechtigkeit auf Gleichheit, Gleichbehandlung, Ausgleich, auf Fairness zielt. Wir sprechen von der Verteilungsgerechtigkeit, wo es um die gleiche oder wenigstens angemessene Verteilung von Gütern, von Ressourcen, von Lohn und Einkommen geht. Die Frage nach der gerechten Verteilung stellt sich konkret unter den Bedingungen von Knappheit, d.h. eines begrenzten Vorrats, und gesucht wird ein Kriterium dafür, was gerechte Verteilung ist: Jedem nach seiner Leistung oder jedem nach seinen Bedürfnissen? Von der Verteilungsgerechtigkeit unterscheidet man die austeilende Gerechtigkeit, d.h. die Regelungen, nach denen den Gliedern einer Gesellschaft ihre Chancen, ihre Rechte, ihr Status zugeteilt werden. Und wieder geht es um die Kriterien, wie die Gleichheitsforderung der Gerechtigkeit mit den real existierenden Unterschieden zwischen den Menschen und der Bewahrung ihrer Freiheit in Einklang zu bringen ist.

Wenn freilich die Menschen in den armen Ländern der südlichen Halbkugel – ob Christen oder nicht – von Gerechtigkeit sprechen, so denken sie kaum an solche schwierigen Definitions- und Unterscheidungsfragen. Sie verlangen auch nicht eine abstrakte, absolute Gleichheit. Vielmehr gehen sie aus von der konkreten Erfahrung von Ungerechtigkeit. Ihre alltägliche Erfahrung zeigt ihnen, auch ohne langes begriffliches Nachdenken, dass die grundlegenden Gemeinschaftsbeziehungen gestört sind, dass eine wachsende Zahl von Menschen ihre Grundbedürfnisse nicht befriedigen kann, dass ihre elementare Menschenwürde und ihr schlichtes Recht auf Leben missachtet werden. Ungerechtigkeit hat konkrete Namen wie Hunger, absolute Armut, Ausbeutung, Enteignung und Vertreibung von Grund und Boden, Rechtlosigkeit bis hin zur Folter, Verschwindenlassen von unliebsamen Personen und Hinrichtung ohne Gerichtsverfahren. Aus einer solchen alltäglichen Erfahrung erwachsen der Schrei nach Gerechtigkeit und die Entschlossenheit dafür zu kämpfen.

Damit sind wir sehr nah an der Art und Weise, wie die biblische Tradition, besonders im Alten Testament, von Gerechtigkeit spricht, nämlich nicht als einer abstrakten Norm, die immer neu auf konkrete Verhältnisse angewendet werden muss, sondern vielmehr als einer Qualität von lebensfördernden Beziehungen zwischen Menschen. Gerecht ist in der biblischen Sicht alles Tun, das die Gemeinschaftsbeziehungen fördert. Daraus ergeben sich dann sehr konkrete Forderungen, vor allem im Blick auf das, was zu unterlassen ist, weil es die Gemeinschaftsbeziehungen bedroht, nicht gemeinschafts-gerecht ist. Dazu gehört:

- einen Menschen seiner Lebensgrundlage berauben (z.B. Land, Vieh, Arbeitskraft);
- die Hilflosigkeit von Menschen (z.B. Armen, Verschuldeten, Witwen, Waisen, Fremden) ausnutzen zum eigenen Vorteil;
- rücksichtsloses Durchsetzen des eigenen Rechtes (z.B. das Eintreiben von Schulden ohne Rücksicht auf die Lebensfähigkeit des Schuldners).

Die biblische Tradition bleibt immer sehr nah an der konkreten Wirklichkeit, sie ist realistisch. Sie rechnet damit, dass immer wieder Ungleichheiten entstehen werden. Daher reicht die rechte Gesinnung, die Intention, nicht aus. Nicht nur die einzelnen Menschen, sondern auch die »Verhältnisse« bringen Ungerechtigkeit hervor. So enthält die Bundesordnung, das Grundgesetz Israels, konkrete Schutzmaßnahmen wie etwa das Zinsverbot, das Verbot des völligen Aberntens der Felder, die Bestimmungen zum Schuldenerlass und zur Freilassung der in Schuldknechtschaft geratenen Volksgenossen; sie alle zielen auf den Schutz des Lebensrechts der »Armen« und haben die Form von Unterlassungsgeboten bzw. der Forderung eines Rechts- und Gewaltverzichts. Jesus hat diese Tradition in seiner Verkündigung aufgenommen und zum Teil noch radikalisiert. Das Gleichnis vom Weltgericht in Mt 25 ist eine sehr konkrete Auslegung der Forderung der Gerechtigkeit: Die Taten der Gerechten haben der Befriedigung der Grundbedürfnisse (Nahrung, Gesundheit, Kleidung, Sicherheit) der »Geringsten« gedient.

Daraus ergibt sich als konkrete Leitlinie für Gerechtigkeit als Thema des Konziliaren Prozesses die Forderung nach einer menschen- und lebensgerechten Ordnung der Gesellschaft. Gerecht sind die Strukturen und Beziehungen in einer Gesellschaft, wenn sie das Lebensrecht aller ihrer Glieder schützt und fördert, d.h. wenigstens ihre Grundbedürfnisse wie Nahrung, Kleidung, Gesundheit, Wohnung, Bildung, persönliche Sicherheit als Aufgabe des Gemeinwohls

Emma aus Hamburg (4 Jahre)

anerkennt und befriedigt. Daraus ergibt sich als weitere Forderung, dass die Strukturen und Verhaltensweisen überwunden und abgeschafft werden müssen, die das verhindern. Wenn als Fernziel des christlichen Friedenszeugnisses formuliert worden ist, dass die Institution des Krieges 100
überwunden werden müsse, dann gilt entsprechend als Fernziel des christlichen Zeugnisses und Eintretens für Gerechtigkeit, dass die strukturelle, absolute Armut und Rechtlosigkeit von Millionen von Menschen auf der Welt überwunden werden muss.

Konrad Raiser

KOMPETENZEN

Am Ende dieses Kapitels sollten Sie Fortschritte beim Erwerb folgender Fähigkeiten erworben haben:

Wahrnehmungs- und Darstellungsfähigkeit – religiös bedeutsame Phänomene wahrnehmen und beschreiben:	• Situationen erfassen, in denen moralische Fragestellungen zur Debatte stehen und in denen die Entwicklung moralischer Sensibilität sowie der Reflexion moralischer Gefühle erforderlich ist, etwa Phänomene sozialer Ungerechtigkeit bei uns und anderswo • religiöse Spuren und Dimensionen in der Lebenswelt aufdecken • ethische Herausforderungen in der individuellen Lebensgeschichte sowie in unterschiedlichen gesellschaftlichen Handlungsfeldern wie Kultur, Wissenschaft, Politik und Wirtschaft als religiös bedeutsame Entscheidungssituationen erkennen • die Pluralität religiöser Richtungen als Herausforderung für einen Dialog über gemeinsame Maßstäbe moralischen Handeln identifizieren
Deutungsfähigkeit – religiös bedeutsame Sprache und Zeugnisse verstehen und deuten:	• religiöse und ethische Sprachformen analysieren, wie sie etwa in der Bergpredigt oder im Dekalog vorkommen • religiöse Motive und Elemente in Texten, ästhetisch-künstlerischen und medialen Ausdrucksformen identifizieren und ihre Bedeutung und Funktion erklären • biblische Texte, die für den christlichen Glauben grundlegend sind, methodisch reflektiert auslegen • theologische Texte und Begriffe (etwa den Begriff »Nachfolge«) sachgemäß erschließen • Glaubenszeugnisse in Beziehung zum eigenen Leben und zur gesellschaftlichen Wirklichkeit setzen und ihre Bedeutung aufweisen.
Urteilsfähigkeit – in religiösen und ethischen Fragen begründet urteilen:	• deskriptive und normative Aussagen unterscheiden • Formen theologischer und ethischer Argumentation in Hinblick auf die Frage nach sozialer Gerechtigkeit vergleichen und bewerten • ethische Gemeinsamkeiten von Konfessionen und Religionen sowie deren Unterschiede erklären und kriteriengeleitet bewerten • Modelle ethischer Urteilsbildung – etwa das Modell einer christlichen Nachfolgeethik – kritisch beurteilen und beispielhaft anwenden • die Menschenwürde theologisch begründen und als Grundwert in aktuellen ethischen Konflikten zur Geltung bringen • im Kontext der Pluralität einen eigenen Standpunkt zu religiösen und ethischen Fragen einnehmen und argumentativ vertreten.
Dialogfähigkeit – am religiösen Dialog argumentierend teilnehmen:	• die Perspektive eines anderen einnehmen (soweit dies möglich ist) und in Bezug zum eigenen Standpunkt (soweit vorhanden) setzen • Gemeinsamkeiten von religiösen und weltanschaulichen Überzeugungen sowie Unterschiede benennen und im Blick auf mögliche Dialogpartner kommunizieren • die grundsätzliche Problematik von interreligiösen Vergleichen aufgrund der kontextgebundenen Voraussetzungen erklären sowie aus dem Bewusstsein um die Schwierigkeiten eine Haltung der Demut und des Respekts vor dem nur partiell möglichen Verstehen des Anderen entwickeln • sich aus der Perspektive des christlichen Glaubens mit anderen religiösen und weltanschaulichen Überzeugungen argumentativ auseinandersetzen • den Dekalog als gemeinsames Band der monotheistischen Religionen identifizieren • Kriterien für eine konstruktive Begegnung, die von Verständigung, Respekt und Anerkennung von Differenz geprägt ist, in dialogischen Situationen berücksichtigen.
Gestaltungsfähigkeit – religiös bedeutsame Ausdrucks- und Gestaltungsformen verwenden:	• Aspekten des christlichen Glaubens in textbezogenen Formen Ausdruck verleihen • Ausdrucksformen des christlichen Glaubens erproben und ihren Gebrauch reflektieren • religiöse Symbole und Rituale der Alltagskultur kriterienbewusst (um-) gestalten • religiös relevante Inhalte und Positionen medial und adressatenbezogen präsentieren.

V. »Frieden« als Gewissensfrage – Oder: Reicht die »rechte Gesinnung«?

»Wenn dich jemand auf die rechte Wange schlägt, dann halte ihm auch die andere hin!« Dieses Zitat aus der Bergpredigt (Mt 5,39) spielt in der Diskussion um »Krieg und Frieden« eine entscheidende Rolle. Es spricht so unmittelbar an, dass zumeist das Bemühen um notwendige begriffliche und sachliche Differenzierung nicht mehr zum Zuge kommt. Dabei ist »Frieden« ein vieldeutiger Begriff. Seine Bedeutungsvielfalt reicht vom Frieden im Sinne von Identität eines Menschen mit sich selbst über eine Lebenshaltung im Einklang mit der Natur bis zu sozialer Gerechtigkeit. Diese Bedeutungen spielen in unseren Kontext, der vornehmlich den politischen Frieden zwischen den Völkern und Nationen aufgreift, hinein. Die Friedensforschung, der es um die Aufhellung der Bedingungen von Krieg und Frieden geht, bemüht sich um die Klärung des politischen Friedensbegriffs, kommt aber kaum zu einem allgemeinen Konsens. Im christlichen Verständnis ist »Frieden« nicht nur als »Abwesenheit struktureller und personaler Gewalt« (Galtung) zu sehen, sondern ist auch »die Frucht der Liebe, die über das hinausgeht, was die Gerechtigkeit zu leisten vermag« (II. Vatikanisches Konzil). Eine Gesinnung heranzubilden, die diesem Frieden entspricht, ist vor allem Aufgabe einer erneuerten Erziehung. An diesen Friedensbegriff knüpfen die Überlegungen an, die im Programm des »Konziliaren Prozesses« für »Gerechtigkeit, Frieden und Bewahrung der Schöpfung« zum Ausdruck kommen.

Es bleibt dabei: Der Einzelne steht in seinem Gewissen vor dem ethischen Dilemma sich notfalls mit Gewalt für Bedrängte einzusetzen, um ihnen unerträgliches Leid zu ersparen, aber gegebenenfalls dabei Menschenopfer in Kauf zu nehmen, oder sich im Sinne eines radikalen Pazifismus gegen jegliche Ausübung von Gewalt auszusprechen und untätig mit anzusehen, wie Unschuldige leiden, die vielleicht – unter Einsatz des eigenen Lebens – hätten geschützt werden können. Wie auch immer die Entscheidung ausfällt, jede Haltung zu dieser Frage kann den Einzelnen schuldig werden lassen. Die Suche nach Kriterien der persönlichen und politischen Verantwortung bleibt angesichts dieses Dilemmas unverzichtbar.

Ausgangspunkt des Kapitels sind Tagebucheintragungen der 11-jährigen Zlata Filipovic aus Sarajevo (1), die in Kriegswirren verwickelt ist und deren Erlebnisse die Frage provozieren, ob nicht zum Schutz der Bevölkerung der Einsatz von Gewalt erforderlich sei. Es folgen grundlegende Klärungsversuche zum Friedensbegriff, dessen Vielschichtigkeit und Ideologieanfälligkeit bewusst sein muss, wenn sachgemäß vom »Frieden« gesprochen werden soll. Im Weiteren wird das Friedensproblem auf die Gewissensfrage bei der Anwendung von Gewalt zugespitzt, indem die Position eines radikalen Pazifisten mit Stimmen von Befürwortern militärischer Gewalt zur Durchsetzung humanitärer Ziele kontrastiert wird (2). Zur vertiefenden Auseinandersetzung mit diesen Auffassungen soll die Klärung des Gewissensbegriffs helfen. Auf der Suche nach einer Richtschnur des Handelns wird sodann exemplarisch für die Geltung biblischer Normen der Anspruch der Bergpredigt (3) diskutiert. Beiträge verschiedenen literarischen Genres zeugen von der Vielgestaltigkeit der Auslegung. Mit den Ausführungen von Helmut Weber, der die Einzelforderungen der Bergpredigt dem übergeordneten Liebesgebot subsumiert, wird moderner Exegese entsprochen. Dadurch erhält das Gewissensproblem militärischer Gewaltanwendung eine Verschärfung, indem deutlich wird, dass keine eindeutigen konkreten Handlungsanweisung für den Einzelnen absolute Geltung beanspruchen dürfen. Ein Exkurs zum Verhältnis von Bergpredigt und Dekalog (4) lässt das Leitmotiv des Bandes anklingen. Schließlich wird die Frage nach dem Maßstab angesichts des Dilemmas beim Einsatz von Gewalt (5) am Ende des Kapitels thematisiert.

Ed Ruscha, war surplus (Krieg-Überschuss), 1962
»Überschuss« ist ein Wort aus der Ökonomie. Was haben Kriege mit der Wirtschaft von Staaten zu tun?

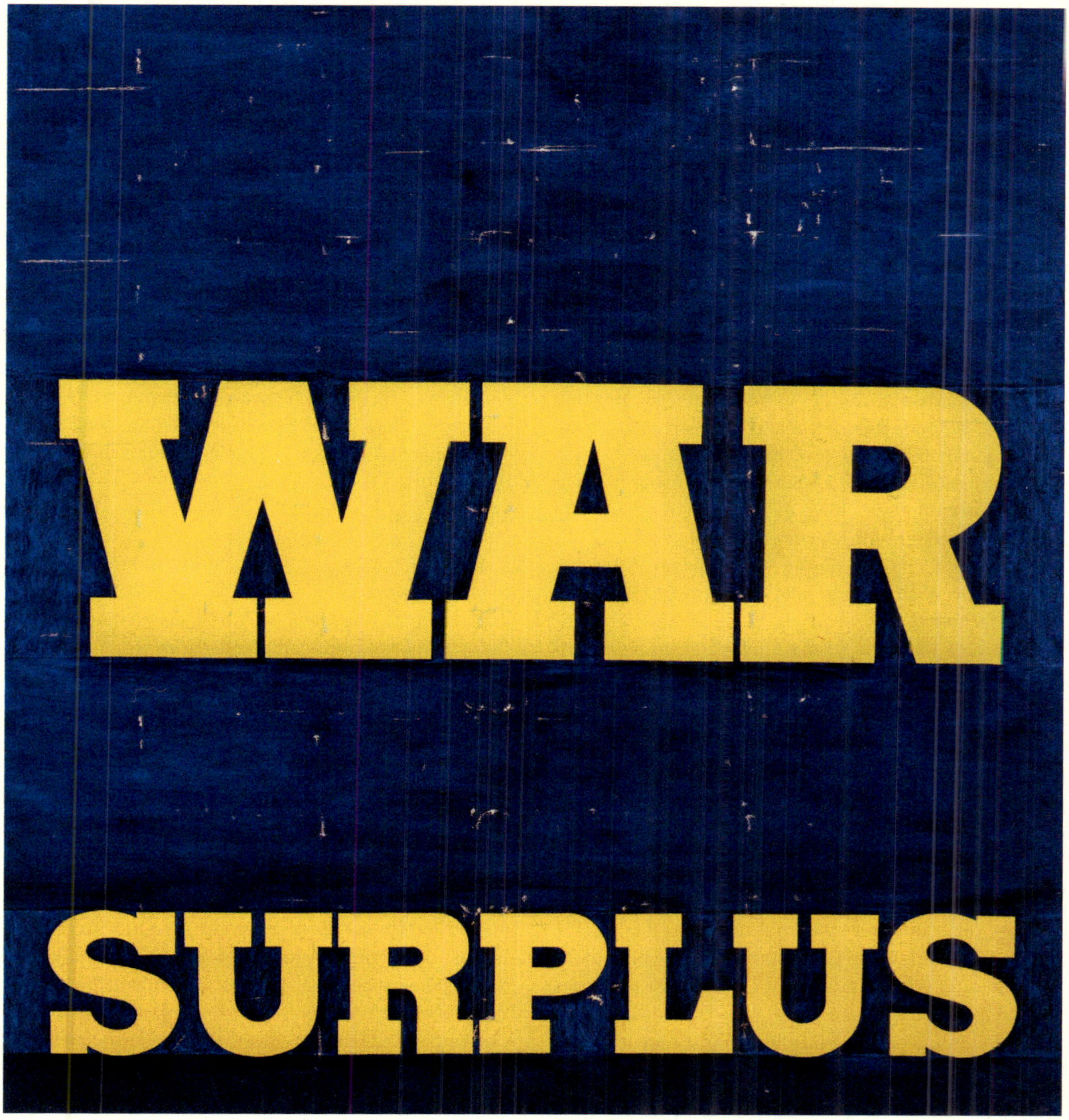
WAR
SURPLUS

1. »Das einzige Wort, das ich der ganzen Welt sagen möchte, ist PEACE!« – Krieg aus der Perspektive einer Betroffenen

Aus dem Tagebuch von Zlata Filipović (11) aus Sarajevo:

Samstag, 2. Mai 1992

Dear Mimmy,

dieser Tag in Sarajevo war noch schlimmer als die schlimmsten Tage, die wir bisher erlebt haben. Die Kämpfe sind gegen Mittag ausgebrochen. Mama und ich sind im Flur in Deckung gegangen. Papa war in seinem Büro, unter unserer Wohnung. Über die Sprechanlage haben wir ihm gesagt, er soll schnell herüberlaufen und ins Treppenhaus reingehen. Dann sind wir beide auch zu ihm runtergekommen. Cicko (den Kanarienvogel) haben wir mitgenommen. Weil immer mehr Bomben fielen, konnten wir nicht die Wand hochklettern, um zu Bobars zu gehen, und haben uns beeilt in unseren Keller hinunterzukommen. Unser Keller ist hässlich, ganz dunkel, und er stinkt. Mama, die eine Heidenangst vor Mäusen hat, muss mit einer doppelten Angst fertig werden. Wir haben uns alle drei in dieselbe Ecke gekauert wie das letzte Mal. Wir haben Granatenexplosionen gehört und Schüsse, es donnerte über uns. Wir haben sogar Flugzeuge gehört. Einen Augenblick lang hab ich begriffen, dass dieser schreckliche Keller unsere einzige Chance war, mit dem Leben davonzukommen. Ich hab sogar angefangen, ihn warm und schön zu finden. Er allein konnte uns vor diesen entsetzlichen Kämpfen beschützen. Wir haben gehört, wie in unserer Straße Fensterscheiben zu Bruch gegangen sind. Es war fürchterlich. Ich habe meine Finger tief in meine Ohren gesteckt, damit dieser unheimliche Krach nicht mehr so laut zu hören war. Ich hatte Angst um Cicko; wir hatten ihn im Treppenhaus gelassen. Ich hatte Angst, dass er sich erkältet; oder dass ihm etwas passiert. Ich bin beinahe vor Hunger und vor Durst gestorben und unser Mittagessen war oben, in der Küche, halbfertig. Als die Kämpfe schwächer wurden, ist Papa schnell nach oben in unsere Wohnung gerannt, um Butterbrote zu holen. Er hat uns danach erzählt, dass es verbrannt gerochen hat und dass das Telefon nicht mehr funktionierte. Er hat den Fernsehapparat mit heruntergebracht. Wir haben dadurch erfahren, dass die Hauptpost (die nicht weit von uns entfernt ist) in Flammen stand und dass man unseren Präsidenten entführt hat. Gegen acht Uhr sind wir wieder nach oben gegangen. In unserer Straße gab es praktisch keine Fensterscheiben mehr. Aber unsere waren heil. Gott sei Dank. Ich hab die brennende Post gesehen. Das war schrecklich. Die Feuerwehrleute haben alles versucht, aber das Feuer hat nicht aufgehört. Papa hat ein paar Fotos von der Post gemacht, die in den Flammen verschwindet. Er hat gesagt, die Fotos wären nichts geworden, weil ich irgendwie am Apparat herumgefummelt hätte. Das tut mir sehr leid. Die ganze Wohnung riecht verbrannt. Mein Gott, wenn ich daran denke, dass ich jeden Tag an der Post vorbeigegangen bin! Die Fassade war gerade neu gemacht worden. Sie war riesengroß und schön und jetzt wird sie von den Flammen aufgefressen. Sie verschwindet. Dear Mimmy, wenn man sieht, was hier passiert, wie wird es erst in den anderen Stadtvierteln aussehen? Im Radio habe ich gehört, dass in der Umgebung von der Gedenkstätte wegen der Brände die Hölle los ist. Da liegt das Glas kniehoch herum. Wir machen uns Sorgen um Großvater und Großmutter. Sie wohnen dort. Wenn man auf die Straße kann, werden wir morgen nach ihnen schauen. Ein grauenvoller Tag. Der schwärzeste, der schrecklichste Tag in den elf Jahren, die ich bisher gelebt habe. Ich hoffe, es wird nicht noch mehr davon geben. Papa und Mama sind aufgeregt bis zum Gehtnichtmehr. Ich muss ins Bett. Ciao!

Zlata

Sonntag, 3. Mai 1992

Dear Mimmy,

Papa konnte die Brücke über die Miljacka ganz schnell überqueren und nach Großvater und Großmutter sehen. Er ist den ganzen Weg gerannt und völlig außer Atem und durchgeschwitzt (vor Angst und Kummer) zurückgekommen. Großvater und Großmutter geht es Gott sei Dank gut. Die Marschall-Tito-Straße sieht fürchterlich aus. Massen von Granaten sind dort heruntergekommen und haben die Schaufenster, Autos, Häuser, Fassaden und Dächer zerstört. Zum Glück hat es nur wenige Opfer gegeben, weil die Leute sich in Sicherheit bringen konnten. Neda (Mamas Freundin) ist bis hierher gelaufen, um zu gucken, wie es uns geht, und uns zu sagen, dass sie alle heil davongekommen sind. Aber es war entsetzlich.

Wir haben mit Tante Boda und Bojana gesprochen, von Fenster zu Fenster. Als gestern diese starke Schießerei angefangen hat, waren sie auf der Straße. Sie haben es gerade noch in Stoles Keller geschafft.

Zlata

6. April 1992, Sarajevo, Bosnien-Herzegovina. Ein Soldat einer Sondereinheit erwidert das Feuer von Heckenschützen, die auf ihn und die Teilnehmer einer Friedensdemonstration schießen.

Dienstag, 5. Mai 1992

Dear Mimmy,

man könnte glauben, es kehrt wieder Ruhe ein. Sie haben jetzt bestimmt genug Unheil angerichtet; warum, das weiß ich nicht. Das ist alles Politik und ich hoffe, dass diese »Jungs da oben« sich einigen. Ja, hoffentlich einigen sie sich, damit wir wieder wie alle anderen Menschen leben und atmen können. Was uns passiert, das ist schrecklich. Ich will, dass das aufhört, für immer. PEACE! PEACE!

Zlata

Mittwoch, 27. Mai 1992

Dear Mimmy,

EIN BLUTBAD! EIN MASSAKER!
DER HORROR! ENTSETZEN! BLUT! GESCHREI!
TRÄNEN! VERZWEIFLUNG!

So sah die Vasa-Miskin-Straße heute aus. Es sind zwei Granaten eingeschlagen und noch eine auf dem Markt. Mama war genau zu der Zeit in der Gegend. Sie hat sich schnell zu Großvater und Großmutter geflüchtet. Papa und ich sind fast durchgedreht, als Mama nicht heimgekommen ist. Im Fernsehen hab ich Sachen gesehen, ich kann nicht glauben, dass ich sie wirklich gesehen habe. Es ist nicht zu fassen. Ich hatte einen Kloß im Hals und mein Magen tat mir weh. Entsetzen. Die Verletzten wurden ins Krankenhaus gebracht, ein Chaos. Wir standen die ganze Zeit mit der Nase am Fenster, in der Hoffnung, dass Mama auftaucht… nichts. Die Liste der Opfer und Verletzten wurde durchgegeben. Keine Spur von Mama. Papa und ich waren verzweifelt. War Mama noch am Leben? Um vier Uhr hat Papa beschlossen, ins Krankenhaus zu fahren, um sie zu suchen. Er hat sich angezogen, um loszugehen, und ich wollte zu Bobars gehen, damit ich nicht alleine zu Hause wäre. Ich hab ein letztes Mal aus dem Fenster geguckt und dann … HABE ICH MAMA GESEHEN, WIE SIE ÜBER DIE BRÜCKE RANNTE! Als sie in der Wohnung war, hat sie angefangen zu zittern und zu weinen. Unter Tränen hat sie erzählt, sie hätte zerfetzte Menschen gesehen. Dann sind alle Nachbarn gekommen, sie hatten sich solche Sorgen um Mama gemacht. Danke, lieber Gott, Mama ist bei uns. Danke, lieber Gott.
EIN GRAUENVOLLER TAG. DEN WERD ICH NIE VERGESSEN. DER HORROR! DER HORROR!

Deine Zlata

1. Legen Sie dar, welche Gefühle Zlata angesichts des Krieges in ihrer Stadt bestimmen.

2. Erläutern Sie, wie sie die schrecklichen Erlebnisse verarbeitet.

3. Erörtern Sie, welche Forderungen sie in der folgenden Erklärung – anlässlich der Vorstellung ihres Tagebuches – an die Welt richtet.

Was Zlata fordert …

Mit der schrecklichen Gewalt eines Krieges, der mich mit Abscheu erfüllt, versucht man, mich plötzlich und unerwartet vom Ufer des Friedens fortzureißen, vom Glück der wunderbaren Freundschaften, vom Spiel, von der Liebe und den Freunden. Ich bin wie ein Schwimmer, der überhaupt keine Lust hat, ins eiskalte Wasser zu springen und der doch dazu gezwungen wird. Ich bin fassungslos, traurig, unglücklich, ich habe Angst und ich frage mich, wohin man mich führen will, ich frage mich, warum man mir den Frieden vom schönen Ufer meiner Kindheit gestohlen hat. Ich war glücklich, jeden neuen Tag zu leben, denn jeder Tag ist für sich schön. Ich war glücklich, die Sonne zu sehen, zu spielen, zu singen, mit einem Wort, ich hatte Freude an meiner Kindheit. Ich wünschte mir nichts anderes. Ich habe immer weniger Kraft, um in diesen eiskalten Gewässern zu schwimmen. Bringen Sie mich bitte an das Ufer meiner Kindheit zurück – dort wo ich es warm hatte, dort wo ich glücklich und zufrieden war – wie alle Kinder, deren Kindheit man zerstört und die das Recht, mit Freude zu leben, nicht mehr haben. Das einzige Wort, das ich der ganzen Welt sagen möchte, ist PEACE!

Zlata Filipović

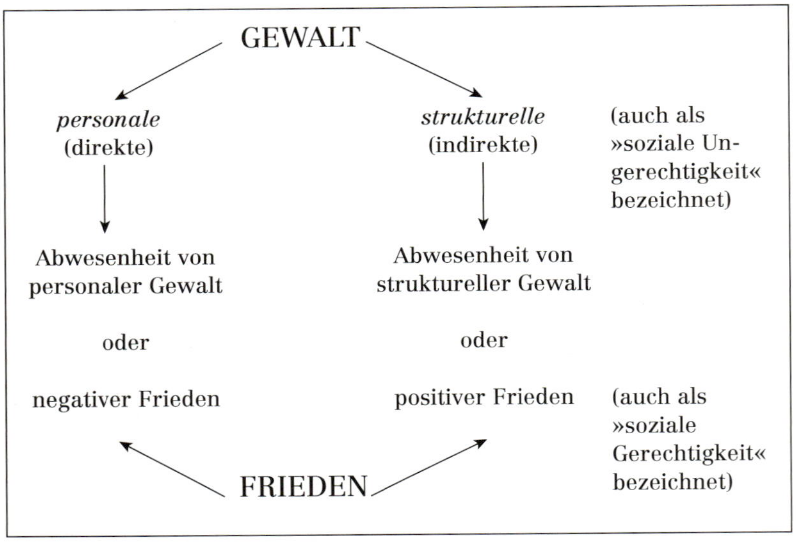

1.	Erläutern Sie mit Hilfe des Textes von Galtung das Schaubild.
2.	Nach der Lehre des II. Vatikanischen Konzils der katholischen Kirche »ist der Friede auch die Frucht der Liebe, die über das hinausgeht, was die Gerechtigkeit zu leisten vermag« (Pastoralkonstitution Nr. 78). Erörtern Sie, ob dieser Gedanke den Ausführungen von Galtung entspricht.
3.	Beurteilen Sie, inwiefern die Differenzierung des Friedensbegriffs hilfreich ist, wenn man sich über »Frieden« verständigen will.

»Friede« – nur ein Begriff?

GRUNDLAGEN

Was ist das: »Frieden»? – Zur Klärung eines ideologieanfälligen Begriffs

In der Geschichte lässt sich eine Reihe von Friedensbegriffen aufzeigen. Sie alle sind Träger unterschiedlicher Vorstellungen, die sich unter einen Friedensbegriff zusammenfassen ließen, der weiter gefasst wäre als gewöhnlich. In der westlichen Tradition ist die römische **»pax«,** absentia belli, mit anderen Worten ein negativer Friedensbegriff, am bedeutendsten. **»Pax«** meint die Abwesenheit von Krieg zwischen Staaten. Der griechische Begriff **»eirene«,** der arabische/hebräische **»sala'am/shalom«** und der japanische/chinesische **»heiwa/chowa«** weisen in eine andere Richtung, die sich besser charakterisieren lässt mit Begriffen wie »Gerechtigkeit« und »Harmonie«. In der Tradition der Hindus, der Jainisten/Buddhisten und in der Tradition Gandhis würde **»shanti«** mehr den Begriff der Harmonie und **»ahimsa«** (die Negation von **»himsa«,** Gewalt) den Begriff der Gewaltlosigkeit beinhalten. Diese Unterschiede sind wesentlich, da **»Frieden«** (oder das, was meist als **»Frieden«** übersetzt wird) in allen Kulturen für etwas Positives steht – für ein Ziel, vielleicht eines der größten und höchsten Ziele überhaupt. […]

Als die Friedensforschung in den 50er Jahren Gestalt annahm, stellte sich die Debatte über diese Fragen als sehr fruchtbar heraus. So war von Anfang an klar, dass es zwei Bedeutungsklassen gibt: **»Negativer Frieden«** mit der Bedeutung **»Abwesenheit von Krieg und Gewalt«** (d. h. jeder Form der Zerstörung) und **»positiver Frieden«,** dem die **Vorstellung von Integration und Vereinigung** näher kommt, wobei **Harmonie und Gerechtigkeit** assoziiert werden. Doch dann müsste Gewalt/Zerstörung, jenes Element, das wenigstens fehlen muss, um das Prädikat **»Frieden«** zu rechtfertigen, ebenfalls differenziert werden. Einerseits gibt es **direkte Gewalt,** an die die meisten Menschen zunächst denken: Sie zerstört schnell und es steht normalerweise ein Subjekt hinter ihr, das die Zerstörung beabsichtigt. Die **strukturelle Gewalt** andererseits ist eingebettet in die Sozialstruktur. Sie ist ebenfalls in der Lage zu töten, tut dies jedoch meist langsam (durch Hunger und Elend, Krankheit und Tod) und wird in der Regel nicht von irgendeiner klaren Absicht gelenkt. Sie ist einfach da. Strukturelle Gewalt ist nicht das gleiche wie **institutionalisierte Gewalt.** Letztere ist direkte Gewalt, die zu einer Institution geworden ist wie etwa die Vendetta. Strukturelle Gewalt hingegen ist sehr eng verbunden mit sozialer Vertikalität allgemein und mit der Klassenstruktur einer Gesellschaft im Besonderen. Sie lässt sich messen: Ganz wie sich direkte Gewalt anhand der Zahl von Opfern bestimmen lässt, kann man strukturelle Gewalt anhand der Jahre ermitteln, in denen jemand nicht gemäß seinen potentiellen Möglichkeiten leben konnte. Dabei gehen wir davon aus, dass bei den uns zur Verfügung stehenden Kenntnissen, technologischen Errungenschaften und Mitteln alle Teile der Bevölkerung vollen Nutzen aus ihnen ziehen können. Wenn ein Leben im Alter von 30 Jahren durch Unterernährung zerstört ist, so ist dies wenigsten zur Hälfte Mord. Hinzu kommen der Verlust an Lebensqualität aufgrund von Krankheit und der Verlust an Lebensquantität infolge hoher Sterblichkeit. Dieser Verlust kann auch die Form von Unterdrückung und/oder Entfremdung annehmen, wobei Freiheit und Identität mit dem Friedensbegriff verknüpft werden. Dies gilt in der Tradition nicht-westlicher Friedenstheorien. Durch den Begriff der strukturellen Gewalt wird der negative Friedensbegriff erweitert. **»Abwesenheit von Gewalt«** bedeutet nicht nur Abwesenheit von direkter Gewalt. Sie impliziert außerdem die **Abwesenheit von Unterdrückung, Entfremdung, Ausbeutung und anderen Formen von Vertikalität innerhalb der Sozialstruktur.** Das wiederum deutet hin auf die beiden wichtigsten Strategien für einen Friedensprozess: Distanz (»dissociation«) und Nähe (»association«), d. h. Frieden durch einen negativen und einen positiven Ansatz. Letztere Überlegungen bereichern den Friedensbegriff erheblich.

Johan Galtung

2. »Soldaten befinden sich in einem elementaren ethischen Konflikt!« – Oder: Kann das Dilemma so einfach gelöst werden?

Zur Position eines radikalen Pazifisten:

Ein Brief, geschrieben 1987, von einem Amerikaner, der als Flieger an der Bombardierung deutscher Städte beteiligt war: Der Brief ist an die Bewohner von über 30 Städten, darunter Paderborn, Köln, Wesseling, Kiel gerichtet…

»Das ist ein offenes Entschuldigungsschreiben wegen meiner Beteiligung an der Bombardierung Ihrer Stadt 1945. Wenn wir Soldaten unsere Pflicht taten, so spürten wir doch, dass die Menschen auf der Gegenseite ja auch nur Befehle ausführten. Und darum hat mich während der 35 Einsätze auch öfter der Gedanke beschäftigt, dass wir in gewisser Weise nicht nur Opfer, sondern auch Täter sind, weil wir ja mit unseren Bomben unschuldige Menschen getroffen haben. Ich musste erkennen, dass wir Menschen unvollkommen sind und viele Fehler begehen. Was immer wir im Leben tun, wir müssen es sorgfältig tun und dürfen nicht blindlings gehorchen. Ich bitte Sie herzlich, meine Entschuldigung zu akzeptieren. Für meinen eigenen Seelenfrieden wäre ich Ihnen dankbar, wenn Sie mir antworten würden.«

Absender des Briefes: Frank Clark, Jahrgang 1925, im 2. Weltkrieg Schütze und Bombardier an Bord einer B 17, einer viermotorigen Kampfmaschine.

Bei Kriegsende ist Frank Clark mehrfach ausgezeichnet. Aber sein Gewissen quält ihn in all den Jahren danach, er wird psychisch krank, leidet unter starken Schuldgefühlen. Aus dem dekorierten Soldaten wird ein überzeugter Kriegsgegner, ein Pazifist, der seine Beteiligung am Krieg zutiefst bedauert und jede kriegerische Auseinandersetzung zwischen Völkern radikal ablehnt. Der ehemalige Soldat fragt sich und andere: »Gibt es berechtigte Gründe, die dafür sprechen einen Krieg – selbst einen Verteidigungskrieg – zu führen?« Seine Antwort ist heute ein klares »Nein!« »Wer die erschütternden Bilder zerstörter Städte gesehen hat und weiß, welche Folgen ein Krieg für einzelne Menschen und ganze Völker hat und wer auf die Stimme seines Gewissens hört, wird« – so jedenfalls Frank Clark – »jegliche militärische Operation zur Beilegung von politischen Konflikten zwischen den Völkern ablehnen«. Sich aus ethischen bzw. religiösen Gründen strikt zu weigern an einem Krieg teilzunehmen ist Kern pazifistischer Haltung.

Gerhard Richter, Mustang Staffel, 1964

Ein siebenjähriger Junge ist von einem Heckenschützen getötet worden. Die Blauhelm-Soldaten kommen zu spät.

1.	Stellen Sie dar, worunter Frank Clark leidet. Wie versucht er, sich von seinem Leiden zu befreien?
2.	Erläutern Sie, worunter jemand leiden könnte, der als radikaler Pazifist schlimmes Unrecht an Hilflosen zugelassen hat, ohne sich tatkräftig für deren Schutz einzusetzen.
3.	Beurteilen Sie die Orientierungshilfen des Evangelischen Kirchenamtes für die Bundeswehr im folgenden Textauszug in Hinblick auf den »elementaren Konflikt« eines Soldaten.

Soldaten befinden sich, wie auch Polizisten, in einem elementaren ethischen Konflikt. […] In den Orientierungshilfen des Evangelischen Kirchenamtes für die Bundeswehr wird dieser »unausweichliche Konflikt« so beschrieben: »Ohne vor Gott und den Menschen schuldig zu werden, gibt es da keinen Ausweg. Schießt der Soldat, tötet er einen Menschen. Verzichtet er auf den Gebrauch seiner Waffe und damit auf Gegenwehr, dann würde er zwar selbst nicht töten. Aber er könnte die Schreie der Schutzlosen, Angegriffenen, Sterbenden nicht überhören, deren Tod er vielleicht verhindert hätte, wenn er selbst geschossen hätte. In dieser Situation gibt es keine Entscheidung, die von Irrtum, Fehlern und Schuld vor Gott und den Menschen frei wäre. Hier kann der Mensch nur nach bestem Wissen und Gewissen handeln. Leben steht gegen Leben. Letztlich bleibt am Ende nur die bange Zuversicht, dass unsere Entscheidungen von Gottes Vergebung mitgetragen werden.«

Peter Helbich

1.	Beziehen Sie Stellung zu den Ausführungen.
2.	Vergleichen Sie diese mit den Gedanken Martin Luthers zu Krieg und Frieden: »Wer ein Christ und Gottes Kind sein will, der fange nicht allein keinen Krieg und Unfriede an, sondern helfe und rate zum Frieden, wo er immer kann, ob auch gleich Recht und Ursachen genug Krieg zu führen wären. Es ist genug, wenn man alles versucht und nichts helfen will, als dass man zur Notwehr greifen muss, Land und Leute zu schützen.«
3.	Erörtern Sie mögliche Motive junger Erwachsener, sich bei der Bundeswehr als Soldat im »Dienst mit der Waffe« ausbilden zu lassen und den Beruf des Soldaten zu wählen.
4.	Erörtern Sie, welche Rolle das Gewissen angesichts des »elementaren ethischen Konflikts« spielt.

GRUNDLAGEN

»Gewissen« – ein ethischer Grundbegriff

Das Gewissen ist eine Erfahrungswirklichkeit. Auch in einer säkularisierten Gesellschaft begegnen wir im öffentlichen Leben häufig dem Appell an das Gewissen der Bürger. Die Existenz eines Gewissens erscheint also unbestritten; doch sobald jemand genauer sagen soll, was das Gewissen im Einzelnen ist, wird es schwierig. Auf der einen Seite gibt es in jedem Menschen so etwas wie ein inneres Gespür für das sittlich Gute im Allgemeinen und für das sittlich Richtige im Besonderen; wenn er dagegen handelt, regt sich etwas in ihm; er erfährt, dass er eigentlich anders hätte handeln sollen. Diese Erfahrung kommt vor jeder begrifflichen Fassung des Wortes Gewissen bereits in der Antike zum Ausdruck, wenn etwa bei den Ägyptern oder auch im Alten Testament vom menschlichen Herzen gesprochen wird. So heißt es in Psalm 139: »Erforsche mich, Gott, und erkenne mein Herz, prüfe mich und erkenne mein Denken! Sieh her, ob ich auf dem Weg bin, der dich kränkt, und leite mich auf dem altbewährten Weg« (Ps 139, 23–24). Gott wird als einer bezeichnet, der den Menschen »auf Herz und Nieren prüft« (Ps 7,10; Offb 2,23). Die griechische Philosophie der Stoa spricht von einem »daimonion«, einem göttlichen Funken im Menschen oder von einem göttlichen Gesetz, vom »Gott in uns«, der uns lenkt. In der Popularphilosophie der Stoa dürfte auch das griechische Wort »syneidesis« (= conscientia = Gewissen) entstanden sein. Es findet Eingang in die Spätschriften des Alten Testaments. Ebenso übernimmt es der Apostel Paulus in seinen Briefen. So lesen wir im Buch der Weisheit (etwa 80 bis 30 v. Chr.): »Denn die Schlechtigkeit bezeugt selbst ihr feiges Wesen, wenn sie bestraft wird. Unter dem Druck des Gewissens befürchtet sie immer das Schlimmste« (17,19). Hier kommt die Erfahrung des schlechten Gewissens zum Ausdruck.

Es ist verständlich, dass das Gewissen oftmals erst dann erfahren wird, wenn es sich als schlechtes Gewissen regt.

Immanuel Kant spricht beim Gewissen von einem inneren Gerichtshof im Menschen, vor welchem sich seine Gedanken einander verklagen oder entschuldigen. Friedrich Nietzsche dagegen sieht im schlechten Gewissen des Menschen eine Fehlentwicklung und bezeichnet es als »tiefe Erkrankung«, welche die Instinkte entwertet und den Menschen allein auf sein Bewusstsein wirft. Der Mensch werde eingezwängt in eine ihn unterdrückende Ordnung. Er gleiche einem an den Gitterstangen seines Käfigs sich wundstoßenden Tier, das man zähmen will. »Dieser Narr, der Mensch, wurde Erfinder des ›schlechten Gewissens‹, der größten und unheimlichsten Erkrankung, von der er bis heute noch nicht genesen ist.« Es ist das Leiden des Menschen an sich selbst. Die psychologischen Aussagen von Sigmund Freud richten sich ähnlich wie bei Nietzsche mehr auf die Entstehung des Gewissens. Die Tatsache, dass Freud als Psychologe und Analytiker weithin mit kranken Menschen und Neurotikern zu tun hatte und dass ihm vornehmlich Christen begegneten, die rein autoritätshörig und somit außengeleitet bzw. fremdbestimmt waren, führte zu seiner Lehre vom »Über-Ich«. Für Freud enthält das Gewissen mehr oder weniger nur das introjizierte Elternbild oder die nach innen übernommenen äußeren Normen des Menschen, denen er sich ausgeliefert weiß. Mit seiner Lehre von »Über-Ich« erfasst Freud allerdings nur eine Vorstufe von dem, was wir eigentlich als Gewissen bezeichnen. Dies beruht auf seinem allzu mechanistischen Menschenbild. Richtig an den Aussagen Freuds ist sicherlich, dass zahlreiche Inhalte des Gewissens weithin erworben sind und dass seine Grundstrukturen schon in der frühen Kindheit angelegt werden.

In der analytischen Psychologie von C. G. Jung erscheint das Gewissen als ein zur menschlichen Psyche gehörendes Phänomen. Jung unterscheidet zwischen dem moralischen Gewissen, das sich dort regt, wo ein Mensch gegen das allgemeine Empfinden und gegen kollektive Normen verstößt – es ist eigentlich das, was sein Lehrer Freud mit dem Über-Ich meint –, und dem ethischen Gewissen; erst hier kommt der eigentliche sittliche Entscheid zum Tragen.

Hat der Mensch Gewissen oder ist der Mensch Gewissen? Ist das Gewissen eine Anlage im Menschen, oder ist es eine Befähigung des Menschen, der sich aufgerufen weiß, das Gute zu tun und das Böse zu meiden? Seit dem Mittelalter haben Theologen an der Unterscheidung zwischen einer Gewissensanlage (synderesis), die zum Menschen schlechthin gehört, und dem konkreten Gewissensspruch (conscientia) festgehalten. Nur letzterer ist dem Wandel und Irrtum ausgeliefert. Die Anlage als solche aber ist dem Menschen eigentümlich; sie kann jedoch verkümmern. Offensichtlich gehört die grundsätzliche Fähigkeit Gut und Böse zu unterscheiden zum Menschen als Person. Gleichviel, ob ein Mensch an die Existenz eines Gottes glaubt, er weiß sich verpflichtet das Rechte zu tun – unabhängig davon, ob es wirklich auch für die anderen und für die Gestaltung der Welt das Richtige ist oder nicht.

Johannes Gründel

3. »Was sagt die Bergpredigt zum Frieden?« – Zum Anspruch biblischer Verheißungen und Forderungen

a// Aus dem Matthäusevangelium – Der Schrifttext

1 Als er aber das Volk sah, ging er auf einen Berg und
setzte sich; und seine Jünger traten zu ihm. 2 Und er
tat seinen Mund auf, lehrte sie und sprach:
3 Selig sind, die da geistlich arm sind; denn ihrer ist
das Himmelreich.
4 Selig sind, die da Leid tragen; denn sie sollen getrös-
tet werden.
5 Selig sind die Sanftmütigen; denn sie werden das
Erdreich besitzen.
6 Selig sind, die da hungern und dürsten nach der Ge-
rechtigkeit; denn sie sollen satt werden.
7 Selig sind die Barmherzigen; denn sie werden Barm-
herzigkeit erlangen.
8 Selig sind, die reinen Herzens sind; denn sie werden
Gott schauen.
9 Selig sind die Friedfertigen; denn sie werden Gottes
Kinder heißen.
10 Selig sind, die um der Gerechtigkeit willen verfolgt
werden; denn ihrer ist das Himmelreich.
11 Selig seid ihr, wenn euch die Menschen um meinet-
willen schmähen und verfolgen und reden allerlei Üb-
les gegen euch, wenn sie damit lügen.
12 Seid fröhlich und getrost; es wird euch im Himmel
reichlich belohnt werden. Denn ebenso haben sie ver-
folgt die Propheten, die vor euch gewesen sind.
13 Ihr seid das Salz der Erde. Wenn nun das Salz nicht
mehr salzt, womit soll man salzen? Es ist zu nichts
mehr nütze, als dass man es wegschüttet und lässt es
von den Leuten zertreten.
14 Ihr seid das Licht der Welt. Es kann die Stadt, die
auf einem Berge liegt, nicht verborgen sein.
15 Man zündet auch nicht ein Licht an und setzt es
unter einen Scheffel, sondern auf einen Leuchter; so
leuchtet es allen, die im Hause sind. 16 So lasst euer
Licht leuchten vor den Leuten, damit sie eure guten
Werke sehen und euren Vater im Himmel preisen.
17 Ihr sollt nicht meinen, dass ich gekommen bin das
Gesetz oder die Propheten aufzulösen; ich bin nicht
gekommen aufzulösen, sondern zu erfüllen.
18 Denn wahrlich, ich sage euch: Bis Himmel und Erde
vergehen, wird nicht vergehen der kleinste Buchstabe
noch ein Tüpfelchen vom Gesetz, bis es alles geschieht.
19 Wer nun eines von diesen kleinsten Geboten auflöst
und lehrt die Leute so, der wird der Kleinste heißen
im Himmelreich; wer es aber tut und lehrt, der wird
groß heißen im Himmelreich.
20 Denn ich sage euch: Wenn eure Gerechtigkeit nicht
besser ist als die der Schriftgelehrten und Pharisäer,
so werdet ihr nicht in das Himmelreich kommen.
21 Ihr habt gehört, dass zu den Alten gesagt ist (Ex
20,13;21,12): »Du sollst nicht töten«; wer aber tötet,
der soll des Gerichts schuldig sein. 22 Ich aber sage
euch: Wer mit seinem Bruder zürnt, der ist des Ge-
richts schuldig; wer aber zu seinem Bruder sagt: Du
Nichtsnutziger!, ist des Hohen Rats schuldig; wer aber
sagt: Du Narr!, der ist des höllischen Feuers schuldig.
23 Darum: wenn du deine Gabe auf dem Altar opferst
und dort kommt dir in den Sinn, dass dein Bruder et-
was gegen dich hat, 24 so lass dort vor dem Altar deine
Gabe und geh zuerst hin und versöhne dich mit deinem
Bruder und dann komm und opfere deine Gabe.
25 Vertrage dich mit deinem Gegner sogleich, solange
du noch mit ihm auf dem Weg bist, damit dich der
Gegner nicht dem Richter überantworte und der
Richter dem Gerichtsdiener und du ins Gefängnis ge-
worfen werdest. 26 Wahrlich, ich sage dir: Du wirst
nicht von dort herauskommen, bis du auch den letz-
ten Cent bezahlt hast.
38 Ihr habt gehört, dass gesagt ist (Ex 21,24): »Auge
um Auge, Zahn um Zahn.« 39 Ich aber sage euch, dass
ihr nicht widerstreben sollt dem Übel, sondern: wenn
dich jemand auf deine rechte Backe schlägt, dem bie-
te die andere auch dar.
40 Und wenn jemand mit dir rechten will und dir deinen
Rock nehmen, dem lass auch den Mantel. 41 Und wenn
dich jemand nötigt, eine Meile mitzugehen, so geh mit
ihm zwei. 42 Gib dem, der dich bittet, und wende dich
nicht ab von dem, der etwas von dir borgen will.
43 Ihr habt gehört, dass gesagt ist (Lev 19,18): »Du
sollst deinen Nächsten lieben« und deinen Feind has-
sen. 44 Ich aber sage euch: Liebt eure Feinde und bittet
für die, die euch verfolgen, 45 damit ihr Kinder seid
eures Vaters im Himmel. Denn er lässt seine Sonne
aufgehen über Böse und Gute und lässt regnen über
Gerechte und Ungerechte.
46 Denn wenn ihr liebt, die euch lieben, was werdet ihr
für Lohn haben? Tun nicht dasselbe auch die Zöllner?
47 Und wenn ihr nur zu euren Brüdern freundlich seid,
was tut ihr Besonderes? Tun nicht dasselbe auch die
Heiden?
48 Darum sollt ihr vollkommen sein, wie euer Vater im
Himmel vollkommen ist. *Mt 5*

b// Das Gebot der Feindesliebe: »Überforderung« oder »persönliche Empfehlung«? – Zwei poetische Positionen

Nein, wenn einer meine linke Wange schlägt
halt ich ihm nicht noch die rechte hin
und es hat mich immer wieder aufgeregt
wenn ich irgendwann erniedrigt worden bin.

Und ich seh nicht ein, dass ich meinen Feind
noch lieben soll
wenn der seine Waffe auf mich richtet.
Und ich halte es durchaus für würdevoll
wenn ein Sklave seinen Peiniger vernichtet.

Mensch, solange wir die Welt mit unsern
Feinden teilen
darf man nicht mit bloßen Händen stehn
dass die Wunden der Erfahrung uns nicht heilen
und nicht schlimmre Wunden uns entstehn.

Glaub doch nicht, dass Götter Unschuld je bewachten
deine Feinde werden so ihr Ziel erreichen
wenn sie heute andre Völker schlachten
Mensch, begreif doch endlich, das sind
deinesgleichen.

Wenn du glaubst, Verzicht auf Kampf war
höhere Gerechtigkeit
und du trägst dies alles mit Geduld
sollst du wissen, an der schlimmsten Grausamkeit
trägst du selbst ja die größte Schuld.

Bettina Wegener

Persönliche Empfehlung

Wenn die Krieger kommen

Lock sie aufs Dach der Taube
Lock sie ins Nest der Schwalbe
Lock sie in die Höhle der Löwin
Lock sie in den Wald der Rehe

Geh ihnen entgegen
Mit offenen Händen
Voll Brot und Salz
Obst und Wein

Dass sie sich verlaufen
Im Knüppelholz deiner Tugenden
Dass sie sich verirren
Im Labyrinth deiner Freundlichkeit

Mach sie staunen
Beschäme ihre Generäle und Präsidenten
Lass ihre Handlanger ins Leere laufen
Sei eine Tiefebene voll Höflichkeit

Dein Gewehr sei die Klugheit
Deine Kraft sei die Geduld
Deine Geschichte sei die Liebe
Dein Sieg sei dein Schweigen

So dass sich die Landpfleger sehr verwundern

Hanns Dieter Hüsch

1. Interpretieren Sie das 1975 entstandene Gedicht von Bettina Wegener, indem Sie die Auffassung der Verfasserin zu Mt 5,39 herausarbeiten und sich mit ihrer Position auseinandersetzen.

2. Vergleichen Sie Ihre Meinung mit der von Hanns Dieter Hüsch, die in seiner »Persönlichen Empfehlung« zum Ausdruck kommt.

3. Das Gebot der Feindesliebe: »Überforderung« oder »persönliche Empfehlung«? Nehmen Sie Stellung.

C// Die Bergpredigt: uneingeschränkt gültig?

Schon seit urdenklichen Zeiten besteht nicht nur unter den Gelehrten, sondern auch unter allen Christen Einigkeit: Die Forderung, die Feinde zu lieben, geht auf Jesus zurück, wie immer er diese auch formuliert haben mag.

Als Matthäus das Wort von der Feindesliebe in die Form der Antithese kleiden wollte, musste er nach einer passenden »These« suchen. Er tat das so: *Ihr habt gehört, dass gesagt worden ist: Du sollst deinen Nächsten lieben und deinen Feind hassen …*

Das scheint auf den ersten Anhieb nicht ganz fair zu sein. Richtig ist, dass wir das Gebot der Nächstenliebe im Alten Testament finden. In Lev 19,18 heißt es wörtlich: *Du sollst deinen Nächsten lieben wie dich selbst.* Aber nirgends im Alten Testament heißt es: »Du sollst deinen Feind hassen.« – Hat Matthäus gemogelt? Ich glaube nicht. Matthäus hat ganz einfach auf die damalige (und heutige?) Praxis und Grenze der Nächstenliebe hingewiesen. […]

Freilich dürfen wir nicht so tun, als ob man sich in Israel nicht auch über die Feindesliebe Gedanken gemacht hätte. Wir finden im Alten Testament wunderschöne Texte zu diesem Thema. Um nur einen zu erwähnen: *Wenn du dem verirrten Rind oder dem Esel deines Feindes begegnest, sollst du ihm das Tier zurückbringen. Wenn du siehst, wie der Esel deines Gegners unter der Last zusammenbricht, dann lass ihn nicht im Stich, sondern leiste ihm Hilfe!* (Ex 23,4–5)

Das Gebot der Nächstenliebe wäre durchaus darauf angelegt, alle Menschen zu umfassen. Das Eigentümliche der Forderung Jesu ist aber dies, dass für ihn die Feindesliebe nicht die äußerste Grenze der Nächstenliebe darstellt; für Jesus ist die Feindesliebe das Zentrum, das Eigentliche, das Unaufgebbare. Sie ist nicht das Ende oder der äußerste Grenzfall der Nächstenliebe, sondern ihr Anfang und ihre Mitte. […]

Natürlich kann man auch hier wieder sagen, dass es zur Zeit Jesu nicht nur berühmte jüdische Gelehrte gab, die die Feindesliebe forderten, sondern auch eine ganze Reihe heidnischer Philosophen. *Seneca,* der Lehrer des jungen Nero, forderte dazu auf, in Nachahmung Gottes auch dem Undankbaren gegenüber wohltätig zu sein. *Epiktet* ging sogar so weit, vom Kyniker zu sagen: »Er muss sich treten lassen wie ein Hund und unter den Tritten eben die, die ihn treten, auch noch lieben wie ein Vater aller, wie ein Bruder.« Wenn man aber diese Texte näher ansieht, fallen doch bestimmte Unterschiede zur Forderung Jesu auf. Bei

den Philosophen trifft man zum Beispiel *verschiedene Motivationen,* die bei Jesus nicht stehen. […]

Jesus denkt *ganz von der Liebe her.* Und Liebe – wenn sie wirklich Liebe ist und nicht einfach Strategie oder Berechnung – liebt grundlos und unbedingt und umfassend. Nun könnte man freilich einwenden, die Bergpredigt gebe ja auch einen Grund für die Feindesliebe an: *Liebt eure Feinde …, damit ihr Söhne eures Vaters im Himmel werdet.* Ich liebe den Feind also nicht um seiner selbst willen, sondern ich verfolge mit meiner Liebe zu ihm ein bestimmtes Ziel: Sohn des himmlischen Vaters zu werden. Feindesliebe als Mittel zum Zweck.

So ist es aber sicher nicht gemeint. Nicht vom Zweck ist die Rede. Viel eher wird gesagt, was Feindesliebe ist: Feindesliebe ist das Zeichen, dass man zu Gott gehört, dass man von Gott etwas verstanden hat. Vielleicht sollte man sachgerechter so übersetzen: »Liebt eure Feinde …, denn in eurer Feindesliebe kommt die Liebe Gottes an, in eurer Feindesliebe zeigt sich, dass ihr zu Gott gehört.« In der damaligen Zeit drückte man die Zugehörigkeit zu etwas oder zu jemanden mit der Bezeichnung »Sohn« oder »Kind« aus.

Besser ist es, die Begründung noch weiter zu lesen: *… denn er lässt seine Sonne aufgehen über Bösen und Guten und er lässt regnen über Gerechte und Ungerechte.* So ist eben Gott. Er liebt unbedingt und grundlos und umfassend. Er schaut nicht auf die Person – so heißt es ab und zu in der Heiligen Schrift. Er möchte, dass es auch dem Sünder, auch dem Ungerechten, das heißt seinen »Feinden«, gut geht. […]

Immer wieder hat man im Laufe der Geschichte versucht das Gebot der Feindesliebe zu entschärfen, damit es »praktizierbar« wird. So sagte man etwa, im Unterschied zum Nächsten, den man lieben solle,

brauche man den Feind nicht zu lieben, man solle ihn nur nicht hassen. Oder man sagte, die Feindesliebe sei ein »Ratschlag« für die vollkommenen Christen, den einfachen Christen sei die Feindesliebe nicht zumutbar. Oder man schränkte die Feindesliebe auf den persönlichen Gegner ein, für den Kriegsgegner gelte die Forderung nicht. Und wieder andere meinten, vor allem komme es auf die Gesinnung an, die konkrete Realisierung sei dem gegenüber zweitrangig.

Wenn man aber den Text der Antithese unvoreingenommen liest, ist von solchen Einschränkungen nichts zu merken:

Liebt eure Feinde! Keine Ausnahmen, keine Möglichkeit des Feilschens – einfach so. Und dann ist gut hinzusehen, dass das Wort unter der Hand nicht zu etwas anderem wird. Es handelt sich nicht um die Großmütigkeit des Siegers gegenüber dem besiegten Feind. Es handelt sich auch nicht um die Resignation des Unterdrückten, dessen Lage sowieso aussichtslos ist. Auch ist am Realismus des »Feindes« festzuhalten: Er *ist* Feind, er *ist* Widersacher, er *ist* Gegner, Unterdrücker usw. Die Forderung der Feindesliebe will den Feind nicht rosarot malen oder ihn irgendwie spirituell vereinnahmen. In der Forderung Jesu versteht sich die Feindesliebe als eine echte, schöpferische Liebe, die ihr Maß an der Liebe des Vaters im Himmel nimmt, der seine Sonne aufgehen lässt über Bösen und Guten und regnen lässt über Gerechte und Ungerechte.

Und wenn wir den letzten Vers auch noch hinzunehmen: *Ihr sollt vollkommen sein, wie es auch euer himmlischer Vater ist,* gibt es überhaupt keine Auswegmöglichkeit mehr. Vollkommen wie der himmlische Vater. Im Verständnis der Bibel könnte man auch sagen: »Ihr sollt aufs Ganze gehen, wie auch Gott aufs Ganze geht«: mit ungeteiltem Herzen und ohne jeden Abstrich.

Die Forderung Jesu, die Feinde zu lieben, ist wirklich das Ungeheuerlichste, das man sich vorstellen kann. Sie hat überhaupt nichts Vernünftiges mehr an sich. Und sie widerspricht derart unserer menschlichen Neigung, derart auch der ganzen Menschheitsgeschichte, dass wir gerade hier am ehesten unsere Zweifel anmelden müssen, ob denn mit den Antithesen überhaupt zu leben sei, ob es denn überhaupt sinnvoll sei sich auf so etwas einzulassen. An der Forderung Jesu, die Feinde zu lieben, zeigt sich am deutlichsten, dass die Bergpredigt den Menschen überfordert, und wer die Menschen überfordert, bringt sie in größte Gefahr. Es sind genau jene Überforderungen, die Menschen immer wieder kaputtmachen. […]

Ich denke nicht, dass Jesus aufgrund unserer gescheiten Widersprüche die Forderung der Feindesliebe anders formulieren würde. Vielmehr würde er sie noch zuspitzen und sagen: Wenn ihr diese Forderung nicht annehmt, wenn ihr mit ihr nicht Ernst macht, wenn ihr euch nicht auf sie einlasst, dann sollt ihr auch nicht von Gott reden. Denn nirgendwo ereignet sich Gott so deutlich wie in der Feindesliebe. Feindesliebe ist »nur« ein anderer Name für Gott. […]

Liebt eure Feinde, geht aufs Ganze, liebt sie ungeteilten Herzens, geht schöpferisch mit ihnen um.

Nirgends kommen wir dem wahrhaft Göttlichen so auf die Spur wie dann, wenn wir unsere Feinde lieben – mit allem, was das besagt. Und wer sich auf diesen Weg nicht machen will und nicht machen kann – er ist vielleicht ein ehrenhafter Mensch; aber von Gottes Herrschaft hat er nichts begriffen. Und jeder Versuch, die Forderung der Feindesliebe irgendwie einzuschränken, verschleiert das Bild Gottes. Feindesliebe – sie ist wirklich ein anderer Name für Gott.

Hermann-Josef Venetz

1.	Arbeiten Sie heraus, wie Hermann-Josef Venetz die Gültigkeit der Bergpredigt einschätzt.
2.	Setzen Sie sich damit auseinander, wie Max Weber – im folgenden Textauszug – den Anspruch der Bergpredigt sieht.

Auf der Beerdigung eines muslimischen Mädchens, das von Scharfschützen 1995 in Sarajevo getötet wurde

Zum Anspruch der Bergpredigt

Wie steht es denn aber mit der wirklichen Beziehung zwischen Ethik und Politik? Haben sie, wie man gelegentlich gesagt hat, gar nichts miteinander zu tun? Oder ist es umgekehrt richtig, dass »dieselbe« Ethik für das politische Handeln wie für jedes andere gelte? […] Mit der Bergpredigt – gemeint ist: die absolute Ethik des Evangeliums – ist es eine ernstere Sache, als die glauben, die diese Gebote gern zitieren. Mit ihr ist nicht zu spaßen. […] Also z.B. der reiche Jüngling: »Er aber ging traurig davon, denn er hatte viele Güter«. Das evangelische Gebot ist unbedingt und eindeutig: gib her, was du hast – alles, schlechthin. Der Politiker wird sagen: eine sozial sinnlose Zumutung, solange es nicht für alle durchgesetzt wird. Also: Besteuerung, Wegsteuerung, Konfiskation, – mit einem Wort: Zwang und Ordnung gegen alle. Das ethische Gebot aber fragt danach gar nicht, das ist sein Wesen. Oder: »Halte den anderen Backen hin!« Unbedingt, ohne zu fragen, wieso es dem andern zukommt zu schlagen. Eine Ethik der Würdelosigkeit – außer: für einen Heiligen. Das ist es: man muss ein Heiliger sein in allem, zum mindesten dem Wollen nach, muss leben wie Jesus, die Apostel, der heilige Franz und seinesgleichen, dann ist die Ethik sinnvoll und Ausdruck einer Würde. Sonst nicht. Denn wenn es […] heißt: »dem Übel nicht widerstehen mit Gewalt«, – so gilt für den Politiker umgekehrt der Satz: du sollst dem Übel gewaltsam widerstehen, sonst – bist du für seine Überhandnahme verantwortlich. […]

Der nach dem Evangelium handelnde Pazifist wird die Waffen ablehnen oder fortwerfen, wie es in Deutschland empfohlen wurde, als ethische Pflicht, um dem Krieg und damit: jedem Krieg, ein Ende zu machen. Der Politiker wird sagen: das einzig sichere Mittel, den Krieg für alle absehbare Zeit zu diskreditieren, wäre ein Status-quo-Friede gewesen. Dann hätten sich die Völker gefragt: wozu war der Krieg? Er wäre ad absurdum geführt gewesen, – was jetzt nicht möglich ist. Denn für die Sieger – mindestens für einen Teil von ihnen – wird er sich politisch rentiert haben. Und dafür ist jenes Verhalten verantwortlich, das uns jeden Widerstand unmöglich machte. Nun wird – wenn die Ermattungsepoche vorbei sein wird – der Frieden diskreditiert sein, nicht der Krieg: eine Folge der absoluten Ethik. […]

Da liegt der entscheidende Punkt. Wir müssen uns klarmachen, dass alles ethisch orientierte Handeln unter zwei voneinander grundverschiedenen, unaustragbaren gegensätzlichen Maximen stehen kann: es kann »gesinnungsethisch« oder »verantwortungsethisch« orientiert sein. Nicht dass Gesinnungsethik mit Verantwortungslosigkeit und Verantwortungsethik mit Gesinnungslosigkeit identisch wäre. Davon ist natürlich keine Rede. Aber es ist ein abgrundtiefer Gegensatz, ob man unter der gesinnungsethischen Maxime handelt – religiös geredet: »Der Christ tut recht und stellt den Erfolg Gott anheim« –, oder unter der verantwortungsethischen: dass man für die (voraussehbaren) Folgen seines Handelns aufzukommen hat. […]

Wenn die Folgen einer aus reiner Gesinnung fließenden Handlung üble sind, so gilt ihm nicht der Handelnde, sondern die Welt dafür verantwortlich, die Dummheit der anderen Menschen oder – der Wille des Gottes, der sie so schuf. Der Verantwortungsethi-

ker dagegen rechnet mit eben jenen durchschnittlichen Defekten der Menschen, – er hat, wie Fichte richtig gesagt hat, gar kein Recht, ihre Güte und Vollkommenheit vorauszusetzen, er fühlt sich nicht in der Lage, die Folgen eigenen Tuns, soweit er sie voraussehen konnte, auf andere abzuwälzen. Er wird sagen: diese Folgen werden meinem Tun zugerechnet. »Verantwortlich« fühlt sich der Gesinnungsethiker nur dafür, dass die Flamme der reinen Gesinnung, die Flamme z.B. des Protestes gegen die Ungerechtigkeit der sozialen Ordnung, nicht erlischt. Sie stets neu anzufachen ist der Zweck seiner vom möglichen Erfolg her beurteilt ganz irrationalen Taten, die nur exemplarischen Wert haben können und sollen.
Aber auch damit ist das Problem noch nicht zu Ende. Keine Ethik der Welt kommt um die Tatsache herum, dass die Erreichung »guter« Zwecke in zahlreichen Fällen daran gebunden ist, dass man sittlich bedenkliche oder mindestens gefährliche Mittel und die Möglichkeit oder auch die Wahrscheinlichkeit übler Nebenerfolge mit in den Kauf nimmt, und keine Ethik der Welt kann ergeben, wann und in welchem Umfang der ethisch gute Zweck die ethisch gefährlichen Mittel und Nebenerfolge »heiligt«.

Max Weber

1. Vergleichen Sie die Konsequenzen, die nach Max Weber jeweils aus einer gesinnungsethischen und einer verantwortungsethischen Position im Blick auf den Einsatz von Gewalt resultieren.

2. Erörtern Sie die folgende Stellungnahme:
»Die Unterscheidung von Gesinnungsethik und Verantwortungsethik führt in die Irre. Nach dieser Unterscheidung wird eine pazifische Haltung als Gesinnungsethik, die Entscheidung hingegen, im äußersten Notfall Gewalt anzuwenden, als Verantwortungsethik bezeichnet. Die Einsichten aus dem konziliaren Prozess erneuern die Erkenntnis, dass das Zeugnis der Gewaltfreiheit zum eigentlichen Tun christlicher Existenz gehört. Beide Haltungen beziehen sich auf ein Handeln in christlicher Verantwortung, die eine ist der Stachel des anderen.« (Evangelische Kirche im Rheinland)

d// Die Einzelforderungen der Bergpredigt: buchstäblich zu verwirklichen oder vom Liebesgebot Jesu her zu verstehen?

Mit den Mennoniten und den Amishen gehören die Hutterer zu den Wiedertäufern, die auf dem radikalen Flügel der Reformation in Zürich basieren. Da sie die Kindertaufe als unbiblisch ablehnten, wurden sie als Ketzer von katholischer wie auch protestantischer Seite aus stigmatisiert und verfolgt. Ihr Name kommt von Jacob Hutter her, der diese Glaubensgruppierung von 1533 bis1535 in Mähren organisierte. 1536 wurde Jacob Hutter auf dem Scheiterhaufen hingerichtet. Mehrfach mussten die Hutterer auswandern, wenn ihre Lebensart, Gütergemeinschaft und strenge Ausrichtung an einer wörtlichen Interpretation der Bibel von ihrer Umwelt als zu anstößig angesehen wurde und politische Konflikte unausweichlich wurden. Sieglinde Geisel berichtet:

Vor religiöser Verfolgung waren die Hutterer in Amerika sicher. Hier war es ihr Pazifismus, der sie zur Zeit des Ersten Weltkrieges ein weiteres (und bisher letztes) Mal zur Flucht bewegen sollte. Die Situation während des Ersten Weltkrieges war für die Hutterer ohnehin nicht günstig: Eine abgeschieden lebende Volksgruppe deutscher Muttersprache wirkte verdächtig. Ihre Weigerung, Kriegssteuern zu bezahlen, geschweige denn für Amerika in den Krieg zu ziehen, führte schließlich zur Konfrontation mit der Staatsmacht. Nach vielen Verhaftungen kam es 1917 zu zwei Todesfällen: Vier Wehrdienstverweigerer waren im Gefängnis schwer misshandelt worden, zwei der jungen Männer starben an den Folgen. Ihre Frauen mussten darum betteln, die Leichen ihrer Männer wenigstens ein letztes Mal sehen zu dürfen. Wie sie mit Entsetzen feststellen mussten, trugen die Toten die Uniform, für deren Verweigerung sie gestorben waren. Die Hutterer beschlossen umgehend, nach Kanada auszuwandern, wo sie von der Wehrpflicht befreit waren. Ein Jahr später war nur noch eine einzige Kolonie in South Dakota bewohnt; neue Kolonien entstanden in Saskatchewan, Manitoba und Alberta. Diesmal währte das Exil nur kurze Zeit. In den zwanziger und dreißiger Jahren, als sich die politische Situation geändert hatte, wurden die verlassenen Kolonien in South Dakota wieder besiedelt.

Sieglinde Geisel

Petition der Hutterer von 1917 an den amerikanischen Präsidenten Wilson:

Unser geehrter Präsident!
wir, die Hutterischen Brüder, auch als Bruderhof oder kommunistische Mennoniten bekannt, etwa zweitausend Seelen an der Zahl in achtzehn Gemeinden des Süddakota und Montana wohnhaft, als Kirche organisiert seit dem Jahr 1533, wenden uns hier an Sie, Herr Präsident, und all Ihre Gehilfen, um in Kürze Ihnen unsere Grundsätze und Überzeugungen in Bezug auf Militärdienst vorzulegen. Da wir nur einfache Leute sind und ungeschult in den Wegen der Welt, bit-

Hutterer in Nord-Dakota (USA)

ten wir um Nachsicht, wenn dieser Brief nicht die gebührende Form aufweist.

Die Grundsätze unseres Glaubens, was das praktische Leben anbetrifft, sind Gütergemeinschaft und Wehrlosigkeit. Unser gemeinschaftliches Leben beruht auf dem Grundsatz, »Was mein ist, das ist dein«, oder in andern Worten, auf Bruderliebe und demütigem, christlichem Dienst nach Ap.-Gesch. 2,44 und 45: »Alle aber die gläubig waren geworden, waren beieinander und hielten alle Dinge für gemein. Ihre Güter und Habe verkauften sie und teilten sie aus unter alle, nachdem jedermann not war.« Daher unterscheiden wir uns grundsätzlich von den nichtchristlichen kommunistischen Systemen mit ihrem Grundsatz: »Was dein ist, das ist mein«. Wir glauben, das gemeinschaftliche Leben, das nicht auf der christlichen Liebe beruht, wird immer ein Fehlschlag sein. Unsere Bestrebungen sind gänzlich religiöser Art und wir wissen, dass nur wenige willens sind, unseren Glauben anzunehmen und mit Selbstverleugnung Gott und einander im gemeinschaftlichen Leben zu dienen, wie wir es tun.

Wir halten uns frei von politischen Umtrieben, erkennen aber die Obrigkeit an als von Gott verordnet. Wir ehren unsere Regierung und in unsern täglichen Abend-Betstunden, die von allem Mitgliedern besucht werden, sowie in unsern sonntäglichen Gottesdiensten beten wir für die Obrigkeit. Wir haben immer unsere Steuern auf Land und Personal-Eigentum williglich bezahlt, obgleich uns gesagt worden ist, dass unser Eigentum eigentlich nach dem Gesetz steuerfrei ist, weil es einer religiösen Körperschaft gehört. Es braucht wohl kaum gesagt werden, dass wir unsere Witwen und Waisen, unsre Kranken und Schwachsinnigen nicht dem County oder dem Staat zur Last werden lassen. Unser gemeinschaftliches Leben beruht auf Gottes Wort und wir könnten nicht Gott mit gutem Gewissen dienen, wenn es uns nicht gestattet wäre, in unsern Bruderhöfen zusammenzuleben. Unsre Mitglieder würden mit Gottes Hilfe lieber leiden, was er über uns zulässt, als einwilligen, das gemeinschaftliche Leben zu verlassen.

Mit Bezug auf den Grundsatz der Wehrlosigkeit ist unsere Stellung ganz im Einklang mit der neutestamentlichen Lehre. Unser Glaubensbekenntnis zeigt, dass wir die Obrigkeit als von Gott verordnet halten, weil nicht alle Menschen Nachfolger des sanftmütigen und demütigen Heilands sind, und wir glauben, die Regierung sollte die Frommen beschützen und die Übeltäter bestrafen, nach Rom. 13,1–7. Die Kirche jedoch muss die ausdrücklichen Lehren und das Beispiel ihres Meisters befolgen. Wir haben nie teilgenommen an der Erwählung von Zivilbeamten. Ohne zu prahlen, können wir sagen, dass wir immer diesem unserm Grundsatz treu geblieben sind. Ins Gericht zu gehen ist gegen unsre Überzeugung und ist unter uns nicht gestattet. Unsre jungen Männer könnten nicht ein Teil der militärischen Einrichtung werden, und sei es nur für »nicht-kämpfenden« Militärdienst, ohne unsre Grundsätze zu verletzen.

Unser vollständiges Glaubensbekenntnis wurde verfasst 1540 und zum ersten Mal gedruckt 1565. Unsre

Hutterer-Junge in Kanada

Geschichte ist mit Blut und Tränen geschrieben und ist großenteils eine Geschichte von Verfolgung und Leiden. Wir haben die Berichte von über zweitausend Personen unsres Glaubens, die den Märtyrertod erlitten haben durch Feuer, Wasser oder Schwert. Unsre Gemeinschaft ist von einem Land zum andern getrieben worden, und lieber, als ihren Grundsätzen untreu zu werden, sind sie nach fremden Ländern geflohen, bis sie endlich 1874 von Russland nach diesem Lande auswanderten.
Wir möchten hinzufügen, dass wir unser Land lieben und Gott und der Regierung sehr dankbar sind für die Gewissensfreiheit, die wir bisher genossen haben. Wir sind der von Gott verordneten Obrigkeit gegenüber treu und möchten unserm Land auf irgendwelchem Wege dienen, wo nicht unsre christliche Überzeugung verletzt wird; und wir hoffen, Sie glauben auch, dass wir den Lehren des Wortes Gottes und dem Mahnen unsers Gewissens Gehorsam leisten sollten und dass wir lieber leiden sollten, was Gott zulässt, als das zu tun, was wir deutlich erkennen als gegen Gottes Wort.
Geehrter Herr Präsident! Wir bitten demütiglich, dass es uns gestattet werden möchte, auch fernerhin wie bisher nach unsern Gewissensgrundsätzen zu leben. Bei unserm Taufgelübde haben wir Gott und der Gemeinde auf den Knien versprochen, Seele und Leib und alles dem Herrn im Himmel zu weihen, hinzugeben und zu widmen, ihm zu dienen auf die Weise, die wir nach seinem Wort als ihm wohlgefällig annehmen können. Wir bitten unser geehrtes Landes-Oberhaupt demütiglich, dass man es nicht verlange, Christo und der Gemeinde ungehorsam zu werden, da wir fest entschlossen sind, durch den Beistand und die Gnade Gottes Trübsal und Verbannung zu erleiden, wie unsere Vorväter in den Zeiten der religiösen Unduldsamkeit, aber nicht unser Gewissen oder Überzeugung zu verletzen und vor Gottes Augen als schuldig erfunden zu werden.
Zum Beweis, dass unsre Stellung mit Bezug auf diese Fragen von der Überzeugung bestimmt ist und nicht vom Mutwillen, möchten wir ehrerbietigst hinweisen auf das oben erwähnte Glaubensbekenntnis sowie auf unser Leben und unsre Geschichte. Wir möchten unserm Lande dienen und möchten treu und untertan sein, insofern es nicht gegen unsre Treue zu Gott verstößt. Wir sind dafür aufrichtig dankbar, dass von unsrer Regierung Hilfe und Schutz gewährt worden ist, so dass wir bisher volle Religionsfreiheit genossen haben; und wir sind gerne bereit, etwas für das Wohl unseres Landes zu tun, wenn es nur nicht etwas ist, das gegen unsre Gewissensüberzeugung ist.
Hochachtungsvoll
Der Hutterische Bruderhof:
David Hofer (Lehrer-Gemeinde), Elias Walter (Darius-Gemeinde), Joseph Kleinsasser (Schmiede-Gemeinde).

Da sich die Antwort darauf bis ins nächste Jahr, 1918, verzögerte, wurden (die) drei Brüder (die die Unterschrift geleistet hatten) nach Washington, D. C, gesandt, um sich nach der Auswanderungsmöglichkeit nach Kanada zu erkundigen.

1. Geben Sie wieder, wie die Forderung der Feindesliebe von den Hutterern verstanden wird.
2. Vergleichen Sie das Verständnis der Hutterer mit dem von Helmut Weber im folgenden Text.
3. Kommen Sie zu einer eigenen Beurteilung. Berücksichtigen Sie auch Aspekte der neueren Exegese.

Aspekte der neueren Exegese

Die schlechthin richtige und erschöpfende Antwort auf die Frage nach dem Verständnis der Bergpredigt geben zu wollen, muss angesichts ihrer auch in 2000 Jahren nicht ans Ende gekommenen Auslegungsgeschichte als vermessen gelten. Doch lässt sich von der neueren Exegese her nunmehr einiges nennen, das zu einer adäquateren Deutung zu führen scheint.
1. Ein erster Ansatz ist im Beachten der Redaktionsgeschichte zu sehen: dass die Bergpredigt den Charakter einer nachträglichen Komposition besitzt. Das bedeutet, dass Worte, die auf Jesus selbst zurückgehen, ursprünglich bei anderen Gelegenheiten gesprochen wurden und damit u. U. auch an einen anderen Hörerkreis gerichtet waren. Schon von daher kann

manches, das jetzt als kaum begreifliche Überspitzung erscheint, leichter verständlich oder gar unmittelbar einsichtig werden.

Wenn etwa die Forderung »Sorgt euch nicht um euer Leben und darum, dass ihr etwas zu essen habt …« (6,25) ursprünglich ein Wort an die Jünger im Augenblick ihrer Aussendung war (vgl. Mt 10,5), erscheint sie als eine in dieser Situation durchaus passende und daher verständliche Weisung: In den wenigen Tagen der Aussendung ist alles auf die Predigt vom kommenden Reich zu konzentrieren.

Wo dergestalt die ursprüngliche Situation einer Forderung bedacht wird, tritt der Gedanke, dass diese Forderung für alle gilt, gewiss in den Hintergrund. Die Möglichkeit persönlicher Betroffenheit wird dadurch jedoch keineswegs geringer, sondern eher noch verstärkt: Kann, auch wenn es andere zu Recht nicht trifft, nicht doch gerade ich gemeint sein?

Als Grenze dieses Ansatzes muss freilich gelten, dass die ursprünglichen Situationen vielfach nicht mehr zu ermitteln sind und die Worte nunmehr doch in einer von Matthäus bewusst gewählten Zusammenstellung überliefert sind.

2. In einem zweiten Ansatz ist darum auch nach der Intention des Matthäus zu fragen: Was hat er mit dieser Zusammenstellung von Herrenworten sagen wollen? Hier spricht vieles für die These G. Lohfinks, dass Matthäus in der Bergpredigt jenes neue Ethos zeigen will, das in der Gemeinschaft der Jünger Jesu […] gelebt werden soll, dort aber auch gelebt werden kann, weil es eine vom Heil ergriffene und getragene Gemeinschaft ist. Damit ist zugleich die Adressatenfrage geklärt: Die Forderungen der Bergpredigt richten sich weder an Einzelne noch an die gesamte Menschheit, sondern an die Jünger. […]

Dennoch bleibt auch bei diesem Ansatz noch einiges offen. Er gibt keine Auskunft darüber, wie die Forderungen näherhin zu beachten sind, ob etwa auch in der Jüngergemeinschaft niemals geschworen werden darf und Gewalt gegen Unrecht in jedem Falle unterbleiben muss.

3. In diesen Fragen, für die Moraltheologie zweifellos die wichtigsten, vermag erst der dritte Ansatz weiterzuführen, nach dem die Worte der Bergpredigt wie auch andere Weisungen der Bibel als lebendige Worte zu sehen sind, die nicht auf den Buchstaben festgelegt werden können, sondern ihr Maß und ihre Deutung am Hauptgebot der Liebe finden, die auch in der Bergpredigt selbst als Summe und Inbegriff aller Ethik genannt wird (7,12). Damit werden die anderen Forderungen der Bergpredigt allerdings nicht […] zu bloßen und beliebig austauschbaren Beispielen dafür, wie Liebe realisiert werden kann. Forderungen und Liebe sind vielmehr in doppelter Weise miteinander verknüpft.

- Zum einen sind die Forderungen (wie etwa das Verbot des Eides oder der gewaltsamen Verteidigung) ein gültiger Ausdruck der gebotenen Liebe; sie konkretisieren, was zu tun ist, wenn man dem Anspruch der Liebe gerecht werden will. Es sind darum Forderungen, die zunächst so, wie sie lauten, gelten und verpflichten. Ein Abgehen von ihnen ist nicht völlig unmöglich; aber es muss eigens begründet werden und zwar ebenfalls von der Liebe her: Die konkrete Forderung verpflichtet nicht mehr, wenn das Handeln nach ihr (etwa der Verzicht auf Gewalt) sich faktisch gegen den Nächsten richten würde.
- Zum andern verdeutlichen die Forderungen der Bergpredigt den Geist und Gehalt der Liebe. Sie illustrieren und lassen erkennen, was für eine Liebe gemeint ist, wenn in der Bergpredigt wie überhaupt in der Bibel von ihr als dem Hauptgebot gesprochen wird, das immer zu beachten ist. Die konkreten Forderungen zeichnen gewissermaßen das Antlitz dieser Liebe.

Bei dieser Lösung, die Einzelforderungen vom Gebot der Liebe her zu interpretieren, ist, da Liebe die Forderung für jegliches Handeln ist, die Geltung der Bergpredigt auch für den gesellschaftlich-politischen Raum gegeben. Der häufig vorgebrachte Einwand, dass durch die Beachtung etwa des Gewaltverbots Unrecht nicht eingedämmt, sondern geradezu gefördert werde, der Staat also seiner Schutzaufgabe nicht gerecht werde, ist ernst zu nehmen, doch ist daraus nicht der Schluss zu ziehen, die Bergpredigt könne für das staatliche Handeln grundsätzlich nicht gelten. Der Zusammenhang, in dem die einzelnen Forderungen mit dem Hauptgebot der Liebe stehen, lässt sie auch für diesen Bereich als zunächst zutreffend und verpflichtend erscheinen. Sich als Christ in der Politik von vornherein von der Bergpredigt dispensiert zu fühlen, geht mit dem hier entwickelten Verständnis nicht zusammen. Auch wenn weder Jesus noch Matthäus das gesellschaftlich-politische Handeln bereits im Blick hatten, kann es nunmehr aus dem Anspruch der Bergpredigt nicht ausgeklammert werden. Wohl ist zu beachten und einzuräumen, dass die Bedingungen, unter denen im politischen Raum die Weisungen der Bergpredigt nach dem Kriterium der Liebe zu verwirklichen sind, eher und häufiger als im persönlichen Raum das Abgehen von einer Forderung anzeigen oder auch verlangen können.

Helmut Weber

4. Bergpredigt und Dekalog – Sind die ethischen Weisungen der Hebräischen Bibel weltweit überholt?

Wir haben es […] in Mt 5,17–20.21–48 mit zwei zusammengehörigen und einander interpretierenden Abschnitten zu tun, die die Kontinuität der Forderung Jesu mit dem Gesetz betonen. Diese Kontinuität besteht zwar auch im Festhalten an Iota und Häkchen des Gesetzes, belässt es aber gleichzeitig nicht bei der vom Gesetz geforderten Gerechtigkeit, sondern geht darüber hinaus, indem sie die Grenzen des Verbotes nach vorne verlegt: die Nächstenliebe z.B. genügt jetzt nicht mehr, jetzt ist die Feindesliebe verlangt. Die Frage, die uns im Folgenden interessieren soll, ist nun, wieso arrangiert und ediert Matthäus sein Material – soweit er auf solches zurückgreift – auf diese Weise? […]

Da wir wissen, dass Matthäus und seine Gemeinde erhebliche Probleme mit der Synagoge in ihrer Stadt gehabt haben und diese unter schweren »Kämpfen« verlassen haben, ist es naheliegend, die Logien Mt 5,17–48 versuchsweise auf die Auseinandersetzung mit der jüdischen Gemeinde zu beziehen und zu fragen, ob sich die Aussage des Matthäus auf diesem Hintergrund besser erschließt. Dann würde Mt 5,17–48 auf den Vorwurf der jüdischen Seite reagieren, die Gruppe der Jesusanhänger – von »Christen« wird man solange, wie die Gruppe noch im Verband des Judentums verblieb, wohl besser nicht sprechen – verletze mit ihrer – gegenüber der eigenen jüdischen – freizügigeren Praxis das Gesetz und verleite damit letztlich zu einer Auflösung des von Gott gegebenen Gesetzes. Lässt sich von dieser Annahme aus die Entstehung dieser beiden Abschnitte besser verstehen? […]

Matthäus nimmt in 5,17 ff den oben genannten Vorwurf auf und benennt die eigene Praxis mit Hilfe eines Jesuswortes als das Gegenteil einer Auflösung des Gesetzes; sie ist dessen Zur-Fülle-Kommen. Dass das Erfüllen des Gesetzes in diesem Sinne gemeint ist, zeigen die beiden folgenden, die Kontinuität mit dem alttestamentlichen Gesetz überaus eindeutig betonenden Verse, in deren Zusammenhang der Terminus »erfüllen« mindestens ein Verbleiben in der Linie des Gesetzes anzeigen muss, aber auch 5,20, wo die Dimension des Mehr deutlich angesprochen wird, die in V. 17 mit dem »erfüllen« gemeint war. Es heißt ja nicht ohne Grund statt »das Gesetz bestätigen« »das Gesetz erfüllen«. […]

Wir haben es also bei diesen Jesus in den Mund gelegten Versen mit einer Art Selbstvergewisserung der matthäischen Gemeinde zu tun, die sich in der kritischen Situation der Rückfrage nach ihrem Verhältnis zum Gesetz als gesetzestreu bezeichnete, gleichzeitig aber darauf hinweist, dass zur Jesusgemeinschaft ein radikalisiertes Verständnis der Tora gehört. […]

Durch die Zitation des Gesetzestextes und dessen formale Überbietung durch Jesus mit Hilfe des »Ich aber sage euch …« geschieht sachlich zwar das Gleiche wie in Qumran, nämlich eine Verschärfung der Tora, aber aufgrund der »Ich aber sage euch«-Formel wird hier für Jesus eine Autorität reklamiert, die die des (den Alten am Sinai gegebenen) Gesetzes übersteigt. […]

Die Gemeinde des Matthäus antwortet also auf die Infragestellung ihrer Existenz von Seiten der jüdischen Gemeinde aufgrund der unterschiedlichen Gesetzespraxis der Jesusanhänger mit einem doppelten Hinweis: Zum einen darauf, dass diese Praxis trotz der zuzugebenden Abweichungen in der Linie des Gesetzes liegt, und zum anderen, dass sie sich bei dieser Praxis auf die Weisungen Jesu stützt, der zu solchen Weisungen berechtigt *war*. […]

Ingo Broer

1.	Kommen Sie zu einem eigenen Verständnis der Bergpredigt und formulieren Sie dies in einem Resümee.
2.	Vergleichen Sie Ihre Beurteilung der Bergpredigt mit der von Menschen, die sich Religionen des Ostens zugehörig fühlen:

Aus der Welt des Hinduismus – Mahatma Gandhi:

Jesus nimmt in meinem Herzen den Platz eines der großen Menschheitslehrer ein, die mein Leben beträchtlich beeinflusst haben. Ich sage den Hindus, dass ihr Leben unvollkommen sein wird, wenn sie nicht auch ehrfürchtig die Lehre Jesu studieren […]
Die Botschaft Jesu ist in der Bergpredigt enthalten, ganz und unverfälscht. […] Ein Text hat mich immer wieder ergriffen, schon von meinen ersten Zeiten her, als ich die Bibel las: »Suchet zuerst das Reich Gottes und seine Gerechtigkeit, und alles andere wird euch dazugegeben werden.« […] Wenn ihr diese moralische Straßenkehrerarbeit tut, euer Herz reinigt und bereit macht, dann werdet ihr finden, dass alle diese machtvollen Lehrer ihren Platz in uns einnehmen, ohne dass wir sie einladen. Das ist meiner Meinung nach die Grundlage aller echten Bildung. Die Kultur muss der Kultur des Herzens dienen. Möge Gott euch helfen rein zu werden. […] Ihr könnt nicht Gott und dem Mammon dienen. Europa ist heute (1920) nur noch dem Namen nach christlich. In Wirklichkeit betet es den Mammon an. […]
Obwohl ich nicht beanspruchen kann ein Christ im sektenhaften Sinne zu sein, so ist doch das Beispiel von Jesu Leiden in meinem unerschütterlichen Glauben an Gewaltlosigkeit ein Faktor, der alle meine Tätigkeiten, die geistigen und die weltlichen, bestimmt.

Mahatma Gandhi

Statue von Mahatma Gandhi im Ariana Park, Genf

Mönch im buddhistischen Tempel FaYuan-Si, Peking/China

Aus der Welt des Buddhismus:

Es gibt eine Erzählung, die von einem Zen-Meister handelt, der auf der nördlichsten Insel Japans in einem kleinen Kloster lebte. Nie hatte er eine Schule besucht, er konnte nicht schreiben und lesen, war aber durch sein meditatives Leben zu großen religiösen Einsichten gelangt. Andere Religionen als den Buddhismus kannte er nicht, bis er einige Mönche über das Christentum reden hörte. Der Lehrer bat einen der Mönche, der studiert hatte, das Christentum zu erläutern: »Viel weiß ich nicht darüber«, sprach dieser, »aber ich werde die Bibel der Christen besorgen.« Der Mönch kaufte eine Bibel und brachte sie seinem Meister. ›Ein dickes Buch‹, sprach dieser, »lies mir daraus vor!« Der Mönch kannte das Neue Testament und so las er die Bergpredigt vor. Je weiter er las, umso mehr war der Zen-Meister beeindruckt. Nachdem der Mönch zu Ende gelesen hatte, versenkte sich der Meister in Meditation. Nach einer Weile sprach er: »Ich weiß nicht, wer das aufgeschrieben hat, aber es war ein Erleuchteter, ein Buddha. Was du mir vorgelesen hast, ist der Kern von dem, was ich euch hier beizubringen versuche.«

3. Erörtern Sie, ob das Gebot Jesu, die Feinde zu lieben, Anspruch auf universale Geltung besitzt.
Berücksichtigen Sie dabei die Worte des Lao Tse (6. Jh. v. Chr.) aus dem Tao Te King:

Worte des Lao Tse

Der Weise hat keine Sorge um sich.
Er ist sich der Nöte anderer bewusst.
Ich bin gut zu Menschen, die gut sind.
Ich bin auch gut zu Menschen, die nicht gut sind.
Denn Tugend ist Güte.
Ich setze Vertrauen in Menschen, die vertrauenswürdig sind.
Ich setze auch Vertrauen in Menschen, die nicht vertrauenswürdig sind.
Denn Tugend ist Vertrauen.
Der Weise ist behutsam und demütig, der Welt scheint er verwirrend.
Die Menschen blicken auf ihn und hören ihm zu.
Er verhält sich wie ein kleines Kind.

Lao Tse, Tao Te King, 49

»Ihr seid das Salz der Erde. Wenn nun das Salz nicht mehr salzt, womit soll man salzen?« – In einer Mannheimer Kirche sind Jugendliche dazu aufgefordert, auf »Salzkörner« aus Styropor aufzuschreiben, wie sie »Salz« werden können. Danach kommt die Kugel in den überdimensionierten »Salzstreuer«.

5. Ein Maßstab angesichts des ethischen Dilemmas: Minimierung von Gewalt

Angesichts der zerstörerischen und tödlichen Folgen direkter physischer Gewalt fragen wir heute nach Möglichkeiten zur Eindämmung der Gewalt. Das scheint auf den ersten Blick eine nahezu hoffnungslose Frage zu sein. Denn die Gewalt ist allgegenwärtig. Kein Mensch kann darüber entscheiden, ob er überhaupt mit der Gewalt beginnen möchte. Denn keiner findet sich in einer Lage vor, die durch vollkommene Gewaltfreiheit bestimmt ist. Zu den konkreten Fragen, mit denen Menschen sich in ihrem Leben konfrontiert sehen, gehört nicht nur, ob sie sich der Fortsetzung der Gewalt entziehen wollen, indem sie für sich persönlich die Gewaltlosigkeit wählen. Zu diesen Fragen gehört auch, wie sie der vorhandenen Gewalt wehren und sie vermindern können. Das Dilemma spitzt sich immer dann zu, wenn gefragt werden muss, ob der Einsatz von Gewalt als Mittel zur Beendigung der Gewalt geeignet oder gar unvermeidlich ist. Vor allem auf drei Ebenen stellt sich die Frage so: im Bereich der persönlichen Notwehr, in der Ausübung des staatlichen Gewaltmonopols sowie in der Gegengewalt des Widerstands und der Revolution. In der Wahrnehmung von Gewalthandlungen steht in der Regel die Gewalt gegen Personen und gegen von Menschen hergestellte Dinge im Vordergrund. Doch die Tatsache, dass mit der Ausweitung der Industriezivilisation auch deren zerstörerische Wirkungen steigen, nötigt dazu, der Gewalt gegen die Natur mehr Aufmerksamkeit als bisher zuzuwenden. Nicht immer ist sie so unmittelbar anschaubar wie beim Roden eines tropischen Regenwalds. Oft trägt sie einen vermittelbaren Charakter – wie beim Verbrauch von Energie, zu dessen Nebenwirkungen die Produktion von Kohlendioxid und die damit verbundene Klimaveränderung gehören. In der technischen Welt übersteigt die indirekte Gewalt gegen die Natur das Ausmaß der direkten Gewalt bei weitem. Die von einer Gesellschaft in Anspruch genommene Energiemenge bildet einen der wichtigsten Indikatoren für die Gewalt gegen die Natur, die von dieser Gesellschaft ausgeht.

Der Allgegenwart der Gewalt hat Jesus in der Bergpredigt das Bild freiwilliger Gewaltlosigkeit entgegengestellt. Im ungezwungenen Verzicht auf gewaltsame Gegenwehr und in der Liebe zum Feind scheint inmitten der alten der Anfang einer neuen Welt auf; inmitten der Unvernunft der Menschen zeigt sich die Vernunft des Reiches Gottes. Dieses Gegenbild kann für Christen nicht ohne Folgen in ihrem persönlichen wie in ihrem politischen Handeln bleiben. Zwar lässt sich in einer Welt, die noch durch Gewalt geprägt ist, nicht einfach der Verzicht auf Gewalt für alle proklamieren; die Erklärung eines derart allgemeinen Gewaltverzichts müsste in Wahrheit als Aufforderung an die Opfer von Gewalt wirken, sich mit dem abzufinden, was ihnen angetan wird. Eine solche Aufforderung zum Leiden wäre unverantwortlich. Denn die Bereitschaft zu leiden lässt sich nicht verordnen; sie ist auch keineswegs immer die richtige Antwort auf geschehenes Unrecht. Nicht die einfache Proklamation eines allgemeinen Gewaltverzichts, sondern die beharrliche und phantasievolle Arbeit für die Verminderung der Gewalt gehört zu den Konsequenzen der Bergpredigt. Die Verminderung der Gewalt ist ein verpflichtendes Ziel geschichtlichen Handelns.

Dass die politische Ordnung der Reduktion und Verhütung von Gewalt zwischen Menschen zu dienen hat, ist eine alte Einsicht. Zu den Errungenschaften des modernen Staates zählt es deshalb, dass er mit den Mitteln des staatlichen Gewaltmonopols die Gewalt unter seinen Gliedern – insbesondere in der Form der Fehde – eingedämmt hat. Doch dieses Beispiel verweist zugleich auf den Zwiespalt der Gewalt. In den zwei Formen des staatlichen Gewaltmonopols – Polizei und Militär – wird die Drohung und Ausübung von Gewalt eingesetzt, um den Ausbruch von Gewalt zu verhindern oder die verübte Gewalt zu ahnden. Damit verbindet sich die Gefahr, dass die polizeilichen Zwangsmittel, die zur Minderung der Gewalt führen sollen, in Wahrheit ihre Steigerung zur Folge haben. Nicht nur aus Diktaturen ist dieser Umschlag des staatlichen Gewaltmonopols vertraut. Vor allem gilt von der zweiten, nämlich der militärischen Seite des staatlichen Gewaltmonopols, dass es nicht nur zur Verhütung und Beendigung, sondern ebenso zur Steigerung der Gewaltsamkeit führt.

Das Dilemma der Gewalt spitzt sich damit zu: Einerseits lässt sich Gewalt im äußersten Fall nur durch Gegengewalt beenden; andererseits bilden Gewalt und Gegengewalt einen Teufelskreis sich verstärkender Verstrickung. Viele ethische Positionen zum Problem der Gewalt entziehen sich dem Dilemma dadurch, dass sie eine dieser beiden Einsichten absolut setzen. Man kann dem Dilemma jedoch nicht entgehen; man kann nur versuchen es durch die Bändigung der Gewalt zu mindern. Die Bändigung der Gewalt geschieht vor allem durch die Erziehung zu gewaltfreiem Han-

deln und durch die Herrschaft des Rechts. Zu ihren Mitteln gehören die polizeiliche Vorsorge gegen Gewalttaten und die militärische Friedenssicherung. Solche Gewaltmittel des Staates sind strikt an die Aufgabe der Gewaltverhütung und Gewaltminderung zu binden.
Erziehung und politisches Handeln haben einen entscheidenden Maßstab daran, ob sie gewaltfreies Handeln fördern und zur Minimierung der Gewalt beitragen.

Wolfgang Huber

Ein Bild aus einem afrikanischen Krisengebiet – wie ist das Foto zu deuten?

KOMPETENZEN

Am Ende dieses Kapitels sollten Sie Fortschritte beim Erwerb folgender Fähigkeiten erworben haben:

Wahrnehmungs- und Darstellungsfähigkeit – religiös bedeutsame Phänomene wahrnehmen und beschreiben:	• Situationen erfassen, in denen moralische Fragestellungen zur Debatte stehen und in denen die Entwicklung moralischer Sensibilität sowie der Reflexion moralischer Gefühle erforderlich ist, etwa Einsatz von Streitkräften und das Bemühen um Frieden • religiöse Spuren und Dimensionen in der Lebenswelt aufdecken • ethische Herausforderungen in der individuellen Lebensgeschichte sowie in unterschiedlichen gesellschaftlichen Handlungsfeldern wie Kultur, Wissenschaft, Politik und Wirtschaft als religiös bedeutsame Entscheidungssituationen erkennen • die Pluralität religiöser Richtungen als Herausforderung für einen Dialog über gemeinsame Maßstäbe moralischen Handeln identifizieren
Deutungsfähigkeit – religiös bedeutsame Sprache und Zeugnisse verstehen und deuten:	• religiöse und ethische Sprachformen analysieren, wie sie etwa in der Bergpredigt oder im Dekalog vorkommen • religiöse Motive und Elemente in Texten, ästhetisch-künstlerischen und medialen Ausdrucksformen identifizieren und ihre Bedeutung und Funktion erklären • biblische Texte, die für den christlichen Glauben grundlegend sind, methodisch reflektiert auslegen • theologische Begriffe und Texte sachgemäß erschließen, etwa den Gewissensbegriff und den Begriff des Friedens • Glaubenszeugnisse in Beziehung zum eigenen Leben und zur gesellschaftlichen Wirklichkeit setzen und ihre Bedeutung aufweisen.
Urteilsfähigkeit – in religiösen und ethischen Fragen begründet urteilen:	• deskriptive und normative Aussagen unterscheiden • Formen theologischer und ethischer Argumentation im Hinblick auf die Frage nach dem Frieden vergleichen und bewerten • ethische Gemeinsamkeiten von Konfessionen und Religionen sowie deren Unterschiede erklären und kriteriengeleitet bewerten • Modelle ethischer Urteilsbildung – etwa Gesinnungs- und Verantwortungsethik – kritisch beurteilen und beispielhaft anwenden • die Menschenwürde theologisch begründen und als Grundwert in aktuellen ethischen Konflikten zur Geltung bringen • im Kontext der Pluralität einen eigenen Standpunkt zu religiösen und ethischen Fragen einnehmen und argumentativ vertreten.
Dialogfähigkeit – am religiösen Dialog argumentierend teilnehmen:	• die Perspektive eines anderen einnehmen (soweit dies möglich ist) und in Bezug zum eigenen Standpunkt (soweit vorhanden) setzen • Gemeinsamkeiten von religiösen und weltanschaulichen Überzeugungen sowie Unterschiede benennen und im Blick auf mögliche Dialogpartner kommunizieren • die grundsätzliche Problematik von interreligiösen Vergleichen aufgrund der kontextgebundenen Voraussetzungen erklären sowie aus dem Bewusstsein um die Schwierigkeiten eine Haltung der Demut und des Respekts vor dem nur partiell möglichen Verstehen des Anderen entwickeln • sich aus der Perspektive des christlichen Glaubens mit anderen religiösen und weltanschaulichen Überzeugungen argumentativ auseinandersetzen • den Dekalog als gemeinsames Band der monotheistischen Religionen identifizieren • Kriterien für eine konstruktive Begegnung, die von Verständigung, Respekt und Anerkennung von Differenz geprägt ist, in dialogischen Situationen berücksichtigen.
Gestaltungsfähigkeit – religiös bedeutsame Ausdrucks- und Gestaltungsformen verwenden:	• Aspekten des christlichen Glaubens in textbezogenen Formen Ausdruck verleihen • Ausdrucksformen des christlichen Glaubens erproben und ihren Gebrauch reflektieren • religiöse Symbole und Rituale der Alltagskultur kriterienbewusst (um-) gestalten • religiös relevante Inhalte und Positionen medial und adressatenbezogen präsentieren.

VI. »Verantwortung wahrnehmen für die Schöpfung« – Das Ahimsa-Gebot der Jaina als Anregung

Ed Ruscha, It's a Small World, 1980

»Ahimsa ist die höchste Religion!« – so lautet die Inschrift über dem Jaina-Tempel in Kalkutta/Indien. »Ahimsa« – der Begriff besagt so viel wie »Nicht-Töten, Nicht-Verletzen irgendeines Lebewesens« – ist der zentrale Inhalt der Predigt von Mahavira, dem wohl 599 v. Chr. geborenen »Apostel der Gewaltlosigkeit«. Früher als der Buddha war Mahavira davon überzeugt, dass allein Gewaltlosigkeit gegenüber Mensch, Tier und Pflanze die rechte Lebenseinstellung bildet. Im Westen wird mit der Forderung nach Gewaltlosigkeit zumeist allein der Name Mahatma Gandhis verbunden. Mahavira war es, der schon vor 2500 Jahren – in einer noch älteren Tradition praktizierter Gewaltlosigkeit stehend – entscheidende Impulse gab, die sich bis in die heutige Zeit auswirken. Während die Anhängerschaft Mahaviras, die Jaina, relativ begrenzt auf Teile Indiens blieb, breitete sich die Schwesterreligion der Jaina, der Buddhismus, über weite Teile Ostasiens aus und entwickelte sich zur Weltreligion. Das Gebot des Nicht-Tötens wird in beiden Religionen durch die Forderung zum Mitleid und positiven Wohlwollen allem Lebendigen gegenüber ergänzt.

In Anlehnung an die Ahimsa-Lehre Mahaviras hat im 20. Jahrhundert im Westen Albert Schweitzer seine Ethik der »Ehrfurcht vor dem Leben« formuliert, die den Versuch einer Synthese östlicher Ahimsa-Forderung und des Liebes-Gebotes der Bergpredigt unternimmt. Jedoch: Kann man »Ehrfurcht vor dem Leben« konsequent als Grundlage einer verallgemeinerungswürdigen ethischen Konzeption der Verantwortung für die Natur gelten lassen? Hans Jonas geht es in seinem Buch »Das Prinzip Verantwortung« um eine Verantwortungsethik, die den technischen Möglichkeiten in unserer Welt Rechnung trägt: er plädiert für umfassende Bescheidenheit angesichts der selbstzer-

störerischen Kräfte der Menschheit. Jedoch: Wie steht es um die praktische Wirksamkeit eines solchen Konzepts? Ist deshalb Resignation angesichts der modernen globalen ökologischen Krise angesagt? Oder ist allem zum Trotz an einer Verbesserung der Zustände in Verantwortung zu arbeiten?

Das Kapitel setzt mit Gedanken von Mahatma Gandhi zur Ahimsa-Forderung (1) ein. Gandhis Hinweis auf Mahavira bildet die Klammer zur Darstellung der Grundzüge der Lehre Mahaviras (2) und dessen Biographie (3) durch Kurt Titze. Es folgen Überlegungen, welche Anregungen aus der Ächtung von Gewalt bei den Jaina seiner Meinung nach für den Westen bedenkenswert wären (4). Zur Reflexion des komparativen Vorgehens in diesem Kapitel sind grundlegende Gedanken zum Projekt »Weltethos« eingefügt. Viel diskutiert wird angesichts der ökologischen Krise die »Ethik der Ehrfurcht vor dem Leben« von Albert Schweitzer (5), welche die Ahimsa-Forderung der Jaina in Verbindung bringt mit dem Liebesgebot Jesu. Die Kritik Dieter Birnbachers an Schweitzer dient der Auseinandersetzung in der Sache. Die drei ethischen Grundmodelle »Erfolgsethik – Gesinnungsethik – Verantwortungsethik« sind in einer Kurzfassung von Josef Derbolav zugänglich. Der Bezug dieser Modelle zur ethischen Herausforderung durch die ökologische Krise ist die Brücke zur Ethik von Hans Jonas (6), mit der sich wiederum Gregory Fuller auseinandersetzt. Al Gores Beitrag plädiert gegen Zukunftspessimismus und für den Glauben an die ethische Gestaltbarkeit der Welt. Der Abschluss handelt »Von der Verantwortung für die Zukunft dieser Welt« (7).

1. »Wir sind nicht da, um die Schöpfung auszuschlachten« (Mahatma Gandhi) – Zur Ahimsa-Forderung

Aus dem Werk Mahatma Gandhis (maha = groß; atma = Seele), der am 30. Januar 1948 ermordet wurde:

Abbildung einer Heiligen Kuh im Hindu-Tempel Hamm-Uentrop

Die Verehrung der Kuh ist für mich eines der wunderbarsten Dinge in der Entwicklungsgeschichte der Menschheit; sie weist den Menschen über seine Art hinaus. Die Kuh symbolisiert für mich die ganze nicht-menschliche Welt. Es ist dem Menschen aufgegeben, sich über die Kuh mit allen Mit-Lebewesen zu identifizieren.
Warum gerade der Kuh diese Vergöttlichung zukommt, ist mir ganz offensichtlich. Die Kuh war uns in Indien schon immer die beste Weggefährtin. Sie war unser Füllhorn; nicht nur gab sie Milch, sondern machte auch Ackerbau möglich. Die Kuh ist ein Gedicht des Mitleids, wir können das Mitleiden in diesem sanften Wesen ganz deutlich erkennen. Für Millionen indischer Menschen ist sie die Mutter.
Der Schutz der Kuh ist gleichbedeutend mit dem Schutz der ganzen stummen Schöpfung Gottes. […]
Ich bin nicht gegen den Fortschritt der Naturwissenschaften an sich, ganz im Gegenteil: Westlicher Entdeckergeist kann meiner Hochachtung sicher sein; sie gilt aber nur mit Einschränkungen, weil der westliche Naturwissenschaftler keine Achtung auch vor Gottes niederen Geschöpfen hat. Ich verabscheue Tierversuche aus ganzer Seele. Der Gedanke an das Abschlachten unschuldiger Lebewesen im Namen der sogenannten humanen Wissenschaften ist mir ein Graus und all die blutgetränkten Versuchsergebnisse zählen für mich nicht. Wenn die Theorie des Blutkreislaufs nicht ohne Vivisektionen hätte entdeckt werden können, dann müssten wir eben ohne sie auskommen. […]
So wie wir feststellen, dass der immer noch höhere Aufstieg des Westens nicht auf der Erniedrigung und Ausbeutung der Völker Afrikas und Asiens begründet sein kann – so werden wir auf dem Höhepunkt derartiger Gräueltaten noch erkennen, dass unsere Überlegenheit gegenüber den niedrigeren Bereichen der Schöpfung nicht dazu da ist sie auszuschlachten, sondern zu ihrem wie unserem Nutzen gleichermaßen führen soll. Denn ich bin mir gewiss, dass sie beseelt sind wie ich. […]
Ich möchte nicht einmal auf Kosten einer Schlange weiterleben; ich sollte mich tot beißen lassen, anstatt sie zu töten. Aber sollte Gott mich diesem grausamen Test aussetzen und einer Schlange erlauben mich anzugreifen, werde ich wahrscheinlich nicht todesmutig genug sein: Die Bestie in mir wird sich dann wohl durchsetzen und ich werde versuchen, diesen vergänglichen Körper zu verteidigen. Ich gebe zu, dass mein Glaube noch nicht leibhaftig genug geworden ist, um mit voller Überzeugung feststellen zu können,

dass ich alle Angst vor Schlangen überwunden habe, um ihnen so freundlich zu begegnen, wie ich es gerne möchte.

Ich glaube fest daran, dass Schlangen, Tiger, usw. Gottes Antwort auf die giftigen, boshaften und schlechten Gedanken sind, die wir in uns tragen. Ich glaube, dass alles Leben eins ist. Gedanken nehmen ganz bestimmte Gestalt an. Tiger und Schlangen sind mit uns verwandt. Sie sind eine Warnung an uns, schlechte, hinterlistige und lüsterne Gedanken zu vermeiden. Wenn ich die Erde von giftigen Tieren und Schlangen befreien will, muss ich mich selbst von giftigen Gedanken reinigen. Sollte ich in meiner unduldsamen Unwissenheit und um die Existenz dieses Körpers zu verlängern, die sogenannten giftigen Bestien und Reptilien zu töten versuchen, so wird das nichts nützen. Wenn ich mich aber gegen ein Verderben bringendes Tier nicht verteidige, so sollte ich als ein besserer und vollkommener Mensch wiedererscheinen. Wie könnte ich mit diesem Glauben ein Mitwesen in Gestalt einer Schlange zu töten trachten?

Doch das ist Philosophie. Zusammen mit meinen Lesern bete ich zu Gott, dass Er mir die Stärke geben möge, dieser Philosophie nachleben zu können. Denn eine Philosophie ohne die entsprechende Lebensführung ist wie ein Körper ohne Leben. […]

Der Pfad der Wahrheit ist schmal und direkt, und der von *Ahimsa* gleichermaßen. Es ist, als balanciere man auf Messers Schneide. Ein Akrobat kann mit einiger Konzentration auf einem Seil tanzen; die auf dem Pfad der Wahrheit und von *Ahimsa* erforderliche Konzentration ist aber ungleich größer. Schon die kleinste Unachtsamkeit lässt einen zu Boden fallen: Nur durch unablässiges Bemühen sind Wahrheit und *Ahimsa* zu verwirklichen.

Ahimsa ist also nicht eine so einfache Sache, wie sie oft dargestellt wird. Kein lebendes Leben zu verletzen ist zweifellos ein Teil von *Ahimsa*. Doch ist das wirklich nur ihre geringste Ausdrucksform. Das Prinzip von *Ahimsa* wird ja schon durch jeden übel wollenden Gedanken, durch unnötige Eile, durch Lüge, durch Hass und Missgunst gegenüber anderen verletzt. Es wird außerdem auch verletzt, indem wir an Dingen festhalten, die die Welt benötigt. Die Welt braucht zum Beispiel alles das, was wir täglich essen; der Platz, auf dem wir stehen, gehört Millionen von Mikroorganismen, die durch unsere schlichte Anwesenheit dort schon verletzt werden. Was sollen wir also tun? Selbstmord begehen? Auch das ist keine Lösung in den Augen derer, die wie wir daran glauben, dass der Geist sich immer wieder eine neue Verkörperung schaffen wird, so lange er noch am Fleische hängt.

Zeichen der Jaina

Der Körper wird erst dann aufhören zu sein, wenn wir alle Verhaftungen an ihn abgelegt haben. Solche Befreiung ist die Einsicht in Gott als Wahrheit. Doch lässt sie sich nicht im Geschwindschritt erreichen. Indem wir verstehen lernen, dass dieser Körper uns nicht gehört, sondern dass er uns als Werkzeug zur sorgsamen Pflege überantwortet wurde, sollten wir es recht nutzen, um damit unser Ziel zu erreichen. […]

So viel ist wohl klar geworden: Ohne *Ahimsa* ist es nicht möglich die Wahrheit zu suchen und ihr zu begegnen. Beide sind derart ineinander verwoben, dass es praktisch unmöglich ist, sie zu trennen. Sie sind gleichsam zwei Seiten einer Münze, oder besser noch: die zwei Flächen einer flachen Scheibe. Wer will da noch entscheiden, was oben oder unten ist? Aber dennoch: *Ahimsa* ist das Mittel und Wahrheit das Ziel.

Mahatma Gandhi

1.	Charakterisieren Sie die in den Texten von Gandhi zum Ausdruck kommende Einstellung zur Schöpfung.
2.	Erläutern Sie den Begriff »Ahimsa«.
3.	»Wenn die Doktrin der Gewaltlosigkeit von irgendjemandem entwickelt wurde, dann war es Lord Mahavira: Denkt darüber nach und setzt sie um in die Tat« (Mahatma Gandhi). Informieren Sie sich über Leben und Lehre von Mahavira auf den folgenden Seiten und kommen Sie zu einer eigenen Beurteilung.

2. »Keine Gewalt gegen Mensch, Tier, Pflanze!« – Zur Lehre Mahaviras

Ein Heiligtum der Jainas: die marmorschimmernde Halle des Adinath-Tempels auf dem Mount Abu, dem »Berg der Weisheit«; der Tempel wurde im 11. Jahrhundert errichtet.

»Es ist der August 1955. Auf dem heiligen Berg Kunthalgiri im Staate Maharashtra in Indien fastet sich ein alter Mann namens Shantisagara (= Ozean des Friedens) rituell zu Tode. Er ist der Acharya (= geistiger Führer) der Digambara Jaina-Gemeinde. Nach fünfunddreißig Jahren als Mönch beendet er nun sein irdisches Leben im Sinne der heiligen Weisungen, wie sie vor fast 2500 Jahren von dem großen Heiligen Mahavira niedergelegt worden sind. Seit 1920 hat Shantisagara nichts besessen, nicht einmal einen Lendenschutz. Er ist zu Fuß kreuz und quer durch Indien gewandert; hat nur einmal täglich Nahrung zu sich genommen, die er sich in seine zur Schale zusammengefügten bloßen Hände legen ließ; hat während der Tagesstunden wenig geredet und nach Sonnenuntergang gar nichts mehr. Vom 14. August bis zum 17. September nimmt er nur Wasser zu sich, dann – zu schwach, um allein trinken zu können – stellt er auch das ein. Das Jaina-Mantra rezitierend stirbt er bei vollem Bewusstsein am frühen Morgen des 18. September.«

So beginnt ein Standardwerk über die Religion Mahaviras. Das Buch erschien 1979 gleichzeitig in den USA und Indien unter dem Titel *The Jaina Path of Purification*. [...] Gläubige Jaina betrachten diese Art des Sterbens als die Krönung eines vorbildlich gelebten Lebens. [...]

Mahavira hat es seinen Mönchen und Nonnen nicht zur Pflicht gemacht, auf die geschilderte Weise ihr Leben zu beenden. Jeder darf frei darüber entscheiden. Bei Mahavira heißt es dazu in der Übersetzung von Walther Schubring:

»Ein Mönch, dem dieser Gedanke kommt: ›Fürwahr, ich werde es müde, unter den gegenwärtigen Umständen diesen meinen Leib weiter herumzuschleppen‹, der soll die Nahrungsmenge immer mehr verringern, und hat er darauf seine Leidenschaften klein gemacht, ist er dünn geworden wie ein Brett, ist sein Leib schon fast erloschen, so soll er in ein Dorf oder in eine Stadt gehen, wo Kaufleute wohnen oder wo ein Fürst residiert, und sich eine Streu von Gras erbitten; mit dieser soll er in die Einsamkeit gehen, sie an einer Stelle, die frei ist von Insekteneiern, kleinen Tieren, Samen, Sprossen, Reif, Wasser, Ritzenfüllung, feuchtem Lehm und Spinnweben, nachdem er sie geprüft und abgewischt hat, hinbreiten und dort, wenn die Zeit da ist, Fastenübungen halten.

Wenn der Mönch angesichts der geringen Nahrung erkrankt, so soll er nicht zu leben begehren, aber auch zu sterben nicht verlangen: an beidem, Leben wie Sterben, soll er nicht hängen. Gleichgültig, nur auf Tilgung des Karmas bedacht, bewahre er die fromme Haltung; indem er sich innerlich und gegen außen frei macht, suche er nur das reine Herz. Tiere, welche kriechen, und solche, die bald hoch, bald niedrig fliegen, wenn sie von seinem Fleisch und Blut zehren, so töte er sie nicht und wische sie nicht weg. Tiere machen seinen Leib wund, aber er fahre nicht auf von seinem Platz; mit Einflüssen mancherlei Art sich quälend halte er aus. So gelangt er ans Ende der Lebenszeit, heraus aus den mancherlei Fesselungen.

Das friedliche Beieinander von Rind und Tiger bildet ein beliebtes Symbol in der Kunst der Jaina.

Der aber ist noch mehr bemüht, der folgendem Tun obliegt. Unter gänzlicher Beherrschung der Glieder rühre er sich nicht von seiner Stelle: das ist die höchste Praxis, der vorigen überlegen. Ohne weit zu suchen, verweile der Fromme stehend, hat er aber einen Platz gefunden, der von Lebendem frei ist, so nehme er dort eine Stellung ein. Er gebe den Leib gänzlich preis, indem er denkt: ›Ich habe keine Anfechtungen des Körpers mehr‹. Während er früher dachte, man erführe zeitlebens Anfechtungen und Angriffe, erträgt er sie nun eingezogen und einsichtsvoll, weil sie ja zur Vernichtung des Leibes beitragen. Es soll nicht hängen an den Gelüsten auf Vergängliches, auch wenn sie immer zahlreicher kommen: Verlangen und Begehren soll er nicht pflegen, indem er aus ist auf das Wesen, das bleibend ist. Angeblich »ewige« Dinge bietet ihm wohl ein Gott an: dem göttlichen Truge glaube er nicht. Dies erkennend, schüttele der Fromme alles Blendwerk ab. Nicht betört durch irgendwelche Dinge gelangt er ans Ende der Lebenszeit. Wenn er nur das Durchhalten als die Hauptsache erkannt hat, so ist jeder beliebige dieser Wege zur Befreiung recht. So sage ich.«

Das Ablegen des Körpers durch Fasten auf den Tod – die Jaina nennen es *Sallekhana* – ist kein Selbstmord. Aus Verzweiflung oder Depression würde ein Jaina nie Hand an sich legen, das wäre Mord und ein Verstoß gegen das Ahimsa-Gebot. Erst wenn der Körper dem agierenden Ich zu verstehen gibt, dass für ihn die Zeit des Sterbens gekommen sei, ist der Jaina frei – nicht gezwungen durch ein Dogma –, dem Verlangen des Körpers nachzugeben und ihn durch *allmähliche* Verringerung der Nahrungszufuhr friedlich sterben zu lassen. Es ist ein Geschehenlassen natürlicher Vorgänge, das nur im hohen Alter oder im Falle einer unheilbaren Krankheit angewendet wird.

Mahatma Gandhi, der als erster den Hungerstreik als ein politisches Druckmittel anwandte – zuerst übrigens nicht gegen die fremden Beherrscher seines Landes, die Briten, sondern gegen seine eigenen Anhänger; nämlich immer dann, wenn sie seinen Anweisungen des gewaltlosen Widerstandes nicht folgen wollten –, erwähnt in seinen Erinnerungen, dass es namentlich die Lehre Mahaviras gewesen sei, die ihn von der heilsamen Kraft überzeugte, die von der beharrlichen Einhaltung des »Ahimsa«-Gebotes (Ahimsa = Nicht-Gewalt) ausgeht. Vermittelt und vorgelegt wurde ihm dieses Gebot von seinem Lehrer und Freund Raychandbhai Metha, einem Jaina. Ungeachtet dieses Bekenntnisses Gandhis sind es unter den westlichen Gandhi-Verehrern vorerst noch wenige, die sich bewusst sind, dass nicht Gandhi, sondern Mahavira der eigentliche Apostel der Gewaltlosigkeit ist. Bereits mehrere Jahrzehnte vor Gotama Buddha und reichlich fünf Jahrhunderte vor der Bergpredigt Jesu verkündete Mahavira seine Lehre von der Gewaltlosigkeit gegenüber Menschen, Tieren und Pflanzen.

Der Urwaldarzt Albert Schweitzer, Friedensnobelpreisträger des Jahres 1952, der sich in den Religionen sehr gut auskannte und nie müde wurde den Menschen die Ehrfurcht vor dem Leben ans Herz zu legen, sah in Mahavira den ersten bedeutenden Verkünder einer Ethik der Gewaltlosigkeit. In seinem Buch »Die Weltanschauung der indischen Denker« heißt es an einer Stelle: »Die Aufstellung des Gebotes

Ed Ruscha, Purity (Reinheit), 1972
Was hat »Reinheit« mit den Idealen der Jaina zu tun?

des Nicht-Tötens und Nicht-Schädigens ist eines der größten Geschehnisse in der Geistesgeschichte der Menschheit. […]
Klar ausgesprochen wird sie (die Ethik der Nicht-Gewalt), soviel wir wissen, zum ersten Male durch den Jinismus.«

Albert Schweitzer benutzt für die Religion des Mahavira den in der deutschsprachigen Wissenschaft üblichen Namen Jinismus, gebräuchlicher ist die Bezeichnung Jainismus (sprich: Dschainismus). Der Sanskrit-Begriff Jina, der diesem Namen zugrunde liegt und so viel wie Sieger bedeutet – Sieger in dem Bemühen sich seiner Fesseln zu entledigen –, ist einer der Namen, die man Mahavira und seinen dreiundzwanzig Vorgängern im gegenwärtigen Zeitalter gegeben hat. Der üblichste Ehrentitel für diese Heilsbringer lautet Tirthankara: »Furtbereiter« durch den Strom der Wiedergeburten. Heute, wo es keinem Menschen mehr gegeben ist, die Vollkommenheit eines Jina zu erreichen – nach jainistischem Verständnis befinden wir uns in der letzten Phase einer absteigenden Weltzeithälfte –, wird der Name Jina hauptsächlich für die geweihten Kultbildnisse in den Jaina-Tempeln angewendet.

Auch der Name Mahavira ist eine Ehrenbezeichnung: *maha* = groß, *vira* = Held. In den alten Schriften der Buddhisten erscheint Mahavira unter dem Namen Nigantha Nataputta. Nigantha (Sanskrit: Nirgrantha = Fessellose) scheint der Sammelbegriff für die Anhänger Mahaviras gewesen zu sein. Die Absage der Jaina an die Gewalt geht nicht einher mit einer Geringschätzung des Heldischen. Es ist ein beachtenswertes Phänomen, dass im Jainismus einerseits derjenige hoch bewundert und verehrt wird, der seinen Leib nicht als sein Eigentum betrachtet, man andererseits aber großen Wert darauf legt, den Körper gesund und stark zu erhalten. Tabak, Alkohol und Drogen sind tabu. Auch in der Kunst der Jaina wird der menschliche Körper mit den Merkmalen athletischer Wettkämpfer dargestellt: wohlgeformte Glieder, breite Schultern, schmale Hüften. Allerdings fehlt die elastische Springkraft, wie sie den Wettkämpfern in der alten griechischen Kunst zu eigen ist. Die Kraft, die aus den in sich ruhenden Körpern der Jina-Bildnisse spricht, ist nicht nach außen gerichtet. Der Betrachter soll daran erinnert werden, dass der eigentliche Kampf, den der einzelne Mensch zu kämpfen und – will er ein gutes Leben führen – zu bestehen hat, nicht ein Kampf gegen äußere Feinde sei, sondern gegen seine eigene niedere Natur: gegen seine Zügellosigkeiten, seine Ängste, seinen Eigensinn, seine Härte und Unachtsamkeit im Umgang mit der lebenden Natur.

Kurt Titze

1. Geben Sie die Grundzüge der Lehre Mahaviras mit eigenen Worten wieder.
2. Was gefällt Ihnen an der Lehre? Wo haben Sie Zugangsschwierigkeiten? Erläutern Sie.
3. Beendigung des eigenen Lebens durch Fasten – was halten Sie davon? Nehmen Sie Stellung.
   Überlegen Sie auch, wie aus der Sicht der Jaina die westliche Diskussion über Euthanasie bewertet würde.
4. Ein praktischer Vorschlag: Analysieren Sie Speisekarten von Jaina-Restaurants aus Indien. Das Internet macht's möglich.

3. Mahavira, der »Apostel der Gewaltlosigkeit« – Biographisches

Das genaue Jahr von Mahaviras Geburt ist umstritten, doch seitdem die Jaina im Jahre 1974 die 2500ste Wiederkehr von Mahaviras Eingehen ins Nirvana feierlich begangen haben und man weiß, dass er in seinem zweiundsiebzigsten Lebensjahr gestorben ist, wird sein Geburtsjahr jetzt allgemein mit 599 vor unserer Zeitrechnung angegeben. Das macht ihn knapp vier Jahrzehnte älter als Siddhartha Gautama, den späteren Buddha.

Immer wieder ruft es unser Erstaunen hervor, dass innerhalb einer verhältnismäßig kurzen Zeitspanne – damals vor 2500 Jahren – in weit voneinander liegenden Weltgegenden eine Reihe herausragender Menschheitslehrer geboren wurden. Im griechischsprachigen Raum waren es Denker wie Pythagoras und Parmenides, in China Lao-Tse und Konfuzius, in Indien Mahavira und der Buddha. Ezechiel, der jüdische Prophet, wäre auch noch zu nennen.

Frappierende Ähnlichkeiten sind erkennbar. Von Pythagoras (geb. um 582 v.Chr., also die gleiche Zeit wie Mahavira) ist die Aussage überliefert: »Verjagen mit allen Mitteln und abschlagen mit Feuer und Schwert und Mitteln aller Art muss man vom Leib die Krankheit, von der Seele die Unwissenheit, vom Bauch die Völlerei, von der Stadt den Streit, vom Haus die Zwietracht und von allem zusammen die Unmäßigkeit.« Und über Pythagoras sagte der Grieche Iamblichos: »Lebewesen tötete er selbst so wenig wie irgendeiner der schauenden Philosophen.« Bei Buddha findet sich der Satz: »Wenn so der Mönch beim Essen Maß zu halten weiß, dann – merke wohl: erst dann – weist ihm der Vollendete den Weg.« Und bei Mahavira heißt es: »Der Tapfere wandle in Selbstbezwingung. Nachdem dir das Auftauchen bei den Menschen hier vergönnt ist, betätige du dich nicht gegen das Leben der Lebendigen. So sage ich.«

Mahavira erhielt bei seiner Geburt als Sohn des Fürsten von Kundagrama, einem Ort unweit von Vaishali im heutigen Unionsstaat Bihar, den Namen Vardhamana. Seine Mutter, Trishala mit Namen, war die Schwester des Königs von Vaishali, unter dessen Schirmherrschaft das kleinere Kundagrama vermutlich stand.

Schon früh im Leben soll sich Mahavira dazu ent-

Eine Statue von Mahavira wird aufgestellt, Delhi 1990

Verehrung eines Jina, Andhra Pradesh, Golconda, 1675–1700

schlossen haben ein Asket zu werden; doch seiner Familie zuliebe führt er seinen Entschluss erst aus, als nach dem Tode seiner Eltern auch sein älterer Bruder ihm seine Einwilligung gibt.

Mahavira ist nun dreißig Jahre alt. Einem alten Ritus folgend – festlich umrahmt, wie es noch heute der Brauch ist –, begibt er sich mit viel Gefolge unter einen Baum, verteilt seinen Besitz, zupft sich eigenhändig die Haare aus und zieht in die »Hauslosigkeit«.

Nach dreizehn Monaten, so heißt es in der Überlieferung der Shvetambara-Jaina, verfängt sich sein Gewand an einem Dornbusch. Als er den Verlust schließlich bemerkt und sich umdreht, sieht er gerade noch, wie sich ein Brahmane mit dem Tuch davonschleicht. Er lässt es damit bewenden und entschlägt sich der Sorge jemals wieder einen Gedanken an ein Kleidungsstück zu verschwenden. Die Digambara weisen diese Anekdote zurück; sie glauben, dass Mahavira bereits im Augenblick seiner Entsagung alle Schamgefühle, das heißt seinen Geschlechtstrieb vollständig überwand und von diesem Tag bis zu seinem Lebensende unbekleidet einherging. […]

Ohne sich einem geistigen Lehrer angeschlossen zu haben, wie es in Indien sonst üblich ist, erringt Mahavira nach zwölf Jahren und sechs Monaten strenger Askese die höchstmögliche Wissensschau: die Erleuchtung. Er ist nun ein Jina, der vierundzwanzigste und letzte Furtbereiter in der gegenwärtigen Welthalbzeit. In der nächsten Halbzeit, die eine aufsteigende sein wird, wird es wieder vierundzwanzig Tirthankaras geben.

Mahavira beginnt seinen neuen Lebensabschnitt nicht in dem Glauben, einen neuen Heilsweg gefunden zu haben. Er sieht seine Mission darin, vergessene Wahrheiten und vernachlässigte Gebote neu zu beleben. Es sind Wahrheiten und Gebote, an die viele Menschen nicht gerne erinnert sein wollen, besonders dann nicht, wenn sie ihnen so ungeschminkt gesagt werden, wie es Mahavira zu tun gedenkt.

Nicht Geborgenheit ist es, was Mahavira seinen Zuhörern verspricht. Die Religion der Tirthankaras kennt keinen wohlwollenden, allmächtigen Schöpfergott. »Finde deinen Halt an dir selbst, solcherart wirst du dich vom Leiden befreien […]« und »hast du den Zusammenhang der Welt erkannt, so sieh um dich: danach bist du kein Töter und Helfer beim Töten.« Das sind klare Worte, gesprochen von Mahavira in der Sprache des einfachen Volkes. Und immer wieder sein mahnender Hinweis auf das nie enden wollende Übel: »Überall verursachen Wesen Pein, die selbst Pein

Auguste Rodin, Der Denker – Im Osten sieht man im Werk Rodins den westlichen Menschen idealtypisch verkörpert.

empfinden.« Stumpf gewordene Sinne tragen die Schuld, eine noch größere Abstumpfung ist die Folge. Diesen Kreis zu durchbrechen, das heißt keinem Wesen, und sei es noch so unscheinbar, Leid zuzufügen, ist das Ziel und erste Gebot Mahaviras; nicht ein von ihm gefundenes, sondern ein von ihm neu verkündetes Gebot. In der Religion der Hindu-Brahmanen, in der der Opferkult unschuldiger Tiere an der Tagesordnung ist, fehlt dieses für die Jaina unabdingbare Gesetz. Wenig später wird auch der Buddha die großen Tieropferfeste der Brahmanen-Priester verurteilen; doch er wird nicht so weit gehen wie Mahavira, der den Verzehr von Fleisch, Fisch, Honig und Eiern als ein Vergehen gegen die Weisung des Nicht-Tötens bezeichnet. Buddha soll – so ist überliefert – nach dem Genuss verdorbenen Fleisches gestorben sein, das er auf einem morgendlichen Almosengang von einem Schmied erhalten hatte.

Mahavira lehrte – mehr als zweitausend Jahre ehe unsere Wissenschaft davon wusste –, dass sich im Wasser, in der Luft, in der Erde, an den Blättern und Wurzeln der Pflanzen kleine und kleinste Lebewesen aufhalten, manche von so geringer Größe, dass sie das menschliche Auge nicht wahrnehmen kann. Auch diese Wesen, beteuert Mahavira, wollen leben und verdienen Schonung.

Diese bewundernswerte, wenngleich nach landläufigem Verständnis extreme Einstellung, wirkte sich auf das gesundheitliche Wohlbefinden der Gläubigen vorteilhaft aus – ganz unbeabsichtigt, denn Mahavira ging es allein um die Befreiung der Seele aus dem Gefängnis des Karma.

Mahavira und die alten Jaina-Gelehrten waren der Meinung, dass die unsichtbaren »Wasser-Wesen« – wie man sie nannte – beim Erhitzen von Wasser mit dem Dampf aufsteigen und sich so vor dem sicheren Hitzetod retten würden. Man erließ daher die Weisung nur abgekochtes Wasser zu trinken. Diese Vorschrift des Wasserabkochens, die zuerst nur für die Ordensmitglieder gedacht war, wurde schon bald von den Laien übernommen, was für den Gesundheitszustand in den Jaina-Gemeinden sehr förderlich war und ist. Dazu kommt noch, dass in den Jaina-Haushalten auf die insektensichere Aufbewahrung der Lebensmittel und auf die Reinigung des Gemüses sehr geachtet wird; nicht um Erkrankungen vorzubeugen – das ist eine zufällige Nebenwirkung –, sondern um möglichst keine Lebewesen zu schädigen. Auch das Rauchen und der Genuss von Alkohol sind für Jaina Verstöße gegen das Ahimsa-Gebot: glühender Tabak bringt die Luft-Lebewesen in Gefahr; Alkohol entsteht durch Gärungsprozesse, bei denen Kleinstlebewesen beteiligt sind und dabei umkommen. Heute, wo derartige Zusammenhänge allgemein bekannt sind, sehen sich die Jaina in ihrer Überzeugung bestätigt, dass Mahavira und ihre anderen großen Heiligen nicht einfach Moralprediger waren, sondern Wissenschaftler im wahren Sinne des Wortes. Für sie ist der Jainismus eine wissenschaftliche Religion.

Nach der Erleuchtung bleiben Mahavira noch dreißig Jahre für die Verbreitung seiner Lehre der Gewaltlosigkeit. Halbherzigkeiten lehnt er ab. Das Erstaunliche ist, dass er trotz anfänglicher Anfeindungen und tätlicher Angriffe wegen seiner Nacktheit, die er ohne Gegenwehr über sich ergehen lässt, bei immer mehr Menschen Verständnis findet, bei Angehörigen aller Kasten; sogar Fürsten begegnen ihm mit Wohlwollen, wobei ihm sicherlich seine hohe Abkunft behilflich ist. Er gründet einen Mönchsorden mit einem strengen Verhaltenskodex; gleichzeitig bemüht er sich – und das ist neu im Indien seiner Zeit –, Orden und Laiengemeinde so zu organisieren, dass sie eine organische Einheit bilden. Das Kastenwesen wird abgelehnt, und obwohl die ersten geistigen Gefährten, die sich Mahavira anschließen – es sind elf an der Zahl –, gelehrte

Halle der universellen Predigt, Rajasthan, Jaipur, ca. 1800

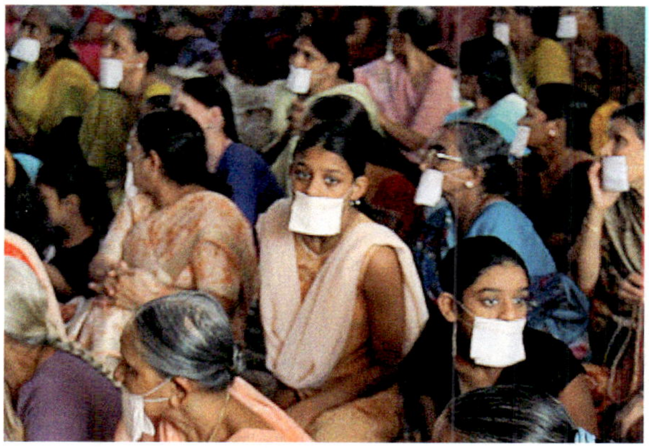

Jaina-Frauen in Mumbai/Indien. Tücher vor dem Mund verhindern das versehentliche Verschlucken von Insekten.

Eine Jaina-Pilgerin verehrt eine überdimensional große Heldenstatue von Bahubali. Nachdem Bahubali, aus einem Wettkampf mit seinem Halbbruder Bharata, bei dem es um den Besitz oder Verlust seines Reiches ging, als Sieger hervorgegangen war, erkannte er blitzartig die Nichtigkeit menschlichen Machtstrebens und kurzentschlossen verzichtete er auf den Lohn seines Sieges. Aber noch ein ganzes Jahr lang, so berichtet die Legende weiter, verharrte Bahubali regungslos in stehender Meditationshaltung (eine Haltung, die nur den Jaina zu eigen ist). So lange nämlich dauerte es, bis die letzte Fessel – der bohrende Stachel des Stolzes – von ihm abfiel und er ein wirklicher Sieger, ein Jina, wurde.

Brahmanen sind, kommt es nicht zur Etablierung einer Priesterkaste innerhalb der Jaina-Religion.

Die vielleicht bemerkenswerteste Neuerung auf dem immerhin schon vielgestaltigen Feld der indischen Religionen ist Mahaviras Einladung an die Frauen eigene Ordensgemeinschaften zu gründen. […]

Mit zweiundsiebzig Jahren stirbt Mahavira, […] verließ er die Welt, durchschnitt er die Bande aus Geburt, Alter und Tod; wurde er ein Siddha (= erlöste Seele), ein Buddha, ein Beender allen Leidens, endgültig befreit, schmerzlos […].

An einer Stelle bei Mahavira heißt es – und man bedenke, dass diese Worte vor mehr als zweitausendfünfhundert Jahren gesprochen wurden –: »Beim Anblick von Bäumen in einem Park, an Berghängen oder im Walde sollte man nicht sagen: Diese Bäume gäben ein gutes Holz für den Bau von Palästen oder für Tore, Kähne, Fässer […]. So sollte man, die Umstände recht bedenkend, nicht von Bäumen sprechen. Beim Anblick von Bäumen in einem Park, an Berghängen oder im Walde sollte vielmehr so geredet werden: Sieh, jene Bäume! Sie sind prächtig, groß, hochragend; sie haben weit ausladende Äste mit vielen Zweigen; sie sind herrlich, schön, wunderschön! So sollte ein Mönch oder eine Nonne wohlbedacht von Bäumen sprechen.«

Sich solcher Rede zu öffnen tut not, ist sie doch beseelt von dem, woran es uns schmerzlich mangelt: an der Absage an die Gewalt im Denken, Reden und Handeln.

Kurt Titze

1.	Stellen Sie tabellarisch den Lebenslauf Mahaviras zusammen.
2.	Erläutern Sie anhand der Abbildung S. 136 Elemente des Weltbilds nach der Jaina-Religion. Berücksichtigen Sie, dass das Bild zweidimensional den Blick auf einen Hügel von oben darstellt. Der höchste Punkt der Erhebung liegt genau in der Mitte des Bildausschnitts.
3.	Absage an Gewalt – auch schon beim Reden von Bäumen und Tieren? Oder erst von Menschen? Erörtern Sie diese Fragen.
4.	Untersuchen Sie, ob das religiöse Weltverständnis der Jaina (mit Mythen und Kultur, die uns fremd sind) eine Übernahme in unseren Kulturkreis zulässt.

4. »Es genügt nicht die Gewalt zu erklären – wir müssen sie ächten!« – Ein Anstoß für den Westen aus der Lehre der Jaina?

Shri Chitrabhanu, ein ehemaliger Jaina-Mönch, der heute hauptsächlich in Amerika lehrt und auch Deutschland besucht hat, sagte in einem seiner Vorträge: »Einmal fragte ich Oberrichter Kotwal in Bombay, ob es schon vorgekommen sei, dass Jainas wegen Mordes verurteilt wurden. Er war über meine Frage erstaunt und sagte: ›Niemals! Nach meinem Wissen gab es niemals einen Fall, in dem ein Jaina einen Mord beging.‹«

Der Jainismus liefert uns also den Beweis, dass die Tabuisierung der Gewalt Sinn macht. Immerhin dauert das »Experiment« Jainismus bereits über zweitausendfünfhundert Jahre. Und es lief und läuft nicht ab in einer behüteten Umwelt. Indiens Geschichte ist nicht weniger kriegerisch verlaufen als die europäische; das zeigt schon die Beobachtung, dass westliche Touristen auf ihren Reisen durch Indien ein gut Teil ihrer Zeit mit Besichtigungen von Forts und Waffensammlungen verbringen.

Wie steht es aber in *unserer* Gesellschaft mit der Ächtung der Gewalt? Schlecht, sehr schlecht! Da dies nicht immer so war, sollte man sich fragen, wie es zu dieser misslichen Lage kam. [...]

Nach dem zweiten Weltkrieg [...] kamen die Jahre, wo in zahlreichen Büchern mehr oder weniger offen die Anwendung von Gewalt als ein legitimes Mittel zum Zweck propagiert wurde. Im Gefolge dieses Denkwandels erschienen schon bald umfangreiche Arbeiten, in denen Wissenschaftler die Gewalt zu erklären suchten. Die einen begründeten sie biologisch-darwinistisch: als etwas, was nicht als *das Böse* angesehen werden dürfe. Andere sahen in der Gewalt einen Befreiungsakt aus aufgezwungener Triebunterdrückung. Und allenthalben kursierte die leicht dahingesagte Behauptung, dass in jedem Menschen ein potentieller Mörder stecke (das Wissen von Menschen, die sich lieber töten ließen als selbst zu töten, wurde weitgehend verschwiegen). Zu guter Letzt kam ein Berufszweig zu Ehren, der sich darauf versteht, Gewaltverbrechen als entschuldbare Affekthandlungen zu interpretieren. Eine wichtige Rolle dabei spielten die Medien, die das Übrige taten – und noch immer tun –, um die Bevölkerung ganzer Länder an die Gewalt zu gewöhnen. Etwas mit einem Tabu zu belegen, die seit Jahrtausenden bewährteste Strategie von Konfliktvermeidung, galt und gilt nicht mehr als zeitgemäß. [...] Letztlich ist es wohl der Verlust an Spiritualität, oder genauer formuliert, die Aufgabe des Bildes vom Menschen als eines Wesens, das nicht ganz von dieser Welt ist, was zur Ent-Ächtung der Gewalt geführt hat.

Streitgespräche über das Wie und Was des Menschen sind selten geworden. Unverständlicherweise, denn unsere Zeit steckt voller Beispiele, wo hochfliegende Pläne, von der Verwirklichung weltverbessernder Utopien bis zu Bindungen zwischen Menschen, gescheitert sind und noch immer scheitern, weil das Bild, das man sich vom Menschen gemacht hat, nicht stimmt.

Betrachtet man den Wandel des Menschenbildes in unserem Kulturkreis seit Anfang des 17. Jahrhunderts, drängt sich einem die Vermutung auf, dass es nicht so sehr das Studium des Menschen durch den Menschen war, was den Wandel bewirkte, sondern technische Dinge. Erst gab es – damals in Paris – von Menschen gefertigte Maschinen, ehe ein französischer Philosoph den Satz vom Menschen als Maschine prägte. Als im Verlauf der Jahrhunderte die Welt der Technik immer unüberschaubarer wurde, sah sich der Mensch nicht mehr als Maschine, sondern als ein Rädchen im großen Weltgetriebe. Wieder etwas später, als es weniger darauf ankam, was die Menschen dachten und fühlten, sondern was sie produzierten, galt der Satz vom Menschen als Produkt. [...]

Mit diesem Schlusswort sollte darauf hingewiesen werden, dass das Ächten der Gewalt, wie es Mahavira gelehrt hat, sinnvoll ist – und sich auch bei uns als sinnvoll erweisen würde –, während der gegenwärtig vorherrschende Glaube, den Menschen und die Gewalt erklärt zu haben, die Ausbreitung der Gewalt weiterhin begünstigt. »Hast du den Zusammenhang der Welt erkannt«, heißt es bei Mahavira, »so sieh um dich: danach bist du kein Töter und kein Helfer beim Töten.«

Kurt Titze

1. Erläutern Sie, wie Kurt Titze den Anstieg von Gewalttaten nach dem 2. Weltkrieg einschätzt.
2. Was halten Sie von seiner Erklärung? Beziehen Sie Stellung.
3. Tabuisierung von Gewalt – ein Weg zur Vermeidung aggressiver Handlungen? Beziehen Sie Stellung.
4. Die Darstellung von Kurt Titze ist nicht neutral. Belegen Sie anhand des Textes, wo er den Jaina gegenüber Sympathie zeigt. Erörtern Sie, ob bzw. inwiefern seine Ausführungen gegebenenfalls auch als unkritisch anzusehen sind.

Tiere sind in die religiösen Vorstellungen der Jaina integriert. Ein Hund im Raum der Kirche ist bei uns eher selten.

GRUNDLAGEN

Erklärung zum Weltethos – Die Deklaration des Parlaments der Weltreligionen

Der folgende Text ist eine Zusammenfassung der Erklärung des Parlaments der Weltreligionen in Chicago 1993. Er wurde auf der feierlichen öffentlichen Abschlussversammlung verlesen, vom Beifall der Zuhörer begleitet.

Die Welt liegt in Agonie. Diese Agonie ist so durchdringend und bedrängend, dass wir uns herausgefordert fühlen, ihre Erscheinungsformen zu benennen, so dass die Tiefe unserer Besorgnis deutlich werden mag.

Der Friede entzieht sich uns – der Planet wird zerstört – Nachbarn leben in Angst – Frauen und Männer sind entfremdet voneinander – Kinder sterben! Das ist abscheulich! Wir verurteilen den Missbrauch der Ökosysteme unserer Erde.

Wir verurteilen die Armut, die Lebenschancen erstickt; den Hunger, der den menschlichen Körper schwächt; die wirtschaftlichen Ungleichheiten, die so viele Familien mit Ruin bedrohen.

Wir verurteilen die soziale Unordnung der Nationen; die Missachtung der Gerechtigkeit, welche Bürger an den Rand drängt; die Anarchie, welche in unseren Gemeinden Platz greift; und den sinnlosen Tod von Kindern durch Gewalt. Insbesondere verurteilen wir Aggression und Hass im Namen der Religion. Diese Agonie muss nicht sein.

Sie muss nicht sein, weil die Grundlage für ein Ethos bereits existiert. Dieses Ethos bietet die Möglichkeit zu einer besseren individuellen und globalen Ordnung und führt die Menschen weg von Verzweiflung und die Gesellschaften weg vom Chaos. Wir sind Frauen und Männer, welche sich zu den Geboten und Praktiken der Religionen der Welt bekennen:

Wir bekräftigen, dass sich in den Lehren der Religionen ein gemeinsamer Bestand von Kernwerten findet und dass diese die Grundlage für ein Weltethos bilden. Wir bekräftigen, dass diese Wahrheit bereits bekannt ist, aber noch mit Herz und Tat gelebt werden muss.

Wir bekräftigen, dass es eine unwiderrufbare, unbedingte Norm für alle Bereiche des Lebens gibt, für Familien und Gemeinden, für Rassen, Nationen und Religionen. Es gibt bereits uralte Richtlinien für menschliches Verhalten, die in den Lehren der Religionen der Welt gefunden werden können und welche die Bedingung für eine dauerhafte Weltordnung sind.

Wir erklären:

Wir sind alle voneinander abhängig. Jeder von uns hängt vom Wohlergehen des Ganzen ab. Deshalb haben wir Achtung vor der Gemeinschaft der Lebewesen, der Menschen, Tiere und

Ein Fensterblick: Landsynagoge Veitshöchheim

Pflanzen, und haben Sorge für die Erhaltung der Erde, der Luft, des Wassers und des Bodens.
Wir tragen die individuelle Verantwortung für alles, was wir tun. All unsere Entscheidungen, Handlungen und Unterlassungen haben Konsequenzen.
Wir müssen andere behandeln, wie wir von anderen behandelt werden wollen. Wir verpflichten uns, Leben und Würde, Individualität und Verschiedenheit zu achten, so dass jede Person menschlich behandelt wird – und zwar ohne Ausnahme. Wir müssen Geduld und Akzeptanz üben. Wir müssen fähig sein zu vergeben, indem wir von der Vergangenheit lernen, aber es niemals zulassen, dass wir selber Gefangene der Erinnerungen des Hasses bleiben. Indem wir unsere Herzen einander öffnen, müssen wir unsere engstirnigen Streitigkeiten um der Sache der Weltgemeinschaft willen begraben und so eine Kultur der Solidarität und gegenseitigen Verbundenheit praktizieren.
Wir betrachten die Menschheit als unsere Familie. Wir müssen danach streben freundlich und großzügig zu sein. Wir dürfen nicht allein für uns selber leben, müssen vielmehr auch anderen dienen und niemals die Kinder, die Alten, die Armen, die Leidenden, die Behinderten, die Flüchtlinge und die Einsamen vergessen. Niemand soll jemals als Bürger zweiter Klasse betrachtet oder behandelt oder, in welcher Weise auch immer, ausgebeutet werden. Es sollte eine gleichberechtigte Partnerschaft zwischen Mann und Frau geben. Wir dürfen keinerlei sexuelle Unmoral begehen. Wir müssen alle Formen der Herrschaft oder des Missbrauchs hinter uns lassen.

Wir verpflichten uns auf eine Kultur der Gewaltlosigkeit, des Respekts, der Gerechtigkeit und des Friedens. Wir werden keine anderen Menschen unterdrücken, schädigen, foltern, gar töten und auf Gewalt als Mittel zum Austrag von Differenzen verzichten. Wir müssen nach einer gerechten sozialen und ökonomischen Ordnung streben, in der jeder die gleiche Chance erhält seine vollen Möglichkeiten als Mensch auszuschöpfen. Wir müssen in Wahrhaftigkeit sprechen und handeln sowie mit Mitgefühl, indem wir mit allen in fairer Weise umgehen und Vorurteile und Hass vermeiden. Wir dürfen nicht stehlen. Wir müssen vielmehr die Herrschaft der Sucht nach Macht, Prestige, Geld und Konsum überwinden, um eine gerechte und friedvolle Welt zu schaffen.
Die Erde kann nicht zum Besseren verändert werden, wenn sich nicht das Bewusstsein der Einzelnen zuerst ändert. Wir versprechen unsere Wahrnehmungsfähigkeit zu erweitern, indem wir unseren Geist disziplinieren durch Meditation, Gebet oder positives Denken. Ohne Risiko und ohne Opferbereitschaft kann es keine grundlegende Veränderung in unserer Situation geben. Deshalb verpflichten wir uns auf dieses Weltethos, auf Verständnis füreinander und auf sozialverträgliche, friedensfördernde und naturfreundliche Lebensformen. Wir laden alle Menschen, ob religiös oder nicht, dazu ein, dasselbe zu tun.

Fenster-Kreuz – gesehen im Allgäu

Buddhafigur im Schaufenster eines Düsseldorfer Modehauses

5. Albert Schweitzers Ethik der »Ehrfurcht vor dem Leben« – Zum Liebesgebot Jesu und zur Ahimsa-Forderung Mahaviras

a// »Ehrfurcht vor dem Leben«: der Kernbegriff der Ethik Albert Schweitzers

Albert Schweitzer hat den Versuch unternommen, ein für die meisten Menschen verbindliches ethisches Prinzip zu finden. Die Formel »Ehrfurcht vor dem Leben« fand er bei einer Flussfahrt auf dem Ogowefluss (Afrika) im September 1915, nachdem er zuvor lange Zeit hindurch nach dem richtigen Begriff für seine Ethik gesucht hatte. Die fundamentale Tatsache des Bewusstseins des Menschen lautet nach Albert Schweitzer: »Ich bin Leben, das leben will, inmitten von Leben, das leben will.« Dies ist nach seiner Überzeugung das denknotwendige, universelle, absolute Grundprinzip des Ethischen.

Im September 1915 bekam ich dort Nachricht, dass auf der Missionsstation N'Gômô die Frau des Schweizer Missionars Pelot erkrankt war und man mein Kommen erwartete.
Nun musste ich also auf dem Ogowefluss 200 Kilometer stromaufwärts fahren. Als einzige alsbaldige Fahrgelegenheit fand ich einen gerade im Abfahren begriffenen kleinen, alten Dampfer, der zwei überladene, große Kähne zu schleppen hatte. An Bord befanden sich außer mir, nur einige Schwarze. Da ich mich in der Eile nicht hatte verproviantieren können, erlaubten sie mir, aus ihrem Kochtopf mitzuessen. [...]
Ich saß auf einem der Schleppkähne. Ich hatte mir vorgenommen, auf dieser Fahrt ganz in das Problem des Aufkommens der Kultur, die größere ethische Tiefe und Energie besäße als die unsere, versunken zu bleiben. Blatt um Blatt beschrieb ich mit unzusammenhängenden Sätzen, nur um auf das Problem konzentriert zu bleiben. Müdigkeit und Ratlosigkeit dämmten mein Denken.
Am Abend des dritten Tages, als wir uns beim Sonnenuntergang in der Nähe des Dorfes Igendja befanden, mussten wir an einer Insel in dem über einen Kilometer breiten Fluss entlang fahren. Auf einer Sandbank, zur Linken, wanderten vier Nilpferde mit ihren Jungen in derselben Richtung wie wir. Da kam ich, in meiner großen Müdigkeit und Verzagtheit plötzlich auf das Wort »Ehrfurcht vor dem Leben«, das ich, so viel ich weiß, nie gehört und nie gelesen hatte. Alsbald begriff ich, dass es die Lösung des Problems, mit dem ich mich abquälte, in sich trug. Es ging mir auf, dass die Ethik, die nur in unserem Verhältnis zu den anderen Menschen zu tun hat, unvollständig ist und darum nicht die völlige Energie besitzen kann.
Solches vermag nur die Ethik der Ehrfurcht vor dem Leben. Durch sie kommen wir dazu, nicht nur mit Menschen, sondern mit aller in unserm Bereich befindlichen Kreatur in Beziehung zu stehen und mit ihrem Schicksal beschäftigt zu sein, um zu vermeiden, sie zu schädigen, und entschlossen zu sein, ihnen in ihrer Not beizustehen, soweit wir es vermögen. Klar war mir alsbald, dass diese elementare völlige Ethik eine ganz andere Tiefe, eine ganz andere Lebendigkeit, eine ganz andere Energie besitze als die sich nur mit dem Menschen abgebende.
Durch die Ethik der Ehrfurcht vor dem Leben gelangen wir in ein geistiges Verhältnis zum Universum. Die Verinnerlichung, die wir durch sie erlebten, verleiht uns den Willen und die Fähigkeit eine geistige, ethische Kultur zu schaffen, durch die wir in einer höheren Weise als der bisherigen in der Welt daheim sind und in ihr wirken. Durch die Ethik der Ehrfurcht vor dem Leben werden wir andere Menschen.
Ich konnte es nicht fassen, dass mir der Weg zur tieferen und stärkeren Ethik, den ich vergebens gesucht hatte, wie im Traum offenbar geworden war.

Albert Schweitzer

1. Erläutern Sie, was bei Albert Schweitzer unter dem Begriff »Ehrfurcht vor dem Leben« zu verstehen ist.
2. Erörtern Sie, welche Probleme bei der Umsetzung der Ethik Schweitzers in die Tat entstehen können.

b// Worauf es ankommt: »Liebe zu allen Geschöpfen« – Menschen aus Ost und West vor dem Anspruch, die Schöpfung zu bewahren

Die Tierschutzbewegung hat von der europäischen Philosophie keine Unterstützung erfahren. Entweder hält diese die Betätigung des Mitleids gegen die Geschöpfe für eine Sentimentalität, die mit vernünftiger Ethik nichts zu tun hat, oder sie gesteht ihr nur eine mehr nebensächliche Bedeutung zu. Für Descartes sind die Tiere bloße Maschinen. Sie bedürfen unseres Mitleids nicht. Der englische Ethiker Jeremy Bentham (1748–1832) sieht die Güte den Geschöpfen gegenüber hauptsächlich als eine Übung der Güte gegen die Menschen an. Ähnlich urteilt Kant. Ausdrücklich betont er, dass die Ethik eigentlich nur mit den Pflichten des Menschen gegen den Menschen zu tun hat.

Reicht Naturschutz?

Diesen grundsätzlichen Standpunkt sucht die europäische Philosophie festzuhalten, auch wo sie der Tierschutzbewegung sympatisch gegenübersteht. Sie kann sich nicht entschließen, den entscheidenden Schritt zu tun, das gütige Verhalten gegen die Geschöpfe in absolut derselben Weise als eine Forderung der Ethik gelten zu lassen wie das gegen die Menschen. In dem chinesischen und dem indischen Denken spielt die Verantwortlichkeit des Menschen der Kreatur gegenüber eine viel größere Rolle als in dem europäischen. […]

Dem indischen Denken ist der Grundsatz der Zusammengehörigkeit aller Existenzen – der menschlichen, der tierischen und der pflanzlichen – etwas Selbstverständliches. Er ist in der Anschauung der Brahmanen gegeben, dass alle individuellen Seelen aus der Welt-Seele (dem Brahman) hervorgehen und wieder in sie zurückkehren. Er findet sich auch in der Lehre der Reinkarnation. Das Verhältnis des Menschen zu den Kreaturen ist durch das Gebot des Nichttötens und Nichtschädigens – das gewöhnlich als Ahimsagebot bezeichnet wird – bestimmt. […]

Der Ursprung des Ahimsa-Gebots ist – so merkwürdig uns dies vorkommen mag – nicht das lebendige Mitleid mit der Kreatur, sondern die Idee des Reinbleibens von der Welt. Das Ahimsa-Gebot ergibt sich aus dem allgemeinen Prinzip des Nichttätigseins, wie es in der indischen Welt- und Lebensverneinung begründet ist und wie es die Mönche in Weltentsagung zu verwirklichen suchen. Es ist eine ethische Deutung dieses Prinzips. War aber einmal das Gebot des Nichttötens und Nichtschädigens auf diesem Wege der Anerkennung gekommen, so war unausbleiblich, dass es nachher aus dem Motive des Mitleids verstanden und ausgelegt wurde. Dies findet dann tatsächlich bei Buddha (gestorben etwa 480 v.Chr.) statt.

Aber das indische Mitleid mit der Kreatur ist unvollständig. Es gebietet nur, dass man das Töten und Schädigen von Lebewesen unterlassen sollte, nicht aber auch, dass man ihnen in tätiger Weise beistehen solle. In dieser Beschränkung zeigt sich, dass die Ahimsa-Idee nicht aus lebendigem Mitleidsempfinden entstanden ist, sondern ursprünglich eine ethische Anwendung des sich aus der Welt- und Lebensverneinung ergebenden Prinzips der Nichtaktivität ist. Natürlich bleibt auch in Indien das Mitleid nicht streng in dem Kreise der Enthaltung vom Tun eingeschlossen. Aber die indische Ethik ist, soweit sie unter der Herrschaft der Welt- und Lebensverneinung steht, nicht in der Lage tätiges Mitleid gegen die Kreatur grundsätzlich zu fordern.

Erdmännchen auf der Hut … – Ist die Natur selbst in der Lage, sich vor den Eingriffen des Menschen zu schützen?

Sehr oft wird die Frage aufgeworfen, warum das Mitleid gegen die Kreatur nicht vom Christentum als Gebot aufgestellt worden sei, besonders da das jüdische Gesetz schon Bestimmungen der Fürsorge für die Tiere enthält. Die Erklärung ist darin zu suchen, dass das Urchristentum in der Erwartung des baldigen Weltendes lebt, und also den Tag für nahe bevorstehend hält, an dem alle Kreatur von ihrem Leiden erlöst werden wird. Von der Sehnsucht aller Kreatur nach baldiger Erlösung redet der Apostel Paulus im 8. Kapitel (Vers 18–24) des Briefes an die Römer. In jenen Versen spricht sich sein tiefes Mitempfinden mit den Geschöpfen aus. Weil nun aber das Aufhören der natürlichen Welt mit ihrem Leiden und Elend als so nahe angesehen wird, kommen für ihn Bemühungen zum Schutze der Tiere ebenso wenig mehr in Betracht als solche zur Aufhebung der Sklaverei. So erklärt sich, dass das christliche Gebot der Liebe das Mitleid gegen die Tiere nicht ausdrücklich verlangt, obwohl es eigentlich darin enthalten ist.

Jeder unbefangen denkende Mensch kann nicht anders als die Liebe nicht nur den Menschen, sondern auch der Kreatur gegenüber zu betätigen. Wir, da wir die Erlösung der Kreatur von ihrem Leiden nicht mehr von dem nahen Weltende erwarten, werden durch das in unseren Herzen und Denken enthaltene und von Jesus ausgesprochene Gebot der Liebe gezwungen, unserem natürlichen Mitempfinden gegen die Geschöpfe freien Lauf zu lassen und ihnen, soweit wir es nur immer können, Hilfe zu bringen und Leiden zu ersparen.

So sind wir Europäer und Europäerabkömmlinge, obwohl das unter uns geltende philosophische Denken uns gar nicht auf diesen Weg führte, dazu gekommen, der Frage unseres Verhaltens und unserer Verantwortung den Geschöpfen gegenüber unsere Aufmerksamkeit zuzuwenden und der Forderung der Liebe zu den Menschen, die der Liebe gegen die Tiere an die Seite zu setzen.

Gerne geben wir zu, dass in dem chinesischen und indischen Denken die Frage Mensch und Kreatur früher eine Rolle zu spielen begann als bei uns und dass die chinesische und indische Ethik grundsätzlich Pflichten und Verantwortungen des Menschen gegen die Tiere festlegen. Zugleich aber glauben wir feststellen zu können, dass das, was wir heute in Wort und Tat für die Geltendmachung der Verantwortung des Menschen den Geschöpfen gegenüber unternehmen, auch seine Bedeutung hat und der chinesischen und indischen Ethik Anregungen zu bieten vermag.

Die indische Ethik ist in dem, was sie über Mensch und Kreatur sagt, unbefriedigend, weil sie nur das mitleidsvolle Nichttöten und Nichtschädigen, nicht aber auch das mitleidsvolle Helfen gebietet. Das schwere Problem, ob der Mensch das Töten und

Was ist zu tun, wenn größere Ökosysteme bedroht sind?

Schädigen vermeiden könne, wird in ihr nicht aufgeworfen und nicht behandelt. Sie lässt dem Menschen die Illusion, als ob er sich vom Töten und Schädigen von Geschöpfen freihalten und so das Ahimsa-Gebot wirklich erfüllen könne. Sie unterlässt es, ihn dazu zu erziehen, die Last seiner Verantwortung den Geschöpfen gegenüber in ihrer ganzen Schwere zu empfinden.

Die Philosophie will sich die Ethik als ein wohlgeordnetes System von wohl durchführbaren Pflichten und Geboten vorstellen. Sobald wir aber den Grundsatz der Liebe irgendwie anerkennen, langen wir, auch wenn wir ihn nur auf Menschen beschränken, tatsächlich bei einer Ethik grenzenloser Verantwortungen und Pflichten an. Liebe lässt sich nicht reglementieren. Sie gebietet in absoluter Weise. Jeder von uns muss in subjektiver Weise den Entscheid treffen, wie weit er in der Ausführung der grenzenlosen Gebote der Liebe gehen kann, ohne sein eigenes Dasein aufzugeben, und was er von seinem Leben und seinem Glück für das Leben und Glück anderer hingeben muss.

Dass die Ethik durch die Anerkennung des Prinzips der Liebe aufhört reglementierbar zu sein, darüber kann man sich hinwegzutäuschen versuchen, solange man sie nur in Liebe zu den Menschen bestehen lässt. Gibt man aber zu, dass das Prinzip der Liebe auf alle Kreatur auszudehnen sei, so erkennt man damit an, dass das Gebiet der Ethik grenzenlos ist. Man kann sich nunmehr der Einsicht nicht mehr verschließen, dass sie ihrem ganzen Wesen nach grenzenlos ist und uns grenzenlose Verantwortung und grenzenlose Pflichten auferlegt. […]

Das Denken kann der Ethik der Ehrfurcht vor allem Leben und der Liebe zu allem Leben nicht entgehen. Es wird die alte, begrenzte Ethik aufgeben und die grenzenlose anerkennen müssen. Andererseits aber müssen diejenigen, die die Forderung der Liebe zu allen Geschöpfen vertreten, sich darüber klar sein, wie schwer die Probleme der grenzenlosen Ethik sind, und müssen entschlossen sein, dem Menschen die Konflikte, die diese Ethik für ihn bedeutet, nicht zu verschleiern, sondern ihn diese wirklich erleben zu lassen.

Die Ethik der Liebe zu allen Geschöpfen im Einzelnen auszudenken; dies ist die schwere Aufgabe, die unserer Zeit gestellt ist.

Albert Schweitzer

1.	»Die Ethik hat es nur mit den Pflichten des Menschen gegenüber Menschen zu tun!« Erläutern Sie, welche Position Schweitzer gegenüber dieser Aussage einnimmt.
2.	Wie bewertet Schweitzer die Einstellung anderer Kulturen (China und Indien) zu Tieren und Pflanzen?
3.	Hat er mit seiner Einschätzung Recht? Berücksichtigen Sie bei Ihrer Beurteilung die Gedanken des Inders Ram A. Mall im folgenden Textauszug:

Albert Schweitzer, der Indien gegenüber positiv eingestellt war, verfällt […] in ein Missverständnis […] Schweitzer meint, das indische Denken vertrete die Idee der »Welt- und Lebensverneinung«.
Ist Ethik als Ehrfurcht vor dem Leben zu begreifen, dann ist das indische Denken durch und durch ethisch motiviert. In seiner Kritik an Schweitzer hatte der indische Philosoph und Politiker Radhakrishnan geschrieben: »Alle maßlosen Vereinfachungen der komplizierten Wirklichkeit sind irreführend. Es ist kaum angängig, die Völker in solche, die die Welt überhaupt nicht anerkennen wollen, und solche, die sich zu nichts anderem bekennen, einzuteilen. Die vielen Vorbehalte, die Schweitzer zwangsläufig bei der Anwendung seines Schemas von Weltbejahung und Weltverneinung in ihren gegensätzlichen Haltungen macht, von denen die eine oder die andere abgelehnt werden muss, zeigen, dass der Einklang mit den Tatsachen fehlt.« […]
Die Lehre von der Wesensverwandtschaft zwischen der menschlichen und göttlichen Seele untermauert metaphysisch und mystisch die reale Möglichkeit einer Ethik der Nächstenliebe und darüber hinaus eine Ethik des Mitleids allen Kreaturen gegenüber. Mit Recht weist in diesem Zusammenhang der deutsche Indologe und Philosoph Deussen darauf hin, dass einem Menschen, der diese Wesensverwandtschaft aller Wesen in dem höchsten Wesen realisiert hat, die Lehre: Liebe die anderen wie dich selbst! nicht nur deutlich wird, sondern sich sogar spontan ergibt. So erfährt die Lehre vom Mitleid und Wohlwollen in der indischen Ethik eine andere Begründung als in der christlichen.

Ram Adhar Mall

4. Erläutern Sie, inwiefern Schweitzer mit seiner Lehre von der »Ehrfurcht vor dem Leben« auf dem Boden des Christentums steht.

5. Welche Schwierigkeiten sieht Schweitzer bei der Befolgung der »Ehrfurcht vor dem Leben«? Welche Probleme sehen Sie selbst? Kommen Sie zu einer Beurteilung.

Was von vielen als Natur angesehen wird, ist oft bereits Kulturlandschaft.

C// Sind wir für die Natur verantwortlich? – Eine kritische Stimme zur Ethik Albert Schweitzers

»Grenzenlose Verantwortung allem Lebendigem gegenüber« ist der Leitsatz von Schweitzers Ethik und diese Ethik impliziert eine Verantwortung für die lebende Natur (nicht also für die ganze Natur), wie wir sie schärfer nur noch in der Ethik des indischen Jainismus ausgebildet sehen. Obwohl Schweitzers Ethik eine deskriptive Unterscheidung zwischen »höheren« und »niederen« Formen des Lebens durchaus anerkennt, verzichtet sie doch ganz bewusst auf eine ethische Differenzierung zwischen Höherem und Niederem und lässt keinen Zweifel daran, dass auch das pflanzliche Leben, selbst noch Mikroorganismen wie der Erreger der Schlafkrankheit, der dem menschlichen Auge erst mittels des Mikroskops sichtbar wird, als etwas Geheiligtes betrachtet und im praktischen Verhalten als solches respektiert werden soll.
Nicht nur die Tötung von Tieren zum Zweck menschlicher Nahrungsbeschaffung – jede im Dienste des »höheren« Lebens bestehende Vernichtung von Leben stellt für Schweitzer die schuldhafte Bewältigung eines unaufhebbaren Konflikts dar: »Der Mensch hat dann, wenn ein Leben dem anderen geopfert werden muss, die Verantwortung für das geopferte Leben zu tragen«. […] Das christliche Liebesgebot wird von

Schweitzer so umfassend interpretiert, so rigoros universalisiert, dass es alles Lebendige, Höheres wie Niederes, einbegreift, als eine »ins Universelle erweiterte Ethik der Liebe«. Wie weit sie reicht, wird deutlich, wenn Schweitzer sich als einen »Massenmörder von Bakterien« bezeichnet, davon spricht, dass er sich Schuld auflädt, wenn er das kleinere von zwei unausweichlichen Übeln ergreift – eine Schuld, die nur dadurch abzutragen sei, dass die Kreatur nicht nur vor Schaden bewahrt, sondern ihr »Alles irgend mögliche Gute« angetan wird. […]

Schweitzers »ethische Weltanschauung« kann nicht anders als mit dem größten Respekt betrachtet werden. […] Die moralischen Erfahrungen, auf denen diese Ethik fußt, sind private und bezeichnenderweise scheint Schweitzer selbst eine über die Grenzen seiner persönlichen »Weltanschauung« hinausgehende allgemeine Verbindlichkeit für diese Ethik nicht gefordert zu haben. Einmal aus dem Bezug zum jeweils privaten mystischen Erleben herausgelöst, verstrickt sie sich in Antinomien, die sich rational nicht auflösen lassen.

Dieter Birnbacher

1.	Skizzieren Sie, welche Kritik Dieter Birnbacher an Schweitzers Ethik äußert.
2.	Hat Birnbacher mit seiner Kritik Recht? Beziehen Sie Stellung.

Klaus Vogelgesang, Hommage à Caspar David, 1983

Drei ethische Grundmodelle: Erfolgsethik – Gesinnungsethik – Verantwortungsethik

In der **Erfolgsethik** interessiert nur das Ergebnis einer Handlung, nicht aber die Absicht, die sie bestimmt. Absicht und Handlung sind im Gesamtumfang der Tat gewissermaßen noch nicht auseinandergebrochen. In der griechisch-archaischen Zeit und im Alten Testament finden sich Beispiele für eine solche Einstellung: so etwa, wenn Ödipus bestraft wird – oder genauer: sich selbst bestraft – für Handlungen, die er ohne Wissen und Absicht, gleichsam schicksalsverblendet, vollbracht hat: nämlich die Tötung seines Vaters und die Vermählung mit seiner Mutter.

Unter **Gesinnungsethik** versteht man demgegenüber eine sittliche Position, die sich vornehmlich auf die Absicht und den guten Willen beruft, aber das Ergebnis der Handlung vergleichgültigt: Ich habe das Beste gewollt! Wenn meine Absicht scheitert, bin nicht ich, sind vielmehr die Umstände dafür verantwortlich! Die Vertreter einer solchen Gesinnungsethik ziehen sich daher meist aus der Handlungssphäre ganz zurück und beruhigen sich mit ihrem »guten Gewissen«. Sie waschen ihre Hände in Unschuld und wollen sie nicht durch Berührung mit der Realität beschmutzen.

Als **Verantwortungsethik** bezeichnet man schließlich eine ethische Position, die beide Möglichkeiten gleichsam übergreift: hier ist der Täter durchaus moralisch »gesonnen«, aber versäumt es nicht, seine Gesinnung auch im Handeln zu bewähren, wobei er nicht nur den Erfolg, sondern auch die Nebenfolgen in seine Verantwortung mit einbezieht. Der Offizier, der seiner Truppe befiehlt, aus einem Kessel auszubrechen, um der Gefangenschaft und vielleicht dem Tod zu entgehen, muss dabei in Kauf nehmen, einige seiner besten Soldaten zu verlieren. Er muss dies auf seine Kappe nehmen, d.h. in seine Verantwortung mit einschließen und verwickelt sich damit handelnd unweigerlich in Schuld. In diesem Sinne ist alles Handeln letztlich tragisch; man kann sein Herz aus einer solchen Begegnung mit der Wirklichkeit »nicht mehr ganz zurückbringen« (Goethe).

Josef Derbolav

6. Brauchen wir eine neue Ethik der Zukunft?

a// »Das Prinzip Verantwortung« (Hans Jonas)

Man nehme […] die kritische Verletzlichkeit der Natur durch die technische Intervention des Menschen – eine Verletzlichkeit, die nicht vermutet war, bevor sie sich in schon angerichtetem Schaden zu erkennen gab. Diese Entdeckung, die zu dem Begriff und der beginnenden Wissenschaft der Umweltforschung (Ökologie) führte, veränderte die ganze Vorstellung unserer selbst als eines kausalen Faktors im weiteren System der Dinge. […] Die Natur als eine menschliche Verantwortlichkeit ist sicher ein Novum, über das ethische Theorie nachsinnen muss. Welche Art von Verpflichtung ist in ihr wirksam? Ist es mehr als utilitarisches Interesse? Ist es einfach die Klugheit, die gebietet, nicht die Gans zu schlachten, die die goldenen Eier legt, oder gar den Ast abzusägen, auf dem man sitzt? Aber das »man«, das hier sitzt und vielleicht ins Bodenlose fällt – wer ist es? Und was ist mein Interesse an seinem Sitzen oder Fallen?

Insoweit als der letzte Bezugspol, der das Interesse an der Erhaltung der Natur zu einem *moralischen* Interesse macht, das Schicksal des Menschen in seiner Abhängigkeit vom Zustand der Natur ist, ist auch hier noch die anthropozentrische Ausrichtung aller klassischen Ethik beibehalten. Selbst dann ist der Unterschied groß. Die Einhegung der Nähe und Gleichzeitigkeit ist dahin, fortgeschwemmt von der räumlichen Ausbreitung und Zeitlänge der Kausalreihen, welche die technische Praxis, auch wenn für Nahzwecke unternommen, in Gang setzt. Ihre Unumkehrbarkeit, im Verein mit ihrer zusammengefassten Größenordnung, führt einen weiteren neuartigen Faktor in die moralische Gleichung ein. Dazu ihr kumulativer Charakter: ihre Wirkungen addieren sich, so dass die Lage für späteres Handeln und Sein nicht mehr dieselbe ist wie für den anfänglich Handelnden, sondern zunehmend davon verschieden und immer mehr ein Ergebnis dessen, was schon getan ward. Alle herkömmliche Ethik rechnete nur mit nichtkumulativem Verhalten. Die Grundsituation von Mensch zu Mensch, in der Tugend sich erproben und Laster sich entblößen muss, bleibt stets dieselbe und mit ihr fängt jede Tat von neuem an. Die wiederkehrenden Gelegenheiten, die je nach ihrer Klasse ihre Alternativen des Handelns stellen – Mut oder Feigheit, Maß oder Exzess, Wahrheit oder Lüge usw. – stellen jedes Mal die Urbedingungen wieder her. Diese sind unüberholbar. Aber die kumulative Selbstfortpflanzung technologischer Veränderungen

Wolfgang Tillmans, Concorde L 432–7, 1997

Wer den Absturz der Air-France-Concorde am 25. Juli 2000 in einem Außenbezirk von Paris im Fernsehen sah, war unvermeidlich geschockt. Später stellten sich Fragen: Wie konnte es dazu kommen? War die Katastrophe vorhersehbar? Die Concorde absolvierte ihren ersten Testflug im März 1969, nur vier Monate bevor ein Amerikaner als erster Mensch auf dem Mond landete. Die UdSSR gab ihr eigenes Überschallflugprogramm nach dem Absturz ihrer TU–144 bei der Pariser Luftfahrtschau auf dem Flughafen von Le Bourget 1973 auf. Inzwischen ist die Concorde seit dem Jahr 2000 auch aus dem Verkehr gezogen.
Für uns heute ist kaum nachzuvollziehen, wie man in dieser Zeit von regelmäßigen Personentransporten zum Mond träumte. Dennoch: Konnte ein Fluggerät wie die Concorde angesichts der möglichen Folgen bei kleinen technischen Pannen im Sinne von Jonas verantwortet werden?

der Welt überholt fortwährend die Bedingungen jedes ihrer beitragenden Akte und verläuft durch lauter präzedenzlose Situationen, für die die Lehren der Erfahrung ohnmächtig sind. Ja, die Kumulation als solche, nicht genug damit, ihren Anfang bis zur Unkenntlichkeit zu verändern, mag die Grundbedingung der ganzen Reihe, die Voraussetzung ihrer selbst, verzehren. All dieses müsste im Willen der Einzeltat mitgewollt sein, wenn diese sittlich verantwortlich sein soll. [...] Unter solchen Umständen wird Wissen zu einer vordringlichen Pflicht über alles hinaus, was je vorher für seine Rolle in Anspruch genommen wurde, und das Wissen muss dem kausalen Ausmaß unseres Handelns größengleich sein. Die Tatsache aber, dass es ihm nicht wirklich größengleich sein kann, das heißt, dass das vorhersagende Wissen hinter dem technischen Wissen, das unserem Handeln die Macht gibt, zurückbleibt, nimmt selbst ethische Bedeutung an. Die Kluft zwischen Kraft des Vorherwissens und Macht des Tuns erzeugt ein neues ethisches Problem. Anerkennung der Unwissenheit wird dann die Kehrseite der Pflicht des Wissens und damit ein Teil der Ethik, welche die immer nötiger werdende Selbstbeaufsichtigung unserer übermäßigen Macht unterrichten muss. Keine frühere Ethik hatte die globale Bedingung menschlichen Lebens und die ferne Zukunft, ja Existenz der Gattung zu berücksichtigen. [...]
Und wie, wenn die neue Art menschlichen Handelns bedeuten würde, dass mehr als nur das Interesse »des Menschen« allein zu berücksichtigen ist – dass unsere Pflicht sich weiter erstreckt und die anthropozentrische Beschränkung aller früheren Ethik nicht mehr gilt? Es ist zumindest nicht mehr sinnlos zu fragen, ob der Zustand der außermenschlichen Natur, die Biosphäre als Ganzes und in ihren Teilen, die jetzt unserer Macht unterworfen ist, eben damit ein menschliches Treugut geworden ist und so etwas wie einen moralischen Anspruch an uns hat – nicht nur um unsretwillen, sondern auch um ihrer selbst willen und aus eigenem Recht! [...] Für eine solche Treuhänderrolle hat keine frühere Ethik (außerhalb der Religion) uns vorbereitet – und die herrschende wissenschaftliche Ansicht der Natur noch viel weniger. Ja, die letztere versagt uns gerade mit Entschiedenheit jedes theoretische Recht über die Natur noch als etwas zu Achtendes zu denken – hat sie diese doch zu der Indifferenz von Notwendigkeit und Zufall reduziert und aller Würde von Zwecken entkleidet. Und doch, ein stummer Appell um Schonung ihrer Integrität scheint von der bedrohten Fülle der Lebenswelt auszugehen. Sollen wir auf ihn hören, sollen wir seinen Anspruch als verbindlich, weil sanktioniert von der Natur der Dinge, anerkennen oder in ihm lediglich ein Sentiment unsererseits sehen, dem wir nachgeben mögen, wenn wir wollen und soweit wir's uns leisten können.

Hans Jonas

1. Nenne Sie die Argumente, die Hans Jonas anführt, um eine »neue Ethik« zu rechtfertigen.
2. Vergleichen Sie die Ethik von Hans Jonas mit der von Albert Schweitzer. Welche Rolle wird in der jeweiligen Ethik dem Moment des »Wissens« zugemessen? Welche Bedeutung haben jeweils weltanschauliche Voraussetzungen?

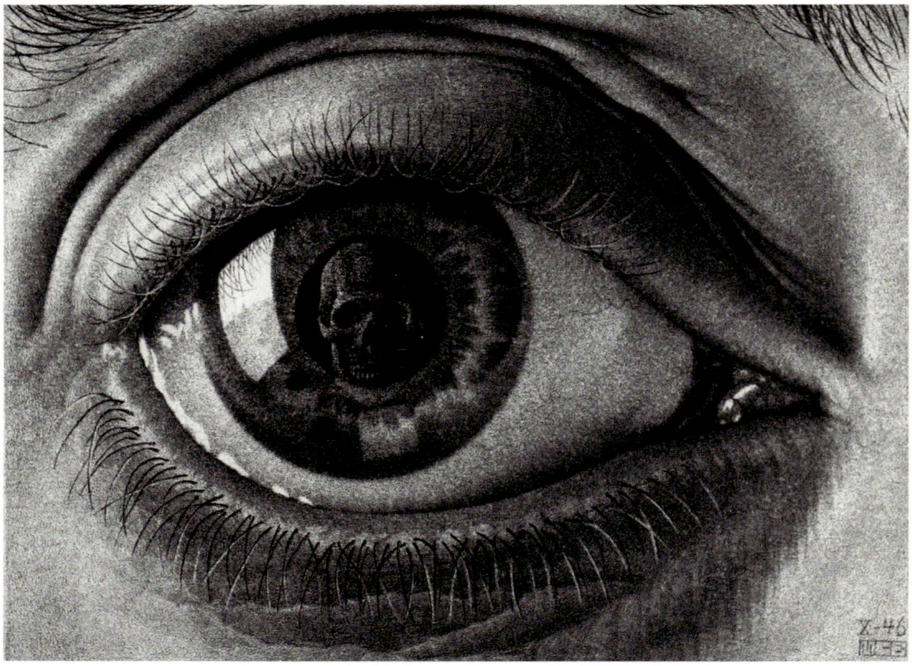

M. C. Escher, Auge, 1946

b// »Die Verantwortungsethik versagt dort, wo sie … eingelöst werden müsste!« (Gregory Fuller)

In seiner Arbeit *Das Prinzip Verantwortung* hat Hans Jonas eine neue Ethik gefordert, die unserer erweiterten Macht kommensurabel sein soll. In der Antike waren die zeugenden Kräfte der Natur noch weitgehend unvermindert. Die menschlichen Eingriffe in sie blieben oberflächlich. Die Natur war das Bleibende, wechselnd waren allein die menschlichen Werke. Heute aber, fährt Jonas fort, kann man sich der grenzenlosen Verletzbarkeit der Natur nicht mehr verschließen, denn unsere Macht hat sich ins Unendliche gesteigert. Die gesamte Biosphäre, schreibt Jonas, wurde zu unserem Treugut, weshalb die Ethik sich nun auf sie erstrecken müsse. Bisher stand die Verantwortung nicht im Zentrum der Ethik, betont Jonas. Verantwortung ist eine Funktion von Macht und Wissen, und beide waren früher so beschränkt, dass Verantwortung keine Rolle spielte – bis heute. Jonas erhebt daher die Forderung nach einer völlig neuen Ausrichtung der Ethik als Verantwortungsethik, die er mit einem ersten Imperativ verknüpft: »dass eine Menschheit sei«.

Ich bejahe die Verantwortungsethik von ganzem Herzen, doch sie versagt dort, wo sie in der Wirklichkeit eingelöst werden müsste.

Die Verantwortungsethik setzt einen minimalen Respekt vor der Natur voraus, denn wo sonst soll die Verantwortung verankert sein? […] Noch nie, seit dem Paläolithikum, noch nie war er bestimmend, außer in den heute fast ganz verschwundenen ökologischen Nischen der übrig gebliebenen Urvölker. Im Gegenteil: Mit jeder Abfindung, die uns die Arbeit erleichtert, mit jeder Maschine, mit jeder giftigen Chemikalie und mit jedem Kunststoff haben wir uns immer weiter von der Natur und den natürlich gegebenen Kreisläufen entfremdet. Man kann nichts respektieren, geschweige denn die Verantwortung für etwas übernehmen, dem man völlig entfremdet wurde. Von der Natur ist der Spätkultur-Mensch Lichtjahre entfernt. Eine Verantwortungsethik erweist sich als vollkommen ohnmächtig gegenüber der Eigendynamik der Forschung – typisch dafür die unaufhaltsame Genetik –, gegenüber der Unumkehrbarkeit technologischer Prozesse und gegenüber freigesetzten Giften. Jonas kritisiert die Krux der traditionellen Ethik wegen der Kluft zwischen Sein und Sollen, die durch ein *fiat* überbrückt werden soll. Die Kritik trifft den Urheber. Dem Sollen der Verantwortungsethik ergeht es wie allen berechtigten ethischen Forderungen. Die Wirklichkeit richtet sich nicht danach. Ansätze zu einer Verantwortungsethik sind nirgends auszumachen. Oder hält jemand unsere bescheidenen ökologischen Notprogramme für ernsthafte Ansätze? Nicht einmal die wundervollen Wale vermögen wir zu beschützen. […]

Auge, 2012

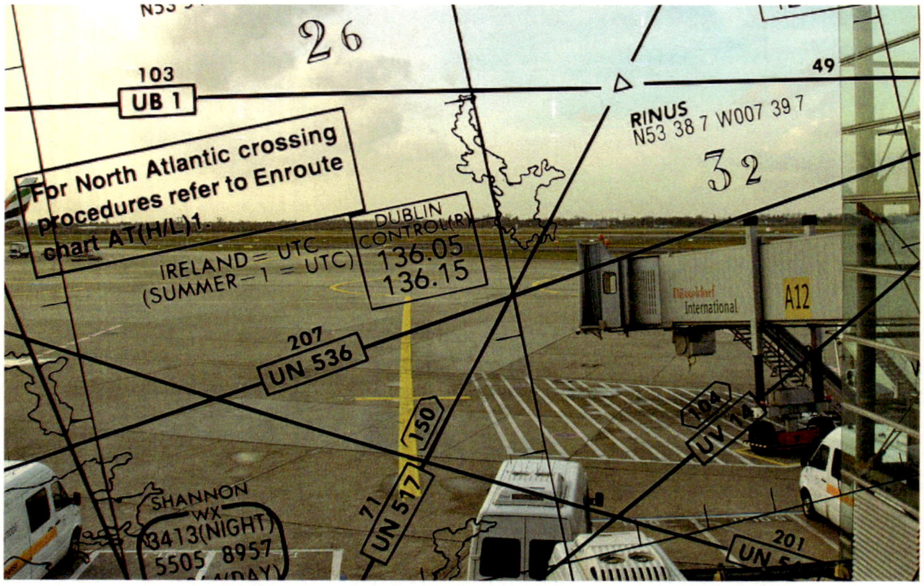

Heiner Altmeppen, Landschaft an der Emscher, 1998–2008

Wir sind nicht einmal in der Lage den Menschen auch nur annähernd verantwortungsvoll zu behüten. [...] Verantwortungslosigkeit als unser Leitstern (ohne dass wir uns dessen bewusst gewesen wären) macht unseren Überfall auf die Natur erst möglich. Je größer die Verfügungsgewalt ist, desto tiefer müsste die Verantwortungsethik verankert sein. Doch das war niemals der Fall. Denn unsere immense Macht gründet in der Sorglosigkeit, in der Unhemmbarkeit. Jedes Hochrisikosystem, und jährlich kommen neue hinzu, bleibt ein Ausdruck unserer globalen Verfügungsgewalt, deren Charakter grundsätzlich verantwortungslos ist. Es ist naiv, inmitten des wildesten Getümmels die Friedenspfeife rauchen zu wollen, naiv, in die schwärzeste Nacht hineinzuschreien, es möge augenblicklich Tag werden.

Außer der Hoffnung und der Verantwortungsethik steht noch anderes gegen die Bereitschaft, das evolutionäre Ende zu akzeptieren. Alle sterblichen Wesen werden von Angst beherrscht. Hinter angstgeleiteten Entscheidungen steckt immer die Existenzangst. Angst überwindet man durch Wahrhaftigkeit, die einen über die Schwelle trägt. Auf der anderen Seite der Schwelle steht man Auge im Auge dem Ausmaß unserer Zerstörung gegenüber. Dieses entsetzliche Ausmaß gilt es auszuhalten auf dem Weg zu einer neuen inneren Freiheit. Wer das Unabwendbare in freiwilliger und einsichtiger Entscheidung hingenommen und verinnerlicht hat, eröffnet sich neue Dimensionen der Selbstbestimmung. Man reagiert nicht länger blind, ängstlich, kurzsichtig, sondern gelassen und den Umständen entsprechend ohne die Fremdbestimmung, die die Ängstlichen als Über-Ich-Schutz benötigen. Wer sich selbst entscheidet, stärkt das Ich. Wer heiter die Akzeptanz wählt, begibt sich in ein neues, in das letzte Reich der Freiheit, befreit sich von der Trauer. Wer selbstgewählte Heiterkeit an den Tag legt, braucht nachts nicht zu weinen. Unser persönliches Leben bleibt untrennbar vom Leben der Gattung Mensch, zugleich aber ist es durch die Unverwechselbarkeit der Individualität davon getrennt. Während die Spezies in diesem massen- und naturmordenden Jahrhundert ihre moralische Korruption längst bewiesen hat, vermögen Individuen durchaus den Weg einer moralischen Läuterung einzuschlagen. Wer die heitere Akzeptanz findet, beweist innere Freiheit, Freiheit zur Distanz von den ökologischen und humanitären Verbrechen der Allgemeinheit. Frustrationen werden abgebaut: Frustrationen über die Gewordenheit. Sie können leicht in Aggressionen umschlagen. Wer die Evolution als gewordene, praktisch schon gewesene hinnimmt, ist nicht mehr enttäuscht darüber, dass es auch anders und besser hätte kommen können. Wie sinnlos, sich von Hypothesen frustrieren zu lassen. [...]

Im Angesicht der ökologischen Katastrophe können wir tun, was wir wollen. Keine Tat ändert irgendetwas. Es handelt sich nur noch um moralische Entscheidungen. Längst tanzen wir kurz vor dem Ausbruch auf dem Vulkan. Entschließen wir uns zur Aktivität, verdient es den Respekt aller. Die Aktivität

vor dem Ausbruch des Vulkans ist der letzte, kleine, private Sinnsprung, bevor die Lava zu fließen beginnt. Man suche den Sinn in sich selbst, in der Tat, die vor der Selbstachtung Bestand hat. […]

Angesichts des Sinnmangels und angesichts einer fehlenden Hoffnungsperspektive manifestieren alle moralisch-ökologischen Aktionen gleich welcher Art die letzte verbliebene Stärke der menschlichen Gattung. Sie nimmt darum heldenhafte Züge an. Die scheiternde Heldin, der scheiternde Held erscheint groß im Sterben, hemingwaygleich. Greenpeace und Robin Wood: die wahren Heiligen der letzten Tage.

Es gibt einen Unterschied zwischen Akzeptanz und Akzeptanz. Die Kleinbürger akzeptieren aus Angst oder Gedankenlosigkeit, sie akzeptieren aus Resignation oder aus dem Gefühl der sozialen Unterlegenheit. Die heitere Hoffnungslosigkeit macht man sich hingegen aus begründeter Einsicht zu eigen. Wer die heitere Hoffnungslosigkeit verinnerlicht, erreicht einen Zustand ruhiger Wachheit. Dieser treibt in den zivilen Ungehorsam. Natürlich bleibt jeder Akt des Ungehorsams, jede Ahimsa-Aktion dezisionistisch und darum unbegründet. Jeder Akt könnte auch nicht stattfinden. Eine objektive Begründung gibt es nicht. […]

Vielleicht muss man die Nüchternheit im Angesicht des Unabänderlichen noch radikaler fassen. Es geht gar nicht mehr um die Natur, es geht lediglich um die nackte Selbstachtung. Jonas hat sich um sie bemüht und ein Minimalprogramm aufgestellt: dass eine Menschheit sei. Er ist meiner Meinung nach gescheitert, weil auch dieses Minimum von uns nicht mehr eingelöst werden kann. Wir befinden uns in der unglücklichen Situation sogar dieses Minimalprogramm reduzieren zu müssen. […]

Das Ideal einer intersubjektiven Moral entschwindet auf Nimmerwiedersehn. Es gibt kein Recht mehr. Das Subjekt wird ganz auf sich selbst zurückgeworfen. Allein die individuelle, absurde Restmoral der Selbstachtung erlaubt uns aus der erstarrten Untätigkeit auszubrechen und zu handeln. Diese armselige Restmoral kann man auch Heldenmoral nennen, da sie widersinnig Minimalakte vollbringt. Ebenso wäre der Begriff der Idiotenmoral angebracht. Der in heiterer Gelassenheit handelnde Idiot wird zum Sinnbild einer – kurzlebigen – Zukunft. Sind nur noch Idioten fähig heitere Hoffnungslosigkeit zu verinnerlichen und auszutragen?

Die Menschheit hat als Spezies vor allen anderen Spezies versagt. Wir haben uns in unserer todbringenden Dominanz so weit gebracht, dass aufrechten Individuen nur noch eines bleibt. Ohne Illusionen zapfe man das letzte Kraftreservoir an, das Reservoir der Selbstachtung. Bald wird auch dieses Rinnsal versiegen. Es ist bereits aller Tage Abend.

Gregory Fuller

1. Nennen Sie die Kritik, die Gregory Fuller an Hans Jonas übt.
2. Erörtern Sie, ob Fullers Einschätzung der Lage und der folgenden Konsequenzen angemessen ist.

C// »Wir können an die Zukunft glauben und daran arbeiten … Die Entscheidung liegt bei uns …« (Al Gore)

Wenn man ein so großes Problem wie die weltweite Umweltzerstörung betrachtet, fühlt man sich leicht überfordert und völlig außerstande irgendeine Veränderung zu bewirken. Aber einer solchen Reaktion müssen wir widerstehen, denn diese Krise ist nur zu lösen, wenn der einzelne Verantwortung übernimmt. Wenn wir uns selbst und andere aufklären, wenn wir unseren Teil dazu beitragen, Ausbeutung und Verschwendung von Ressourcen so gering wie möglich zu halten, wenn wir politisch aktiver werden und auf Veränderungen drängen – dann kann jeder von uns auf diesen und vielen anderen Wegen etwas bewirken. Am wichtigsten ist vielleicht, dass jeder von uns sein eigenes Verhältnis zur natürlichen Umwelt bestimmt und auf der Ebene tiefster persönlicher Ehrlichkeit seine Verbindung zu ihr erneuert. Und das können wir nur, wenn wir das erneuern, was in allen Teilen unseres Lebens authentisch und echt ist.

Das 20. Jahrhundert war für das ständige Streben des Menschen nach Lebenssinn keine gute Zeit. Zwei Weltkriege, der Holocaust, die Erfindung der Atomwaffe und jetzt die globale Umweltkrise haben für viele von uns die Frage aufgeworfen, ob Überleben überhaupt noch möglich ist – ganz zu schweigen von einem leichten, erfreulichen und hoffnungsvollen Leben. Wir ziehen uns auf die verführerischen Hilfsmittel und Technologien der industriellen Zivilisation zurück, aber das schafft nur neue Probleme, weil wir uns immer mehr voneinander isolieren und immer weniger mit unseren Wurzeln verbunden sind. Die Sorge um das Ich, eng definiert als völlig von den anderen und der übrigen Welt getrenntes Gebilde, wird als wichtigster Beweggrund aller sozialen Verhaltensweisen und der gesamten Zivilisation verstärkt.

Wir beginnen mächtige Bilder für wertvoller zu halten als erprobte Wahrheiten. Wir glauben, angesichts der möglichen Zerstörung könnten nur solche Bilder das Ich widerspiegeln und erweitern. Aber das ist keine tragfähige Antwort und letztlich führt sie zu dem Gefühl, dass uns das Wahre und Richtige in unserem Leben entgleitet. Für mich ist diese Reaktion so tiefgreifend, dass sie den Verdacht auf eine kollektive Identitätskrise nahelegt. Ich beschäftigte mich jetzt seit mehreren Jahren intensiv mit der Suche nach Wahrheiten über mich und über mein Leben. Und ich weiß, dass viele andere das gleiche tun. Mehr Menschen als je zuvor fragen: »Wer sind wir? Was ist unser Ziel?« Das Wiederaufflammen des Fundamentalismus in allen Weltreligionen vom Islam über das Judentum und den Hinduismus bis zum Christentum; die Verbreitung neuer spiritueller Bewegungen, Ideologien und Kulte aller Formen und Inhalte; die Popularität von »New Age« und die Faszination, die derzeit von erklärenden Mythen und Sagen der ganzen Welt ausgeht – all das legt eine Schlussfolgerung nahe: Es gibt tatsächlich so etwas wie eine spirituelle Krise in der modernen Zivilisation, die in ihrem Zentrum anscheinend nur aus Leere besteht und der ein größeres spirituelles Ziel fehlt.

Am Ende habe ich gleichzeitig nach einem besseren Verständnis meines eigenen Lebens und nach Möglichkeiten zur Rettung der globalen Umwelt gesucht; vielleicht war das der Grund, warum ich inzwischen an den Wert einer Art innerer Ökologie glaube, die sich auf dieselben Prinzipien von Gleichgewicht und Ganzheitlichkeit gründet wie eine gesunde Umwelt. So scheint beispielsweise eine zu starke Konzentration auf das Innere zu einer gewissen Isolation von der Welt zu führen, so dass wir von der spirituellen Nahrung abgeschnitten sind, die wir in den Beziehungen zu anderen finden. Andererseits führt aber auch zu viel Hinwendung zu anderen unter Aufgabe dessen, was man am besten still im eigenen Herzen versteht, zu Selbstentfremdung. Der

Blick auf ein Plakat: Impuls zum Nachdenken beim Warten auf den öffentlichen Bus

Schlüssel liegt tatsächlich im Gleichgewicht, dem Gleichgewicht zwischen Nachdenken und Handeln, zwischen persönlichen Sorgen und der Verpflichtung gegenüber der Gemeinschaft, zwischen der Liebe zur natürlichen Umwelt und zu unserer eigenen, erstaunlichen Zivilisation. Das ist das Gleichgewicht, nach dem ich in meinem Leben suche. Ich hoffe und glaube, dass wir alle einen Weg finden werden, dem Impuls der Gewohnheiten, Verhaltensmuster und Ablenkungen zu widerstehen, die uns von dem trennen, was wahr und ehrlich ist, und uns erst hierhin, dann dorthin schleudern, so dass wir wie auf einem Karussell herumgewirbelt werden, bis unsere Seele schwindlig und verwirrt ist.

Wenn es möglich ist, einen eigenen Kurs zu steuern – und daran glaube ich –, dann sollte man damit nach meiner Überzeugung beim Glauben beginnen; er ähnelt für mich einer Art spirituellen Kreisels, der in stabiler Harmonie zwischen Innerem und Äußerem rotiert. Glaube – das ist natürlich nur ein Wort, bis man es mit der eigenen, persönlichen Bedeutung füllt. Meine eigene Bedeutung wurzelt in dem unerschütterlichen Glauben an Gott als den Schöpfer und Erhalter, in einer zutiefst persönlichen Deutung von Christus und meinem Verhältnis zu ihm, und in dem Bewusstsein seiner ständigen heiligen Gegenwart in allen Menschen, allem Leben und allen Dingen. Aber ich möchte auch bestätigen, was gläubige Menschen vor langer Zeit offenbar wussten und was unsere Zivilisation verdunkelt hat: dass es Offenbarungskräfte in der Welt gibt. Das ist das Wesen des Glaubens: sich aus freien Stücken ausliefern an eine spirituelle Realität, die größer ist als wir selbst. Und dieser Glaube ist nach meiner Überzeugung die wichtigste Kraft, die uns in die Lage versetzt, Sinn und Richtung zu wählen und dann trotz der chaotischen Stöße des Lebens daran festzuhalten.

Ich glaube auch, dass für uns alle eine oft schlecht verstandene Verbindung besteht zwischen ethischen Entscheidungen, deren Tragweite recht gering zu sein scheint, und solchen mit offenkundig großen Auswirkungen. Deshalb ist das bewusste Bemühen, bei allen Entscheidungen – und seien sie noch so klein – an Prinzipien festzuhalten, eine Entscheidung für die Gerechtigkeit in der Welt. Nach demselben Prinzip macht einen die Bereitschaft, sich ablenken zu lassen und die Folgen einer kleinen, achtlosen oder unethisch getroffenen Entscheidung nicht zu berücksichtigen, anfälliger für ein ähnliches Verhalten, wenn eine große Entscheidung bevorsteht. Sowohl in unserem persönlichen Leben als auch in politischen Entscheidungen haben wir eine ethische Verpflichtung, die es zu beachten gilt; wir müssen Ablenkungen widerstehen, untereinander ehrlich sein und Verantwortung für unsere Handlungen übernehmen – ob als Einzelne oder gemeinsam. In Aristoteles' Worten »Tugend ist *eine* Sache.«

Wolfgang Tillmans, Shaker rainbow, 1998

Für die Zivilisation als Ganzes ist der Glaube, dass es lebensnotwendig ist, das fehlende Gleichgewicht in unserem Verhältnis zur Erde wiederherzustellen, zugleich der Glaube, dass wir eine Zukunft haben. Wir können an diese Zukunft glauben und daran arbeiten, sie zu erreichen und zu erhalten, oder wir können blind herumwirbeln und uns so verhalten, als gäbe es eines Tages keine Kinder mehr, die unser Erbe übernehmen. Die Entscheidung liegt bei uns; auf dem Spiel steht die Erde.

Al Gore

1. Fassen Sie die Überlegungen von Al Gore in Thesen zusammen.
2. Vergleichen Sie seine Situationsanalyse mit der von Gregory Fuller.
3. Welche Konsequenzen sind Ihrer Meinung nach zu ziehen? Beziehen Sie Stellung.

7. Von der Verantwortung für die Zukunft dieser Welt

Das natürliche Gleichgewicht, in dem Mensch und Tier gesund leben können, ist gestört, Bilder von sterbenden Wäldern sind uns mittlerweile vertraut, Lebensmittel sind vergiftet. Dies sind Symptome einer gegenwärtigen ökologischen Krise und zugleich Aufruf zu einem verantwortungsbewussten Handeln für die Umwelt.

Wenn Umweltprobleme diskutiert werden, wird immer wieder ein Begriff verwendet, der vor wenigen Jahren nur in Fachkreisen Verwendung fand: Ökologie. Was ist darunter zu verstehen? Ernst Haeckel (1834–1919) war wohl der erste, der diesen Begriff verwendete. Als Biologe verstand er darunter »die gesamte Wissenschaft von den Beziehungen des Organismus zur umgebenden Außenwelt«, kurzum die Lehre vom »Haushalt« der Natur, die als vernetztes Ganzes zu sehen ist. Heute wird der Ökologiebegriff allerdings weit über die Grenzen der Biologie hinaus verwendet. So geht Ökologie nicht in biologischer Umweltforschung oder gar in soziologischer Milieuforschung auf, sondern hebt hervor, dass Organismen – also auch Menschen – Teile eines vernetzten Ganzen sind, dem sie nicht bloß gegenüberstehen, sondern in das sie auch verwoben sind. Mit der Charakterisierung von Ökologie als »Lehre vom Haushalten« wird eine Norm gesetzt, nämlich dass mit den natürlichen Ressourcen haushälterisch verantwortlich umzugehen sei.

Ursachen für die gegenwärtige ökologische Krise sind vielfältig: ökonomisch, politisch, u.a. Geistesgeschichtlich wird wohl besonders hervorzuheben sein, dass nach abendländischem Verständnis der Mensch sich als Zentrum der Welt betrachtete. Ausdruck dafür war der Wille, sich die Erde »untertan zu machen« (Gen 1,26 ff). Auch wenn wir heute wissen, dass diese Schriftstelle keine rücksichtslose Ausbeutung der Natur meint, sondern dass hier die Bewahrung der Schöpfung in die Verantwortung des Menschen gelegt werden soll, scheint es doch nicht ausgeschlossen, dass die Bibel den geistigen Boden für die ökologische Krise mit verursacht hat. Denn während z.B. in den religiösen Vorstellungen Babylons die Natur noch als göttlich verehrt wurde, ist im priesterschriftlichen Schöpfungsglied der Bibel, im Buch Genesis, die Welt nur Schöpfung, nicht selber göttlich. Dadurch ist die schaudernde Ehrfurcht vor der göttlichen Naturgewalt entzaubert. Die Möglichkeit eines naturwissenschaftlich-technischen Zugriffs mit der Gefahr eines umweltzerstörerischen Fehlgriffs ist eröffnet.

Ein Blick auf die Religionen des Ostens zeigt, dass dort die Natur oft noch nicht so entzaubert ist wie bei uns. [...] Der Mensch wird grundsätzlich eher als Teil der Natur betrachtet. Eine Synthese von östlicher und westlicher Einstellung der Natur gegenüber hat unter anderen Albert Schweitzer mit seiner Ethik der Ehrfurcht vor dem Leben versucht. Die Überlegung, dass das Ganze der Natur ja nie voll erfasst werden kann, führt dazu, eine Einstellung zu fordern, die von Bescheidenheit und Zurückhaltung gegenüber jedem Eingriff in die Natur geprägt ist. Denn die Folgen eines solchen Eingriffs sind in einem vernetzten Ganzen nie völlig zu überblicken. Ökologische Verantwortung – politisch und individuell – ist herausgefordert. Wenn Christen sich bei dem Auftrag die Schöpfung zu bewahren auf das NT berufen, dann spielt der Römerbrief eine besondere Rolle. In 8,19 ff ist von der Hoffnung auch der außermenschlichen Schöpfung auf Erlösung und Befreiung die Rede. Und im Kolosserbrief (1,15 ff) wird die Einheit des Hauptes mit dem Leib, Christi mit dem Kosmos, also der natürlichen Welt, die in ihm zusammengefasst und versöhnt ist, herausgestellt. Das Erlösungsgeschehen erhält menschenübergreifende, kosmische Dimensionen.

Georg Bubolz

KOMPETENZEN

Am Ende dieses Kapitels sollten Sie Fortschritte beim Erwerb folgender Fähigkeiten erworben haben:

Wahrnehmungs- und Darstellungsfähigkeit – religiös bedeutsame Phänomene wahrnehmen und beschreiben:	• Situationen erfassen, in denen moralische Fragestellungen zur Debatte stehen und in denen die Entwicklung moralischer Sensibilität sowie der Reflexion moralischer Gefühle erforderlich ist • religiöse Spuren und Dimensionen in der Lebenswelt aufdecken • ethische Herausforderungen in der individuellen Lebensgeschichte sowie in unterschiedlichen gesellschaftlichen Handlungsfeldern wie Kultur, Wissenschaft, Politik und Wirtschaft als religiös bedeutsame Entscheidungssituationen erkennen • die Pluralität religiöser Richtungen als Herausforderung für einen Dialog über gemeinsame Maßstäbe moralischen Handeln identifizieren
Deutungsfähigkeit – religiös bedeutsame Sprache und Zeugnisse verstehen und deuten:	• religiöse und ethische Sprachformen analysieren • religiöse Motive und Elemente in Texten, ästhetisch-künstlerischen und medialen Ausdrucksformen identifizieren und ihre Bedeutung und Funktion erklären • biblische Texte, die für den christlichen Glauben grundlegend sind, methodisch reflektiert auslegen • theologische Texte sachgemäß erschließen • Glaubenszeugnisse in Beziehung zum eigenen Leben und zur gesellschaftlichen Wirklichkeit setzen und ihre Bedeutung aufweisen.
Urteilsfähigkeit – in religiösen und ethischen Fragen begründet urteilen:	• deskriptive und normative Aussagen unterscheiden • Formen theologischer und ethischer Argumentation vergleichen und bewerten • den Sinn eines globalen Ethos (»Weltethos«) erörtern und aufzeigen • ethische Gemeinsamkeiten von Konfessionen und Religionen sowie deren Unterschiede erklären und kriteriengeleitet bewerten • das ethische Anliegen der Jaina-Religion mit dem Impuls der Ethik der »Ehrfurcht vor dem Leben« (Albert Schweitzer) vergleichen und bewerten • das Problem des ethischen Relativismus analysieren • Modelle ethischer Urteilsbildung (wie Erfolgsethik, Gesinnungsethik, Verantwortungsethik)kritisch beurteilen und beispielhaft anwenden • die Menschenwürde theologisch begründen und als Grundwert in aktuellen ethischen Konflikten zur Geltung bringen • im Kontext der Pluralität einen eigenen Standpunkt zu religiösen und ethischen Fragen einnehmen und argumentativ vertreten.
Dialogfähigkeit – am religiösen Dialog argumentierend teilnehmen:	• die Perspektive eines anderen einnehmen (soweit dies möglich ist) und in Bezug zum eigenen Standpunkt (soweit vorhanden) setzen • Gemeinsamkeiten von religiösen und weltanschaulichen Überzeugungen sowie Unterschiede benennen und im Blick auf mögliche Dialogpartner kommunizieren • die grundsätzliche Problematik von interreligiösen Vergleichen aufgrund der kontextgebundenen Voraussetzungen erklären sowie aus dem Bewusstsein um die Schwierigkeiten eine Haltung der Demut und des Respekts vor dem nur partiell möglichen Verstehen des Anderen entwickeln • sich aus der Perspektive des christlichen Glaubens mit anderen religiösen und weltanschaulichen Überzeugungen argumentativ auseinandersetzen • Kriterien für eine konstruktive Begegnung, die von Verständigung, Respekt und Anerkennung von Differenz geprägt ist, in dialogischen Situationen berücksichtigen.
Gestaltungsfähigkeit – religiös bedeutsame Ausdrucks- und Gestaltungsformen verwenden:	• Aspekten des christlichen Glaubens in textbezogenen Formen Ausdruck verleihen • Ausdrucksformen des christlichen Glaubens erproben und ihren Gebrauch reflektieren • religiöse Symbole und Rituale der Alltagskultur kriterienbewusst (um-) gestalten • religiös relevante Inhalte und Positionen medial und adressatenbezogen präsentieren.

VII. Statt eines Nachwortes: Vom wahren Wesen der Umkehr – Eine jüdische Lebensweisheit

Wer Böses, das er getan hat, immerfort beredet und besinnt, hört nicht auf an seine schlechte Tat zu denken. Doch in dem, was man denkt, findet sich auch die Seele. Also bleibt er im Infamen: Ein solcher wird gewiss nicht die Umkehr schaffen, denn sein Geist wird grob und sein Herz stockig werden und es mag auch die Schwermut über ihn kommen.

Was willst du also? Rühr' her den Kot, rühr' hin den Kot, bleibt es doch immer Kot. »Ja, ich habe gesündigt, ich habe nicht gesündigt!« – Was hat man im Himmel von solcher Litanei? In der Zeit, in der ich darüber grüble, kann ich doch Perlen aufeinander reihen, dem Himmel zur Freud.

Darum ist es gesagt: »Weiche vom Bösen und tue das Gute« (Psalm 34,15/37,27), wende dich vom Bösen ganz ab, sinne ihm nicht nach, sondern tue das Gute. Unrechtes hat du getan? Setze die Tat des Rechten dagegen!

Rabbi Jichzak Meir aus Ger

Edvard Munch, Melancholie, 1891

Glossar

Das Glossar enthält Fremdwörter und Fachbegriffe, soweit sie nicht aus dem Textzusammenhang erschließbar sind. Die Angaben beziehen sich auf die Bedeutung der Begriffe, wie sie im Text verwendet werden, und müssen gegebenenfalls durch Hinzuziehen von Lexika ergänzt werden.

ästhetisch: stilvoll-schön, geschmackvoll

Ahimsa: Gewaltlosigkeit

Altruismus: Einstellung, die das eigene Handeln am anderen ausrichtet

Analogie: Ähnlichkeit bei gleichzeitiger Unähnlichkeit

Anomalie: Missbildung

Anthropologie: die Lehre vom Menschen; dazu tragen die verschiedensten Wissenschaften bei, z. B. Biologie, Psychologie, Soziologie, Philosophie, Theologie. Die »empirische« Anthropologie versucht, zu »wissenschaftlichen« Ergebnissen zu kommen, indem sie Teilaspekte des Menschen untersucht. Der »philosophischen« Anthropologie geht es um den Menschen als Ganzheit, sein Wesen, seinen Sinn. In der »theologischen« Anthropologie wird die Frage nach dem Verhältnis des Menschen zu Gott gestellt.

anthropozentrisch: den Menschen in den Mittelpunkt stellend

Antinomie: Widerspruch eines Satzes in sich oder zweier gültiger Sätze

apokalyptisch: auf das Weltende hinweisend; die Offenbarung des Johannes (Apokalypse) betreffend

Aspiration: Hoffnung, Bestrebung, ehrgeiziger Plan

Auskultation: Untersuchung durch Abhorchen

Auspizien: Obhut, Leitung autonom: sich selbst das Gesetz des Handelns gebend

Autonomie: Der Wille soll nach Kant nur seiner eigenen und zugleich einer allgemeinen Gesetzgebung unterworfen sein. Daher darf nur das Gute bzw. die Pflicht der Beweggrund für das Handeln sein.
Kants Lehre führt dazu, dass zwischen philosophischer und theologischer Ethik streng zu trennen ist. Denn diese kann auf die theonome Begründung von Sittlichkeit nicht verzichten. Heutige Tendenzen in der Theologie versuchen, Autonomie und Theonomie, die durch Erfahrung und Vernunft gewonnenen ethischen Forderungen und die göttlichen Gebote in Einklang zu sehen.

Biosphäre: Gesamtheit des von lebenden Wesen bewohnbaren Teils der Erde

Chimäre: Lebewesen, dessen Körper Zellen mit abweichender Chromosomenstruktur besitzen; Ungeheuer, Trugbild

Dekalog: Zehnwort, die Zehn Gebote

deontologisch: in einer solchen ethischen Theorie wird das Handeln ausschließlich daran gemessen, inwiefern es sittlichen Werten, Geboten, der Pflicht (gr.: deon) entspricht

Determinismus: nach dieser Vorstellung hat der Mensch keinen freien Willen; er ist insofern auch nicht verantwortlich für sein Handeln zu machen; in letzter Konsequenz ist Ethik unmöglich

Dialektik: philosophische Arbeitsmethode, die ihre Ausgangsposition durch gegensätzliche Behauptungen (These/Antithese) in Frage stellt und in der Synthese beider Positionen zu einer Erkenntnis höherer Art zu kommen sucht

Dogmatik: theologische Darstellung der Glaubenslehre

Egoismus: Einstellung, die das Handeln nur an den eigenen Interessen ausrichtet

Erbsündenlehre: Menschen erleben Schuld- und Unheilssituationen, in die sie hineingeboren worden sind und für die sie persönlich nicht verantwortlich sind. Dadurch kann ihre Freiheit und ihre Beziehung zu Gott gestört sein. Sie sind auf Erlösung angewiesen, die nach christlichem Glauben durch Christus geschehen ist, zugleich steht ihre Vollendung noch aus.

Erfolgsethik: siehe S. 148

Erlösung: Befreiung des Menschen aus Gottesferne und Unheil

Ethik: siehe S. 16 ff.

Ethos: moralische Normen als Grundlage für subjektive Leitsätze moralischen Handelns; moralische Gesamthaltung eines Menschen oder einer Gesellschaft

Eudämonismus: das Glück (gr.: eudaimonia) wird als das höchste Gut und Ziel menschlichen Lebens in dieser ethischen Lehre betrachtet

Freiheit: siehe Kapitel II, vor allem Nr. 5 Gesetz: jede gesetzte Ordnung für ein Geschehen oder Handeln; um den Charakter der Freiheit bei moralischen Handlungen zu wahren, wird heute im Bereich theologischer Ethik der Begriff »Weisung« oftmals vorgezogen

Gesinnungsethik: siehe S. 115 ff.

Gewissen: siehe S. 110

Gnade: die unverdiente Hilfe Gottes, die Menschen befähigt Gutes zu tun, Böses zu lassen, das Heil zu erlangen

goldene Regel: Verhaltensempfehlung, die sinngemäß in sehr vielen unterschiedlichen Kulturen anzutreffen ist: »Was du nicht willst, was man dir tu', das füg' auch keinem anderen zu!« Es geht bei der goldenen Regeln letztlich darum, dass der Handelnde sein Tun an den möglichen Konsequenzen ausrichtet, die sein Handeln auch für ihn haben könnte. Beim kategorischen Imperativ Kants geht es gerade nicht darum, die möglichen Sanktionen zu bedenken, sondern um eine logische, formale Rechtfertigung des obersten Moralprinzips.

Güterabwägung: bei einem Wertekonflikt steht die Überlegung an, welchem Wert der Vorzug gegeben werden soll

Hedonismus: die sinnliche oder die geistige Lust wird in dieser ethischen Lehre bzw. Einstellung als das höchste Ziel des Menschen angesehen

Heteronomie: Fremdbestimmung, Fremdgesetzlichkeit; nach Kant wird damit die Abhängigkeit des Willens von einem äußeren oder inneren Beweggrund angesehen

Homilie: Predigt, Ansprache

Hypothese: eine zunächst unbewiesene Annahme von Tatsachen oder Gesetzlichkeiten, die entweder bewahrheitet oder als falsch erwiesen werden soll. Die Bildung einer Hypothese steht oft zu Beginn einer wissenschaftlichen Theorie.

Indeterminismus: Nach dieser Lehre ist der menschliche Wille nicht völlig durch äußere oder innere Ursachen bestimmt, er ist in den ihm gegebenen Grenzen frei

inkarnieren: Fleisch werden

Insemination: Befruchtung

Interaktion: Wechselbeziehung

Karma: im Hinduismus der »Weg der Tat« zur glücklichen Wiedergeburt nach dem Tod

Karma(n): im Buddhismus das Handeln des Menschen, das die Form seiner Wiedergeburt bedingt bzw. das den gegenwärtigen Zustand durch frühere Taten herbeigeführt hat

kategorial: eine Gruppe, Klasse, Gattung betreffend, in die etwas eingeordnet werden kann

kategorisch: unbedingt gültig

kategorischer Imperativ: in der praktischen – auf das Handeln bezogenen – Philosophie Kants allgemeinste und oberste Handlungsanweisung; es gibt mehrere Formulierungen des kategorischen Imperativs. Die Fassung aus der »Kritik der praktischen Vernunft« lautet folgendermaßen: »Handle so, dass die Maxime – der subjektive Leitsatz des Handelns – deines Willens jederzeit zugleich als Prinzip einer allgemeinen Gesetzgebung gelten könne«,

kommensurabel: vergleichbar, mit gleichem Maß messbar

Kompensation: Ausgleich

Konvention: Übereinkunft, Brauch, Förmlichkeit

Kumulation: Anhäufung

Legalität: Gesetzmäßigkeit, Bindung an geltendes Recht

Logion: Wort, Ausspruch

Maxime: subjektiver Leitsatz moralischen Handelns

mechanistisch: nur mechanische Ursachen anerkennend

Metaphysik: die letzten und allgemeinen Gründe, Strukturen und Zusammenhänge des Seins sind nicht empirisch erfassbar; sie zu bedenken, ist Ziel der Metaphysik

Metastase: Tochtergeschwulst

Moralität: Sittlichkeit

Moratorium: gesetzlicher Aufschub von Pflichten bzw. Rechten

Mortalität: Sterblichkeit

Mutation: Veränderung im Erbgefüge

Mystik: der das gewöhnliche Bewusstsein und die verstandesmäßige Erkenntnis übersteigende Zugang zu Gott, der auf persönlicher Erfahrung beruht; Ziel des Mystikers ist die Begegnung mit Gott im eigenen Herzen

Nachfolge: siehe S. 94

Norm: Regel für menschliches Verhalten; Normen können von Konventionen bis hin zu Gesetzen reichen, insofern ist ihr Verbindlichkeitsgrad jeweils unterschiedlich

numinos: unbegreiflich, zugleich Vertrauen wie Schauer weckend

Paradigma: konkretes Beispiel, Exempel.
Bei Kuhn umschließt ein Paradigma alle Voraussetzungen, innerhalb derer die gerade akzeptierte Wissenschaft in einem gegebenen sozialen und politischen Umfeld wirkt; gerät ein Paradigma immer mehr in Widersprüche und wird es schließlich falsifiziert, ist die Zeit einer wissenschaftlichen Revolution gekommen; das alte Paradigma wird aufgegeben, ein neues entsteht.

paradigmatisch: beispielhaft

Paränese: Aufforderung, Ermahnung, Ermunterung

pathologisch: krankhaft

Personalität: siehe S. 83

Physiologie: Wissenschaft von den allgemeinen Lebensgrundlagen

Positivismus: philosophische Strömung, die sich auf das Unbezweifelbare, »Tatsächliche« beschränkt, sich allein auf Empirie beruft

post hoc: danach

Postulat: Forderung

Rechtfertigungslehre: Gott befreit den Menschen aus seiner Gottferne und Sünde in die Gemeinschaft mit ihm und macht ihn so »gerecht«; siehe bes. S. 54 ff.

Relativismus: nach der Lehre des ethischen Relativismus kommt Normen keine Allgemeinverbindlichkeit und Allgemeingültigkeit zu; bei Konventionen, die z. B. von Kultur zu Kultur differieren, erwächst daraus noch kein gravierendes Problem; bei Grundrechten sieht dies anders aus; daher wird einem ethischen Relativismus oft die Forderung allgemeiner – d. h. grundsätzlich nicht relativierbarer – Menschenrechte entgegengesetzt.

säkularisiert: verweltlicht

Schuld: soweit eine Handlung frei zu verantworten ist, kann von Schuld gesprochen werden, wenn gegen das »Sittengesetz« verstoßen wird; handeln Menschen gegen die Gebote Gottes oder gegen ihr Gewissen, wird auch von **Sünde** geredet; im Gegensatz zum Schuldbegriff beinhaltet der Sündenbegriff immer einen Bezug zu Gott

Sittengesetz: alle ethischen Pflichten, die den Menschen binden

Situationsethik: Modell, dem gemäß sittliche Entscheidungen nicht durch höchste Normen und Werte zu begründen sind, sondern sich an den Lebenssituationen und Gegebenheiten (Umwelt) des Einzelnen orientieren.

solus Christus: Christus allein (lat.)

Status quo: gegenwärtiger Zustand

subjektkonstituierend: die eigene Person begründend

Sünde: siehe unter: **Schuld**

Tao: chinesisch: Weg (sprich: dao)

Tao Te King: Als Laotse (6. Jh. v. Chr.) – wie die Legende erzählt – bekümmert über die Verhältnisse unter den Menschen sich auf den Weg in die Einsamkeit machte, um dort zu sterben, wurde er von einem Grenzwächter überredet, seine Lehre in einem Buch niederzulegen; er verfasste das Tao Te King, eine esoterisch verschlüsselte Schrift.

Te: chinesisch: Tugend

teleologisch: bei dieser ethischen Denkweise wird die Richtigkeit einer Handlung danach beurteilt, inwiefern die Folgen, das angestrebte Ziel (gr.: telos), positiv zu sehen sind

Theonomie: die Bestimmung des menschlichen Handelns durch Gottes Gesetz

Therapie: Heilbehandlung

transzendent: die Grenzen der Welt und der sinnlichen Erfahrung überschreitend

transzendental: die a priori – von der Erfahrung unabhängig – mögliche Erkenntnisart betreffend

Überaffirmation: übermäßige Bekräftigung

Utilitarismus: nach dieser Theorie soll der größtmögliche Nutzen für möglichst viele Menschen der Maßstab sittlichen Handelns darstellen

Utopie: Zukunftsvorstellung einer menschlichen Gesellschaft, die bislang »nirgendwo« verwirklicht war

Verantwortungsethik: siehe S. 148

Vivisektion: Eingriff am lebenden Tier zu Forschungszwecken

zedaka: hebräisch: Gerechtigkeit

Kleine Sehschule

Mit Bildern kann man sehr unterschiedlich umgehen. Man kann mit ihnen z.B. Räume schmücken, seine soziale Stellung betonen, protestieren, werben, beeinflussen und sich einfach ihrer Wirkung aussetzen; man kann Bilder auch verehren. Systematische methodische Bilderschließung schärft den Blick, stärkt die Sehgeduld und vertieft das Verständnis für die Aussagekraft von Bildern.
Die folgenden Schritte werden dem Kunstwerk gerecht und geben zugleich dem subjektiven Erleben Raum:

Spontane Wahrnehmung: Was sehe ich?
Spontane Eindrücke zulassen – geduldig und konzentriert hinsehen – sich mit anderen austauschen

Bildbestand und Bildordnung: Wie ist das Bild aufgebaut?
Einteilung in oben und unten, links und rechts, Vordergrund und Hintergrund – Farben und Farbzusammenstellung – Licht und Dunkel – Formen (wie Kreis, Quadrat, Kugel, Würfel) – Elemente der Natur (wie Sonne und Mond, Pflanzen und Tiere, Gestein und Wasser) – Architektur (wie Häuser, Brücken) – Möbel und Gebrauchsgegenstände – Kleidung und Körpersprache (wie Mimik, Gestik, Haltung, Größe, Alter, Geschlecht, soziale Stellung) – Verbindungslinien – Entsprechungen und Gegensätze – Kompositionen (wie kreisförmiger, diagonaler, symmetrischer oder dreieckiger Aufbau)

Innenkonzentration: Was ruft das Bild wach?
Erinnerungen und Einfälle – Gefühle und Stimmungen – Neugier – Ablehnung, Widerspruch, Widerstand – Zustimmung, Begeisterung, Ergriffenheit – Fragen

Analyse des Bildgehalts: Was hat das Bild zu bedeuten?
Bezug zu individuellen Lebenssituationen und geschichtlichen Ereignissen – zu biblischen Texten, kirchlichen Dokumenten, Legenden und anderen Quellen – zu Liturgie und Brauchtum – Verwendung von Symbolen und kunstgeschichtlichen »Zitaten« – Zuordnung zur (religiösen) Mentalität und Vorstellungswelt einer Epoche – künstlerische Verarbeitung überlieferter Motive (z.B. Wiederholung, Zusammenstellung, Veränderung, Verfremdung).

Identifizierung: Wie stehe ich zu diesem Bild?
Hinterlässt es einen nachhaltigen Eindruck? Erkenne ich meine eigene oder eine mir vertraute Situation wieder? Was halte ich von den ins Bild gesetzten Ängsten und Hoffnungen, Konflikten und Träumen? Kann ich sie teilen oder wenigstens nachempfinden? Könnte das Bild meine Wahrnehmung anderer Menschen, früherer Zeiten, ja überhaupt menschlicher Möglichkeiten und Grenzen erweitern? Macht es mich auf meine Vorentscheidungen aufmerksam? Hilft es Einstellungen zu korrigieren? Bestärkt es mich in meiner Sicht? Spricht es mein Mitgefühl an? Halte ich den Grenzsituationen, die das Bild zum Ausdruck bringt, stand?

Ilsetraud Ix / Rüdiger Kaldewey

Kompetenzorientiertes Lernen und operatorengesteuerte Arbeit

Der Kurs versteht sich als Beitrag zu religiöser Bildung, die grundlegende Kompetenzen umfasst, welche im Religionsunterricht der Oberstufe – nach den Erläuterungen der KMK* – erworben werden sollen:

Wahrnehmungs- und Darstellungsfähigkeit – religiös bedeutsame Phänomene wahrnehmen und beschreiben:	• Situationen erfassen, in denen letzte Fragen nach Grund, Sinn, Ziel und Verantwortung des Lebens aufbrechen • religiöse Spuren und Dimensionen in der Lebenswelt aufdecken • grundlegende religiöse Ausdrucksformen (Symbole, Riten, Mythen, Räume, Zeiten) wahrnehmen und in verschiedenen Kontexten wiedererkennen und einordnen • ethische Herausforderungen in der individuellen Lebensgeschichte sowie in unterschiedlichen gesellschaftlichen Handlungsfeldern wie Kultur, Wissenschaft, Politik und Wirtschaft als religiös bedeutsame Entscheidungssituationen erkennen.
Deutungsfähigkeit – religiös bedeutsame Sprache und Zeugnisse verstehen und deuten:	• religiöse Sprachformen analysieren und als Ausdruck existentieller Erfahrungen verstehen (Beispiele: Gebet, Lied, Segen, Credo, Mythos, Grußformeln, Symbole) • religiöse Motive und Elemente in Texten, ästhetisch-künstlerischen und medialen Ausdrucksformen identifizieren und ihre Bedeutung und Funktion erklären (Beispiele: biographische und literarische Texte, Bilder, Musik, Werbung, Filme) • biblische Texte, die für den christlichen Glauben grundlegend sind, methodisch reflektiert auslegen • theologische Texte sachgemäß erschließen • Glaubenszeugnisse in Beziehung zum eigenen Leben und zur gesellschaftlichen Wirklichkeit setzen und ihre Bedeutung aufweisen.

* zu den Kompetenzen, Anforderungsbereichen und Operatoren: KMK (Hrsg.), Einheitliche Prüfungssanforderungen in der Abiturprüfung Evangelische Religionslehre/Katholische Religionslehre, Berlin–Bonn 2006.

Urteilsfähigkeit – in religiösen und ethischen Fragen begründet urteilen:	• deskriptive und normative Aussagen unterscheiden • Formen theologischer Argumentation vergleichen und bewerten • Gemeinsamkeiten von Konfessionen und Religionen sowie deren Unterschiede erklären und kriteriengeleitet bewerten • Modelle ethischer Urteilsbildung kritisch beurteilen und beispielhaft anwenden • die Menschenwürde theologisch begründen und als Grundwert in aktuellen ethischen Konflikten zur Geltung bringen • im Kontext der Pluralität einen eigenen Standpunkt zu religiösen und ethischen Fragen einnehmen und argumentativ vertreten.
Dialogfähigkeit – am religiösen Dialog argumentierend teilnehmen:	• die Perspektive eines anderen einnehmen und in Bezug zum eigenen Standpunkt setzen • Gemeinsamkeiten von religiösen und weltanschaulichen Überzeugungen sowie Unterschiede benennen und im Blick auf mögliche Dialogpartner kommunizieren • sich aus der Perspektive des christlichen Glaubens mit anderen religiösen und weltanschaulichen Überzeugungen argumentativ auseinandersetzen • Kriterien für eine konstruktive Begegnung, die von Verständigung, Respekt und Anerkennung von Differenz geprägt ist, in dialogischen Situationen berücksichtigen.
Gestaltungsfähigkeit – religiös bedeutsame Ausdrucks- und Gestaltungsformen verwenden:	• typische Sprachformen der Bibel theologisch reflektiert transformieren • Aspekten des christlichen Glaubens in textbezogenen Formen Ausdruck verleihen • Ausdrucksformen des christlichen Glaubens erproben und ihren Gebrauch reflektieren • religiöse Symbole und Rituale der Alltagskultur kriterienbewusst (um-) gestalten • religiös relevante Inhalte und Positionen medial und adressatenbezogen präsentieren.

Die Kompetenzen werden auf der Ebene von drei Anforderungsbereichen angezielt:

Anforderungsbereich I	
Der Anforderungsbereich I umfasst die **Zusammenfassung von Texten, die Beschreibung von Materialien und die Wiedergabe von Sachverhalten** unter Anwendung bekannter bzw. eingeübter Methoden und Arbeitstechniken.	Geforderte Reproduktionsleistungen sind insbesondere: • Wiedergabe von fachspezifischem Grundwissen (z. B. Daten, Fakten, Modelle, Definitionen, Begriffe) oder Wiedergabe von Textinhalten • Zusammenfassen von Textinhalten • Beschreiben von Bildern oder von anderen Materialien • Darstellen von fachspezifischen Positionen

Anforderungsbereich II	
Der Anforderungsbereich II umfasst das **selbstständige Erklären, Bearbeiten und Ordnen bekannter Inhalte** und das **Anwenden gelernter Inhalte** und Methoden auf neue Sachverhalte.	Geforderte Reorganisations- und Transferleistungen sind insbesondere: • Einordnen von fachspezifischem Grundwissen in neue Zusammenhänge • Herausarbeiten von fachspezifischen Positionen • Belegen von Behauptungen durch Textstellen, Bibelstellen oder bekannte Sachverhalte • Vergleichen von Positionen und Aussagen unterschiedlicher Materialien • Analysieren von biblischen und anderen Texten oder von Bildern unter fachspezifischen Aspekten • Anwenden fachspezifischer Methoden auf neue Zusammenhänge oder Probleme

Anforderungsbereich III	
Der Anforderungsbereich III umfasst die **selbstständige systematische Reflexion** und das **Entwickeln von Problemlösungen**, um zu eigenständigen Deutungen, Wertungen, Begründungen, **Urteilen** und Handlungsoptionen sowie zu kreativen Gestaltungs- und Ausdrucksformen zu gelangen.	Geforderte Leistungen der Problemlösung und der eigenen Urteilsbildung sind insbesondere: • Entwickeln einer eigenständigen Deutung von biblischen oder literarischen Texten, Bildern oder anderen Materialien unter einer fachspezifischen Fragestellung • Erörtern von fachspezifischen Positionen, Thesen und Problemen mit dem Ziel einer begründeten und überzeugenden Stellungnahme • Entwickeln von Lösungsansätzen oder Lösungen bzgl. einer fachspezifischen Fragestellung • Entwerfen von kreativen Gestaltungs- und Ausdrucksformen als besondere Form der Präsentation von Lösungen bzw. Lösungsansätzen • Reflektieren der eigenen Urteilsbildung unter Beachtung biblischer, theologischer und ethischer Kategorien

In Hinblick auf klare Aufgabenformulierungen, die diesen Anforderungsbereichen entsprechen, werden Operatoren vorgegeben, die beschreiben, welche Tätigkeiten beim Lösen von Prüfungsaufgaben gefordert werden.

Operatoren Anforderungsbereich I	Definitionen
Nennen **Benennen**	ausgewählte Elemente, Aspekte, Merkmale, Begriffe, Personen etc. unkommentiert angeben
Skizzieren	einen bekannten oder erkannten Sachverhalt oder Gedankengang in seinen Grundzügen ausdrücken
Formulieren **Darstellen** **Aufzeigen**	den Gedankengang oder die Hauptaussage eines Textes oder einer Position mit eigenen Worten darlegen
Wiedergeben	einen bekannten oder erkannten Sachverhalt oder den Inhalt eines Textes unter Verwendung der Fachsprache mit eigenen Worten ausdrücken
Beschreiben	die Merkmale eines Bildes oder eines anderen Materials mit Worten in Einzelheiten schildern
Zusammenfassen	die Kernaussagen eines Textes komprimiert und strukturiert darlegen

Operatoren Anforderungsbereich II	Definitionen
Einordnen **Zuordnen**	einen bekannten oder erkannten Sachverhalt in einen neuen oder anderen Zusammenhang stellen oder die Position eines Verfassers bezüglich einer bestimmten Religion, Konfession, Denkrichtung etc. unter Verweis auf Textstellen und in Verbindung mit Vorwissen bestimmen
Anwenden	einen bekannten Sachverhalt oder eine bekannte Methode auf etwas Neues beziehen
Belegen **Nachweisen**	Aussagen durch Textstellen oder bekannte Sachverhalte stützen
Begründen	Aussagen durch Argumente stützen
Erläutern **Erklären** **Entfalten**	einen Sachverhalt, eine These etc. ggf. mit zusätzlichen Informationen und Beispielen nachvollziehbar veranschaulichen
Herausarbeiten	aus Aussagen eines Textes einen Sachverhalt oder eine Position erkennen und darstellen
Vergleichen	nach vorgegebenen oder selbst gewählten Gesichtspunkten Gemeinsamkeiten, Ähnlichkeiten und Unterschiede ermitteln und darstellen
Analysieren **Untersuchen**	unter gezielter Fragestellung Elemente, Strukturmerkmale und Zusammenhänge systematisch erschließen und darstellen
In Beziehung setzen	Zusammenhänge unter vorgegebenen oder selbst gewählten Gesichtspunkten begründet herstellen

Operatoren Anforderungsbereich III	Definitionen
Sich auseinandersetzen mit **Beurteilen** **Bewerten** **Stellung nehmen** **einen begründeten Standpunkt einnehmen**	ein begründetes eigenes Urteil zu einer Position oder einem dargestellten Sachverhalt entwickeln
Erörtern	die Vielschichtigkeit eines Beurteilungsproblems erkennen und darstellen, dazu Thesen erfassen bzw. aufstellen, Argumente formulieren, nachvollziehbare Zusammenhänge herstellen und dabei eine begründete Schlussfolgerung erarbeiten (dialektische Erörterung)
Prüfen **Überprüfen**	eine Meinung, Aussage, These, Argumentation nachvollziehen, kritisch befragen und auf der Grundlage erworbener Fachkenntnisse begründet beurteilen
Interpretieren	einen Text oder ein anderes Material (z. B. Bild, Karikatur, Tondokument, Film) sachgemäß analysieren und auf der Basis methodisch reflektierten Deutens zu einer schlüssigen Gesamtauslegung gelangen
Gestalten **Entwerfen**	sich textbezogen mit einer Fragestellung kreativ auseinander setzen

Textverzeichnis

5 Weise ist des Rabbis Rat. Chassidische Lebensweisheiten. Ausgewählt und übersetzt von Benyamin Z. Barslai. Gütersloh (Gütersloher Verlagshaus Gerd Mohn) 1993, S. 20. – **6–7** Die Bibel in heutigem Deutsch : die gute Nachricht des Alten und Neuen Testaments, Stuttgart (Deutsche Bibelgesellschaft) 1982. – **11–12** Propyläen Weltgeschichte, Bd. 8, Golo Mann und Alfred Heuss (Hrsg.). Berlin / Frankfurt a. M. (Propyläen Verlag) (1986). – **13** Mohammed Arkoun: Der Ursprung der Menschenrechte aus der Sicht des Islam. Erschienen in: Hans Küng / Karl-Josef Kuschel (Hrsg.). Weltfrieden durch Religionsfrieden. München / Zürich (Piper Verlag) 1993, S. 53. – Masao Abe: Menschenrechte und religiöse Freiheit aus der Sicht des Buddhismus. In: Hans Küng / Karl-Josef Kuschel (Hrsg.). Weltfrieden durch Religionsfrieden. München / Zürich (Piper Verlag) 1993, 124 f. – **16** Janne Teller: NICHTS was im Leben wichtig ist. Übersetzt von Sigrid C. Engeler. München (Carl Hanser Verlag) 2010, S. 8–13. – **17** Fjodor M. Dostojewskij: Die Brüder Karamasow. Übersetzt von Hermann Röhl. München o.J. (Insel Verlag), 7. Buch, 3. Kapitel. – **18** Rainer Erlinger: »Die Gewissensfrage. Darf man eine kranke alte Dame anschwindeln, damit sie in Frieden sterben kann?« In: SZ-Magazin Heft 23/2011. – **19** Nach Gerald Dworkin (Hrsg.), Determinism, free Will and Moral Responsability, Prentice Hall, N. J. 1970, 1, zit. nach: Rudolf Ginters: Werte und Normen. Einführung in die philosophische und theologische Ethik. Göttingen (Vandenhoeck & Ruprecht) und Düsseldorf (Patmos) 1982, S. 288. – **20** Rudolf Ginters: Werte und Normen. Einführung in die philosophische und theologische Ethik. Göttingen (Vandenhoeck & Ruprecht) und Düsseldorf (Patmos) 1982, S. 78–79. – **21** Markus von Lutterotti: Sterben im Krankenhaus. Erschienen in: Was Sterbende brauchen. Paul Sporken (Hrsg.). Freiburg i.Br. (Herder Verlag) 1982, S. 27. – **22** Dom Helder Camara: Die Bekehrung eines Bischofs. Übersetzt von Renate Smit-Krefting. Wuppertal (Peter Hammer Verlag) 1978, S. 15. – **23** Udo Lindenberg, Wozu sind Kriege da? (Keiner will sterben, das ist doch klar) © Universal Music Publishing Germany GmbH, Berlin. – **24** Herbert Becker: Buddhismus und Jainismus – die Religion der Ahimsa. Erschienen in: Zurück zur Natur-Religion? Wege der Ehrfurcht vor allem Leben. Holger Schleip (Hrsg.) Freiburg i. Br. (Verlag Hermann Bauer) 1986, S. 190–192. – **25** Die Erlösungslehre der Jaina, Legenden, Parabeln, Erzählungen, aus dem Sanskrit und Prakrit. Übersetzt und herausgegeben von Adelheid Mette. Berlin (Verlag der Weltreligionen) 2010, S. 176/177. **28–29** Jürgen Schmieder: Du sollst nicht lügen. Von einem, der auszog, ehrlich zu sein. München (C. Bertelsmann, 3. Aufl.), 2010, S. 329–331. – **29–31** Rainer Erlinger: Lügen haben rote Ohren. Gewissensfragen für große und kleine Menschen. Berlin (Ullstein Buchverlage) 2004, S. 14–19. **32** Rainer Erlinger: Lügen haben rote Ohren. Gewissensfragen für große und kleine Menschen. Berlin (Ullstein Buchverlage) 2004, S. 19–26. – **32–33** Rainer Erlinger: Lügen haben rote Ohren. Gewissensfragen für große und kleine Menschen, Berlin (Ullstein Buchverlage) 2004, S. 26–30. – **34–36** Unter Berücksichtigung von schulfachethik.de/ethik/download/Patel_Ethisch_argumentieren.doc- 2.10.2010 – **37** http://www.donat-schmidt.de/files/downloads/fobi/argumentieren_rsac.pdf; http://www.eule2003.de/gbereich/g-Ethik/Eth12-1/kant/lue_1d-fk.pdf - 20.02.2012 / – **38** Rudolf Laufen (in Anlehnung an Rudolf Ginters, Werte und Normen, Einführung in die philosophische und theologische Ethik, Vandenhoeck & Ruprecht / Patmos, Göttingen / Düsseldorf 1982), in: http://www.ifl-muelheim.de/wwwAktuell/Publikationen/thesen_13.pdf - 4-10.2010 – **42** Frankfurter Allgemeine Zeitung vom 8. Oktober 1977, Nr. 234, S. 8. – Burrhus F. Skinner: Futurum Zwei – »Waiden Two«. Die Vision einer aggressionsfreien Gesellschaft. Übersetzt von Martin Beheim-Schwarzbach. Reinbek bei Hamburg (Rowohlt Verlag) 1972. © Wegner, München. **43** Bernhard Hassenstein: Verhaltensbiologie des Kindes. München (Piper Verlag) 1987, 16 f. – **44** Jörg Zink: Sieh nach den Sternen, gib acht auf die Gassen. Stuttgart (Kreuz Verlag) 2008, S. 261 f. – Viktor E. Frankl: Psychotherapie für den Laien. Freiburg i. Br. / Basel / Wien (Herder Verlag) 1973, S. 164–168. – **46** Stephan Ernst: Grundfragen theologischer Ethik. Eine Einführung. München (Kösel Verlag) 2009, S. 246–247. **47** Franz Böckle: Fundamentalmoral, München (Kösel Verlag) 1977, 39 f. – **47–48** Nimmt uns die Neurowissenschaft unsere Freiheit? In: Neue Züricher Zeitung Online vom 21. Juli 2001. – **48–49** http://de.wikipedia.org/wiki/Erbsünde - 25. 09. 2010 – **49–50** http://alt.bibelwerk.de/bibel/at/mos1003.htm - 25. 09. 2010 – **51** Eduard Kopp: http://www.chrismonblogs.de/Religion-fuer-Einsteiger/archive/2007/02/01/was-ist-rechtfertigung.htm - 25.09.2010 – **52** Die Bibel nach der Übersetzung Martin Luthers in der revidierten Fassung von 1984. Durchgesehene Ausgabe in neuer Rechtschreibung. Stuttgart (Deutsche Bibelgesellschaft), 1984. – **52–53** http://www.christenmenschen.de/ - 25. 09. 2010 – **54** Jürgen Moltmann: Die ersten Freigelassenen der Schöpfung. Versuche über die Freude an der Freiheit und das Wohlgefallen am Spiel. München (Kaiser Verlag) 1971, S. 53 ff. – **54–56** http://www.vatican.va/roman_curia/pontifical_councils/chrstuni/documents/ rc_pc_chrstuni_doc_31101999_cath-luth-joint-declaration_ge.html (28. 05. 2010) – **56–58** Dr. Stefan Meißner: Rechtfertigung – ein jüdischer Glaubensansatz. Kritische Anmerkungen zur gemeinsamen Erklärung von Katholiken und Protestanten zur Rechtfertigung. In: Pfälzisches Pfarrblatt, Nr. 2, Februar 2000, 90. Jahrgang, S. 36–39. – **59** Harry M. Kuitert: Ich habe meine Zweifel. Eine kritische Auslegung des christlichen Glaubens. Übersetzt von Hermann Häring. Gütersloh (Verlagshaus Gerd Mohn) 1993, S. 286 f. – **60–62** Arnulf Zitelmann: Die Weltreligionen. Frankfurt/Main (Campus Verlag) 2002, S. 73–76. – **64** Peter Paul Kaspar: Freiheit. In: Susanne Heine u. a.: Kleines religiöses Wörterbuch. Was uns glauben lässt. Freiburg/Basel/Wien (Herder Verlag) 1984, S. 104 f. – **68** Molière: Don Juan oder der steinerne Gast. In: Theater der Jahrhunderte: Don Juan., übersetzt von Franz Geiger. München (Verlag Albert Langen u. Georg Müller) 1967, S. 136 f. – **68–69** Antoine de Saint-Exupéry: Der Kleine Prinz. Übersetzt von Grete und Josef Leitgeb., Düsseldorf (Karl Rauch Verlag) 1956, S. 47 ff. – **70–71** Paul Michael Zulehner: Kirche – Anwalt des Menschen. Freiburg / Basel / Wien (Herder Verlag) 1980, S. 17–20. – **72–73** »Wenn er mich doch küsste …«, das Hohe Lied der Liebe. Mit Gemälden von Marc Chagall. Übersetzt und erklärt von Herbert Haag und Katharina Elliger. Düsseldorf (Patmos Verlag) 2008, S. 39–45 © Herbert Haag Stiftung für Freiheit in der Kirche, Luzern. – **73–74** Herbert Haag: Wie schön bist du, meine Freundin, wie schön. In: Bibel heute 54, 2. Quartal 1978, KBW, Stuttgart 1978, S. 134–137 © Herbert Haag Stiftung für Freiheit in der Kirche, Luzern. – **75–78** Peter Moor: Gewissensfrage an die Ärzte. Zur Verteidigung der Euthanasie. Die Geschichte eines qualvollen langen Sterbens, gekürzt und geringfügig bearbeitet. In: Die Zeit, 1969, Nr. 19, entnommen aus: Gerhard Martin u. a., Aus Mitleid töten? Ein Entwurf zum Problem der sogenannten ›Euthanasie‹. Stuttgart/München (Calwer/Kösel) 1972, S. 7f. – **79–80** Alexander Hauk: Sterbehilfe: Niederlande – Mobile Teams sollen beim Sterben helfen; in: Focus online vom Montag, 27. 02. 2012, http://www.focus.de/gesundheit/gesundheits-news/sterbehilfe-niederlande-mobile-teams-sollen-beim-sterben-helfen_aid_718208.html - 02.03.2012 – **81–82** Rainer Flöhl: Verwirrung der Gefühle. Tod auf Verlangen? Zu einer aktuellen Diskussion. In: Frankfurter Allgemeine Zeitung, 23.5.1984, Nr. 118, S. 25. – **82** Beide Zitate in: Franz Böckle: Das Recht auf einen würdigen Tod. In: Frankfurter Allgemeine Zeitung, 28.6.1978, Nr. 134, S. 5f. – **83** Johannes Gründel: Person und Gewissen. In: Leben aus christlicher Verantwortung. Ein Grundkurs der Moral, Bd. 1: Grundlegungen. Johannes Gründel (Hrsg.)., Düsseldorf (Patmos Verlag) 1991, S. 63–65. – **84** Evangelischer Erwachsenenkatechismus. 5. neu bearbeitete und ergänzte Auflage. Werner Jentsch / Harmut Jetter / Horst Reller / Manfred Kießig (Hrsg.)., Gütersloh (Verlagshaus Gerd Mohn) 1989, S. 49f. – **88–89** Carolina Maria de Jesus: Tagebuch der Armut. Übersetzt von Johannes Gerold. Hamburg (Christian Wegner Verlag) 1962, S. 57–63. – **89** Klappentext zu: Oscar Arnulfo Romero: Blutzeuge für das Volk Gottes. Aus dem Spanischen und aus dem Englischen übertragen von Brigitte Becker. Olten/Freiburg i. Br. (Walter Verlag) 1986 © Patmos Verlag in der Schwabenverlag AG, Ostfildern 2012. – **90** Oscar Arnulfo Romero: Blutzeuge für das Volk Gottes. Mit einem Vorwort von Norbert Greinacher. Aus dem Spanischen und aus dem Englischen übertragen von Brigitte Becker. Olten/Freiburg i. Br. (Walter Verlag) 1986, S. 95–97. © UCA Editores, San Salvador. – **91** Ignacio Martin-Baró, Oscar Arnulfo Romero – die Stimme eines geschundenen Volkes, in: Oscar Arnulfo Romero: Blutzeuge für das Volk Gottes. Aus dem Spanischen und aus dem Englischen übertragen von Brigitte Becker. Olten/Freiburg i. Br. (Walter Verlag) 1986 © UCA Editores, San Salvador. – **92–93** Ignacio Martin-Baró, Oscar Arnulfo Romero – die Stimme eines geschundenen Volkes, in: Oscar Arnulfo Romero: Blutzeuge für das Volk Gottes. Aus dem Spanischen und aus dem Englischen übertragen von Brigitte Becker. Olten/Freiburg i. Br. (Walter Verlag) 1986, S. 42ff. © UCA Editores, San Salvador. – **93** Erich Kästner: Die kleine Freiheit. © 1952 Atrium Verlag, Zürich / London (Atrium Verlag), 1952, S. 23 zit. nach: »... was nicht in euren Lesebüchern steht.«, Fischer Taschenbuch Verlag, Frankfurt/Main 1968, S. 23. – **94** Evangelischer Erwachsenenkatechismus. 5. neu bearbeitete und ergänzte Auflage. Werner Jentsch / Harmut Jetter / Horst Reller / Manfred Kießig (Hrsg.)., Gütersloh (Verlagshaus Gerd Mohn) 1989, S. 1215, 1258. – Alfons Benning: Ethik der Erziehung. Grundlegungen und Konkretisierungen einer Pädagogischen Ethik., Freiburg / Basel / Wien (Herder Verlag) 1980, 78ff. – **95** Konrad Raiser: Gerechtigkeit, Ökumenische Erwartungen an die Christen in Deutschland. In: Michael Schibilsky / Ulf Schlüter / Heinz-Günther Stobbe: Gerechtigkeit – Frieden – Bewahrung der Schöpfung. Ein Werkbuch für die Gemeinde. Düsseldorf (Patmos Verlag) 1990, S. 72–74. – **96–98** http://www.ekd.de/EKD-Texte/sozialwort/sozial0.html »Für eine Zukunft in Solidarität und Gerechtigkeit«, Wort des Rates der Evangelischen Kirche in Deutschland und der Deutschen Bischofskonferenz zur wirtschaftlichen und sozialen Lage in Deutschland, »1997, Kapitel 3 – aus: http://www.ekd.de/EKD-Texte/sozialwort/sozial0.html - 20. 02. 2012 – **99–100** Konrad Raiser: Gerechtigkeit, Ökumenische Erwartungen an die Christen in Deutschland. In: Michael Schibilsky / Ulf Schlüter / Heinz-Günther Stobbe: Gerechtigkeit – Frieden – Bewahrung der Schöpfung. Ein Werkbuch für die Gemeinde. Düsseldorf (Patmos Verlag) 1990, 69–71. – **104–106** Zlata Filipovic: Ich bin ein Mädchen aus Sarajevo. Übersetzt von Sabine Schwenk. Bergisch-Gladbach (Gustav Lübbe Verlag) 1994, S. 42–45, 53f., 158f. – **107** Johan Galtung: Begriffsbestimmung: Frieden und Krieg. In: Jörg Calließ / Reinhold E. Lob (Hrsg.): Handbuch Praxis der Umwelt- und Friedenserziehung. Bd. I: Grundlagen. Düsseldorf (Schwann Verlag) 1987, S. 331f. – **108–109** Peter Helbich (Hrsg.): Die Freiheit des Gewissens. Texte zur Orientierung: Martin Luther. Gütersloh (Verlagshaus Gerd Mohn) 1994, S. 38. – **110** Johannes Gründel: Person und Gewissen. In: Johannes Gründel (Hrsg.): Leben aus christlicher Verantwortung. Ein Grundkurs der Moral, Bd. 1. Grundlegungen. Düsseldorf (Patmos Verlag) 1991, S. 72–74. – **111** Die Bibel nach der Übersetzung Martin Luthers in der revidierten Fassung von 1984. Durchgesehene Ausgabe in neuer Rechtschreibung. Stuttgart (Deutsche Bibelgesellschaft), 1984. – **112** Bettina Wegener: Wenn meine Lieder nicht mehr stimmen. Reinbek bei Hamburg (Rowohlt Taschenbuch Verlag) 1979, S. 57. – Hanns Dieter Hüsch, http://musenblaetter.de/artikel.php?aid=5120 © Chris Rasche Hüsch. – **113–114** Hermann-Josef Venetz: Die Bergpredigt. Biblische Anstöße., Düsseldorf / Freiburg (Patmos Verlag / Kanisius Verlag) 1995, S. 94–99. – **115–116** Max Weber: Soziologie. Universalgeschichtliche Analysen. Politik. Stuttgart (Kröner) 1973, S. 172–176. – **116** Evangelische Kirche im Rheinland – Landeskirchenamt in Düsseldorf (Hrsg.): Unausweichlich. Die Kirche vor der Frage der Gewalt. Düsseldorf 1993, S. 24. – Sieglinde Geisel: Von Zürich in die Steppen Nordamerikas. In: Kristin Capp: Die Hutterer. Zeitreisende aus dem 16. Jahrhundert. Zürich und New York (Edition Stemmle) 1998, S. 135. – **116–118** Michael Holzach: Das vergessene Volk. Ein Jahr bei den Hutterern in Kanada. Hamburg (Hoffmann & Campe) 1980. – **118–119** Helmut Weber: Allgemeine Moraltheologie – Ruf und Antwort. Graz / Wien / Köln (Styria Verlag) 1991, S. 58–60. – **120** Ingo Broer: Die Antithesen der Bergpredigt. In: Bibel und Kirche 48, 1993, Heft 3, S. 128ff. – **121** Mahatma Gandhi: Freiheit ohne Gewalt. Übersetzt und hrsg. von Klaus Klostermeier. Köln (Hegner Verlag) 1968, S. 118–123. – Georg Bubolz: Religionslexikon. Berlin (Cornelsen) 1990, S. 51. – **122** Lao Tse, Tao Te King. Eine neue Bearbeitung von Gia-Fu Feng & Jane English. Übersetzt von Sylvia Luetjohann. Haldenwang (Irisiana) 1980. – **123–124** Wolfgang Huber: Gewalt gegen Mensch und Natur – Die Notwendigkeit eines planetarischen Ethos. In: Johannes Rehm (Hrsg.): Verantwortlich leben in der Weltgemeinschaft. Zur Auseinandersetzung um das »Projekt Weltethos«. Gütersloh (Chr. Kaiser / Verlagshaus Gerd Mohn) 1994, S. 34ff. – **128–129** Mahatma Gandhi: Gewaltfrei leben. Ausgewählt, aus dem Englischen übersetzt und eingeleitet von Detlef Kantowsky. Fotos von Andreas Hoffmann. Zürich (Benzinger Verlag) 1992, S. 16, 38, 56. – **130–132** Kurt Titze: Keine Gewalt gegen Mensch, Tier, Pflanze: Worte des Furtbereits Mahavira – ein Beitrag zur Ethikdiskussion. Berlin (Clemens Zerling Verlag) 1993, S. 9–14. – **133–137** Kurt Titze: Keine Gewalt gegen Mensch, Tier, Pflanze: Worte des Furtbereits Mahavira – ein Beitrag zur Ethikdiskussion. Berlin (Clemens Zerling Verlag) 1993, S. 24–28. – **138** Kurt Titze: Keine Gewalt gegen Mensch, Tier, Pflanze: Worte des Furtbereits Mahavira – ein Beitrag zur Ethikdiskussion. Berlin (Clemens Zerling Verlag) 1993, S. 97–99. – **140–141** Zit. n.: Hans Küng / Karl-Josef Kuschel (Hrsg.): Erklärung zum Weltethos. München / Zürich (Piper Verlag) 1993, S. 14–18. – **142** Albert Schweitzer: Die Entstehung der Ehrfurcht vor dem Leben und ihre Bedeutung für unsere Kultur. In: Hans Walter Bahr,

Albert Schweitzer: Die Lehre von der Ehrfurcht vor dem Leben. Grundtexte aus fünf Jahrzehnten. München (Verlag C. H. Beck) 1976, S. 19–21. – **143–145** Albert Schweitzer: Philosophie und Tierschutzbewegung. In: Hans Walter Bahr, Albert Schweitzer: Die Lehre von der Ehrfurcht vor dem Leben. Grundtexte aus fünf Jahrzehnten., München (Verlag C. H. Beck) 1976, S. 93–98. – **146** Ram Adhar Mall: Philosophie im Vergleich der Kulturen. Darmstadt (Wissenschaftliche Buchgesellschaft) 1995, 133/132. – **146–147** Dieter Birnbacher: Sind wir für die Natur verantwortlich? In: Dieter Birnbacher (Hrsg.): Ökologie und Ethik., Stuttgart (Phillip Reclam jun.) 1980, S. 127–130. – **148** Josef Derbolav: Abriß europäischer Ethik. Würzburg (Königshausen + Neumann)1983, S. 16–17. – **149–150** Hans Jonas: Das Prinzip Verantwortung. Versuch einer Ethik für die technologische Zivilisation., Frankfurt / Main (Insel Verlag) 1979, S. 16–30. – **151–153** Gregory Fuller: Das Ende. Von der heiteren Hoffnungslosigkeit im Angesicht der ökologischen Katastrophe., Zürich (Amman Verlag) 1993, S. 103 ff. – **154–155** Al Gore: Wege zum Gleichgewicht. Ein Marshallplan für die Erde. Übersetzt von Frank Hörmann und Walter Brumm., Frankfurt / Main (S. Fischer Verlag) 1992, S. 372 ff. – **158** Weise ist des Rabbis Rat. Chassidische Lebensweisheiten. Ausgewählt und übersetzt von Benyamin Z. Barslai Gütersloh (Verlagshaus Gerd Mohn) 1993, S. 31. – **162** Ilsetraud Ix / Rüdiger Kaldewey: Was in Religion Sache ist. Lern- und Lebenswissen. Düsseldorf (Patmos Verlag) 1995, S. 145. © Oldenbourg Schulbuchverlag.

Abbildungsverzeichnis

8: Maerten de Vos, Moses zeigt die Gesetzestafeln den Israeliten mit Porträts von Mitgliedern der Panhuys Familie, ihren Verwandten und Freunden, 1574–1575. Öl auf Holz, 153 x 237,5 cm. Den Haag, Mauritshuis, Königliche Gemäldegalerie (als Dauerleihgabe im Museum Catharijneconvent, Utrecht); Foto: Museum Catharijneconvent, Utrecht – **10:** Deklaration der Menschen- und Bürgerrechte durch die Nationalversammlung am 26. August 1789. Zeitgenössisches Gemälde. Paris, Musée Carnavalet; Foto: akg-images / Erich Lessing – **11:** Allegorie auf die Nichterfüllung der Menschenrechte – Schwarzer Sklave aus den Kolonien fordert der Einhaltung der Menschenrechte. Zeitgenössische, kolorierte Radierung. Bibliothèque Nationale, Paris; Foto: akg-images – **12:** Foto: Georg Bubolz, Erkelenz / © Youval Yariv **18:** picture-alliance / dpa / Oliver Berg – **20:** Sigmar Polke, Ohne Titel (Kuss, Kuss) 1965. Deckfarbe auf Papier, 70 x 90 cm. Sammlung Speck Köln; Foto: Kunstmuseum Bonn / Reni Hansen, Sammlung Speck, Köln / © The Estate of Sigmar Polke, Cologne / VG Bild-Kunst, Bonn 2013 – **22:** Stefan Pangritz – **24:** Prisma / Ivan Vdoviin – **25:** Pablo Picasso, Studie zu »Mann mit Lamm«, 1943, Gouache, 65,2 x 49,6 cm. Paris, Musée Picasso; Foto: RMN-Grand Palais / Thierry Le Mage / bpk / © Succession Picasso / VG Bild-Kunst, Bonn 2013 – **27:** »Lüge«, aus: Julia Grosse, Judith Reker: Versteh mich nicht falsch! Gesten weltweit. Das Handbuch, München (Bierke) 2010, S. 63 f.; Foto: Florian Bong-Kil Grosse – **28:** Hugo Bossard, Oberägeri, Schweiz – **30:** © photodars – Fotolia.com – **32:** imago / Rüdiger Wölk – **36:** © Paul Agule – **46:** mauritius images / Alamy – **50:** Johannes Muggenthaler, Paradiesbaum, 1990. Aus: Johannes Muggenthaler, Der Liebe Pilgerfahrt, München – Paris – London (Schirmer/Mosel) 1992 / © VG Bild-Kunst, Bonn 2013 – **51:** © Keith Haring Foundation. Used by permission – **53 oben:** picture alliance / dpa / Michael Löwa – **53 unten:** © epd-bild / Ralf Maro – **56:** © epd-bild / Norbert Neetz – **58:** picture-alliance / Hanan Isachar – **61:** Porträt von Shinran, Rollbild auf Seide, 120,2 x 81,1 cm, Japan, Kamakura Periode, 13-14. Jahrhundert. Nara National Museum, Japan (Inv.-Nr. 654-0); Foto: Collection from the Nara National Museum – **62:** mauritius images / Alamy – **63:** Darstellung des Buddha Shakyamuni (?) im Paradies, auf Seide, 139 x 102 cm. China, Tang Dynastie, ca. 701-750. London, The British Museum (Inv.-Nr. 1919,0101,0.6); Foto: © The Trustees of the British Museum – **67:** René Magritte, Reproduktion verboten (Porträt Edward James), 1937–39. Öl auf Leinwand, 81 x 65 cm. Rotterdam, Museum Boymans van Beuningen; Foto: Scala, Florence / © VG Bild-Kunst, Bonn 2013 – **70 oben:** Theatermaske aus Herculaneum, Marmor 30 x 34,7 cm Neapel, Archäologisches Museum (Inv.-Rn. 78787-3490), Foto: Luciano Pedicini, Neapel – **71 links:** Johannes Muggenthaler, Besetzt, 1989. Aus: Johannes Muggenthaler, Der Liebe Pilgerfahrt, München – Paris – London (Schirmer/Mosel) 1992 / © VG Bild-Kunst, Bonn 2013 – **71 rechts:** Johannes Muggenthaler, Frei, 1989. Aus: Ebd., / © VG Bild-Kunst, Bonn 2013 – **74 oben:** Sigmar Polke, Liebespaar, 1967 Lack auf Leinwand, beidseitig bemalt 170 x 130 cm Sammlung Rheingold, ehemals Sammlung Speck; Foto: Egbert Trogemann, Sammlung Rheingold / © The Estate of Sigmar Polke, Cologne / VG Bild-Kunst, Bonn 2013 – **74 unten:** Thomas Schütte, o. T. (Abgelehnt) aus »Deprinotes«, 12.11.2006; Foto: Courtesy Thomas Schütte / © VG Bild-Kunst, Bonn 2013 – **76:** Ferdinand Hodler, Die kranke Valentine Gode-Darel Valentine Godé-

Darel im Krankenbett, 1914, Öl auf Leinwand, 63 x 86 cm, Kunstmuseum Solothurn, Dübi-Müller-Stiftung; Foto: © Kunstmuseum Solothurn (Dübi-Müller-Stiftung) – **77:** Ferdinand Hodler, Die sterbende Valentine Godé-Darel, 21. Januar 1915, Öl und Kreide auf Papier, 34 x 48,5 cm, Kunstmuseum St.Gallen, Sturzeneggersche Gemäldesammlung, Schenkung Hans Mettler-Weber 1940; Foto: Stefan Rohner. Courtesy Kunstmuseum St. Gallen – **78:** Ferdinand Hodler, Sonnenuntergang am Genfersee, 1915, Öl auf Leinwand, 61 x 90 cm, Kunsthaus Zürich, Schenkung der Erben Alfred Rütschi; Foto: © 2012 Kunsthaus Zürich. Alle Rechte vorbehalten – **87:** Jenny Holzer, Venice Installation: Gallery D (Second Antechamber) (detail), 1990. Italian marble tiles, 941,1 x 643,3 cm; Foto: Courtesy Crystal Bridges Museum of American Art, Bentonville, Arkasas, USA / © VG Bild-Kunst, Bonn 2013 – **88:** Marcos López, El Mártir, 2003, Fotografie, 118 x 118 cm; Foto und © Marcos López – **89:** Bildagentur Huber – **90:** Fotex / Christian Ohde – **92:** Catherine Balet, (Kopfband mit Che Guevara) aus der Serie »Identity«, in: Publikation: Identity. Dress Codes in European Schools, January 2004 – April 2006, Steidl, Göttingen 2006; Foto und ©: Catherine Balet from the IDENTITY series – **93:** picture-alliance / dpa / Roberto Escobar – **96** Florian Sonntag/imagetrust **100:** Martin Langer – **103:** Ed Ruscha, War surplus (Krieg-Überschuss), 1962, Öl auf Leinwand, 180,3 x 168,6 cm, Courtesy Gagosian Gallery; Foto: © Ed Ruscha. Courtesy Gagosian Gallery, New York – **105:** picture-alliance / AFP – **108:** Gerhard Richter, Mustang-Staffel, 1964, Öl auf Leinwand. 88 x 150 cm. WVZ 19. Privatbesitz (als Leihgabe in Dresden, Staatliche Kunstsammlungen Dresden); Foto und ©: Gerhard Richter, 2013 – **109:** AP Photo / Enric Marti – **112 links:** Christoph Bangert / laif – **114:** Christoph Bangert / laif – **115:** AFP / Odd Andersen – **117:** Kevin Fleming / Corbis – **118:** Karl-Heinz Raach / Look-foto – **121 oben:** mauritus images / Alamy – **121 unten:** © Dirk Renckhoff – **124:** Joel Robine / AFP Files / AFP – **126f.:** Ed Ruscha, It's a Small World, 1980, Öl auf Leinwand, 55,9 x 203,2 cm. Candy Clark; Foto: © Ed Ruscha. Courtesy Gagosian Gallery, New York – **130:** Robert Harding / Glow Images – **131:** Dinodia.com – **132:** Ed Ruscha, Purity (Reinheit), 1972, Öl auf Leinwand, 137,2 x 153,7 cm, Collection Lena und Per Josefsson; Foto: © Ed Ruscha. Courtesy Gagosian Gallery, New York – **133:** Raghu Rai / Magnum Photos / Agentur Focus – **134:** Ali (attributed to) Reza (India): Rai Sabha Chand at a Jain Shrine, ca. 1675-1700. Watercolor and gold on paper, 21,9 x 31,1 cm. Gift of Diandra and Michael Douglas (M.81.271.5). South and Southeast Asian Art Department, Los Angeles, Los Angeles County Museum; Foto: Public Domain – **135:** Auguste Rodin, Der Denker, Monumentalversion von 1902; Bronze, Höhe: 181 cm. Paris, Musée Rodin; Foto: Vladimir Liverts / iStockphoto – **136:** Halle der universellen Predigt, Rajasthan, Jaipur, ca. 1800. Privatbesitz. Aus: Thomas Frick (ed.), The Peaceful Liberators. Jain Art from India, London (Thames and Hudson) 1994, S. 237 Kat. Nr. 105 – **137 links:** Pal Pillai / AFP / Getty Images – **137 rechts:** mauritius images / ib – **140 oben:** © Stiftung Weltethos, Tübingen – **142:** dieKLEINERT.de / Gabriele Meermann – **147:** Klaus Vogelgesang: Hommage à Caspar David, 1983. Graphit- und Farbstift auf Karton, 150 x 200 cm. Wolfsburg, Städtische Galerie; Foto: Courtesy Städtische Galerie, Wolfsburg / © Klaus Vogelgesang – **149:** Wolfgang Tillmans, Concorde L 432-7, 1997, Fotografie; Foto: Courtesy Galerie Buchholz, Berlin / Köln / © Wolfgang Tillmans – **150:** M.C. Escher, Auge, 1946. Mezzotinto, 10 x 20 cm; Foto und ©: M.C. Escher Company-Holland. All rights reserved. www.mcescher.com – **153:** Heiner Altmeppen, Landschaft an der Emscher, 1998-2008. Acryl auf Leinwand, 120 x 240 cm; Foto: Courtesy of Heiner Altmeppen / © VG Bild-Kunst, Bonn 2013 – **155:** Wolfgang Tillmans, Shaker rainbow, 1998, Fotografie; Foto: Courtesy Galerie Buchholz, Berlin / Köln / © Wolfgang Tillmans – **158:** Edvard Munch, Melancholie, 1894–95. Öl auf Leinwand, 81 x 100,5 cm. Bergen, Kunstmuseum; Foto: BRIDGEMANART.COM / © The Munch Museum / The Munch Ellington Group / VG Bild-Kunst, Bonn 2013 – **159:** Global Picture Art / Anton Pichler

Foto: Georg Bubolz, Erkelenz: S. 2, 3, 4, 5, 6, 7, 9, 13, 15, 17, 21, 23 Hintergrund + unten, 33, 35, 38, 40, 41, 42, 43, 44 oben und unten, 45, 47, 48, 49, 52, 55, 57 links und rechts, 60 links und rechts, 64, 69, 70 unten, 73, 79, 80, 81, 82 links und rechts, 83 links und rechts, 84, 94, 95, 97 oben und unten, 98, 106, 112 rechts, 113, 120, 122, 128, 139, 140 unten, 141 links und rechts, 143, 144, 145, 146, 148, 151, 152, 154, 156

VG Bild-Kunst, Bonn 2013: S. 20, 25, 50, 67, 71 links und rechts, 74 oben und unten, 87, 153, 158

Neue Akzente Religion 2. Wegweisungen
Auf der Suche nach gelingendem Leben

erarbeitet von Georg Bubolz und Klaus Otto

Redaktion:	Berthold Frinken
Bildredaktion:	Bettina Schaschke
Umschlaggestaltung:	Elisabeth Fürnstein, München, und MT-Vreden, Vreden
Layout und technische Umsetzung:	Rainer Moers, Viersen

Nicht in allen Fällen war es uns möglich, die Rechteinhaber ausfindig zu machen. Berechtigte Ansprüche werden selbstverständlich im Rahmen der üblichen Vereinbarungen abgegolten.
Wir bitten um Verständnis.

www.oldenbourg-bsv.de

1. Auflage, 1. Druck 2013

Alle Drucke dieser Auflage sind inhaltlich unverändert und können im Unterricht nebeneinander verwendet werden.

Druck: Stürtz GmbH, Würzburg

ISBN 978-3-7627-0427-0

Inhalt gedruckt auf säurefreiem Papier aus nachhaltiger Forstwirtschaft.